U0438688

十三經注疏

春秋穀梁傳注疏

[晉]范甯 集解
[唐]楊士勛 疏
金良年 整理

上

上海古籍出版社

圖書在版編目(CIP)數據

春秋穀梁傳注疏 /（晉）范甯集解 ;（唐）楊士勛疏 ;
金良年整理. -- 上海 : 上海古籍出版社, 2025. 6.
（十三經注疏）. -- ISBN 978-7-5732-1471-3

Ⅰ. K225.04

中國國家版本館 CIP 數據核字第 2025PT5944 號

本書出版得到國家古籍整理出版專項經費資助

十三經注疏

春秋穀梁傳注疏

（全二册）

〔晉〕范　甯　集解

〔唐〕楊士勛　疏

金良年　整理

上海古籍出版社出版發行

（上海市閔行區號景路 159 弄 1-5 號 A 座 5F　郵政編碼 201101）

（1）網址：www.guji.com.cn

（2）E-mail：guji1@guji.com.cn

（3）易文網網址：www.ewen.co

上海展强印刷有限公司印刷

開本 890×1240　1/32　印張 23.75　插頁 12　字數 671,000

2025 年 6 月第 1 版　2025 年 6 月第 1 次印刷

ISBN 978-7-5732-1471-3

K·3781　定價：148.00 元

如有質量問題，請與承印公司聯繫

電話：021-66366565

十三經注疏整理本編纂委員會

顧　　問（按姓氏筆畫排序）

任繼愈　李學勤

湯志鈞　蔡尚思

主　　編　張豈之

副 主 編　周天游　王興康　金良年

執行編輯　王立翔　呂　健

十三經注疏整理本序

張豈之　周天游

十三經是儒學的基本典籍，是中華傳統文化中影響至深至遠的重要文獻之一。在中國古代，堪與十三經比肩的唯有二十四史。面對這兩大文化支柱，無論是諸子還是詩文，其中雖不乏角立特出者，甚或是叛逆者，卻往往只能站在歷史舞臺的邊緣，難以撼動其中心地位。

如果説二十四史是以記實爲本，縱貫古今，鑒往説來，宣彰資治，更多發揮的是實用的鏡鑒作用，那末十三經則是整個封建社會的靈魂。自漢武帝接納董仲舒「罷黜百家，獨尊儒術」的建議，設立五經博士，立於學官之後，直至清代，經學一直是歷代統治者製定國策的理論依據，是士農工商各色人等齊家立身的行爲規範。不僅如此，十三經還被法典化，於是有了「春秋斷獄」，「禮」成了「禮法」，而且是法上之法。它更被神化、宗教化，於是儒學成爲國學、國教。它不但堂而皇之地被推廣到所有官私學校之中，又潛移默化地影響着包括目不識丁之人在内的社會不同階層的人們的思想與行爲。所以每當社會發生重大變革之際，總有人視其爲障礙，爲糟粕，必欲除之而後快；相反，也有人尊之爲聖典，爲良方，藉其足以安邦定國。時至今日，似依然如故。

從這一意義上講，不了解十三經，就不可能真正了解中國傳統文化，了解中國。特别是二十世紀喊出「打倒孔家店」的口號之後，客觀上的確起到了振聾發聵、除舊迎新的作用，經學的地位開始一落千丈。然而正如在倒掉髒水的同時也倒掉了嬰兒一樣，十三經中的精華也同糟粕一道被棄置，殊爲可惜。更爲可怕的是，其中的許多糟粕并未得到真正的清理，又往往借屍還魂，死灰復燃，爲害社會。所以隨着時代的發展，人們對中華文化遺産更加珍視，開始呼喚讀經，呼喚科學地讀經，呼喚經學研究者在嚴謹的批判與借鑒中，讀懂十三經，使經學中的合理内核與有益營養，跟現代社會達到真正的和諧與交融，發揮它應有的作用。正是基於此，我們才萌生出整理出版新版十三經注疏的最初願望。

「經」本指經綫，是布帛等織物的綱，並引申出提綱絜領、傳之久遠的含義。於是作爲基本典籍常相傳授的書，便被稱作「經」。「經」本非儒家典籍所專有。最早被稱爲「經」的書是墨經，也就是墨子。墨子有經上、經下、經説上、經説下四篇。此外，管子、韓非子也稱爲「經」。儒家之書被稱作「經」，也始於戰國，那就是「六經」。莊子天運篇曰：「孔子謂老聃曰：『丘治詩、書、禮、樂、易、春秋六經，自以爲久矣。』」又天下篇曰：「詩以道志，書以道事，禮以道行，樂以道和，易以道陰陽，春秋以道名分。其數散於天下而設於中國者，百家之學時或稱而道之。」湖北荆州郭店所出竹簡中所記「六經」經名與順序，證莊子所言不虚。這「六經」的順序保持到西漢前期。〔一〕

「六經」是夏商周三代禮制文明的結晶，大體成型於周代。春秋戰國時期，禮崩樂壞，上下陵替。隨着周王室的衰敗，「六經」也失去往日的榮耀，被棄之不用。而諸子百家乘勢而起，爲新興的貴族出謀劃策，變法圖强。孔子尊崇周制，潛心整理「六經」，試圖恢復周禮所提倡的等級秩序，以平息紛争，因逆潮流而動，便到處碰壁，甚至陷入「惶惶若喪家之犬」的境地。當時，儒學並非顯學，「六經」也不神聖。秦併六國，天下歸一。秦始皇以法立國，一度焚書坑儒，儒家又遭沉重打擊。幸賴秦博士所藏及民間所匿，於漢初衆經才得以復出，而樂經已亡，僅餘「五經」。漢武帝之時，國力達於極盛，新的統治秩序得以鞏固，赤裸裸的法治或清静無爲的黄老之學無法滿足新秩序的需要，從此神學化的儒學脱穎而出，登上獨尊的國教地位。兩漢之際，「六經」順序有了微妙變化。漢書藝文志中六藝略所刊爲：易、書、詩、禮、樂、春秋。這順序沿用至今。而之所以有此改變，可能與劉向、劉歆當年整理文獻排列諸經成書年代次序有關。東漢時，加入了論語、孝經，除去已佚的樂經爲「七經」。唐時有「九經」之説，未見確論。據晁公武郡齋讀書志所言，至唐文宗太和年間（八二七—八三五）刻「十二經，立石國學」。這「十二經」有了實指，即易、書、詩、周禮、儀禮、禮記、春秋左氏傳、公羊傳、穀梁傳、論語、孝經、爾雅。到了宋代，經朱熹等理學家的推崇提倡，孟子進入「經」的行列，於是「十三經」始全。

十三經的成書年代，至今争論不休。然而易經、尚書形成於西周；詩經始於西周而成於春秋；儀禮、周禮、禮記基本編定於東周，漢代有所變更；左傳、論語、孟子、爾雅成書於戰國；孝經古本完成於戰國，而改定於漢初；公羊傳、穀梁傳寫定於漢代，基本内容源出於孔子弟子之説，還是大體可信的。

中國經學的研究，從漢初算起，至今已有二千二百年之久。西漢時期，今文經學控制學壇。王莽代漢，古文經學抬頭。進入東漢，更一發不可收拾，經馬融、鄭玄等大家的推動，經今古文合流，但古文經處於上風。魏晉學術爲之一變，玄學成爲顯學。而到了唐代，漢學重新流行，並以古文經爲基礎。宋時疑古之風大盛，理學一統天下，至明而不墜。清代則提倡樸學，輕虛言，重實證，追本溯源，漢學由是復興，經學研究也達到頂峰。那時相關著作，接踵問世，如納蘭性德匯刻之通志堂經解、阮元輯刻之皇清經解、王先謙輯印之皇清經解續編，動輒收書數百種，總卷帙超千卷，其他專著則數不勝數。當然影響最大、流傳最廣且久的，仍當推阮元主持修訂的十三經注疏。

阮元字伯元，號芸臺，江蘇儀徵人。乾隆五十四年（一七八九）進士，歷任翰林院編修，浙江、河南、江西巡撫，湖廣、兩廣、雲貴總督，太子少保，體仁閣大學士。道光二十九年（一八四九）卒，享年八十六歲，謚文達。據清史稿阮元傳所載，「元博學淹通，早被知遇。敕編石渠寶笈，校勘石經。再入翰林，創編國史儒林、文苑傳。至爲浙江巡撫，始手成之。集四庫未收書一百七十二種，撰提要」。又曰：「歷官所至，振興文教。在浙江立詁經精舍」，「在粤立學海堂」，「撰十三經校勘記、經籍纂詁、皇清經解百八十餘種，專宗漢學，治經者奉爲科律。」

阮元重刊宋本十三經注疏，始於嘉慶二十年（一八一五），刊成於二十一年（一八一六），可謂神速。不過其準備工作則在嘉慶四年（一七九九），在浙江創辦詁經精舍之時，當時他糾集段懋堂、何元錫、顧千里、徐新田、臧在東、孫雨人、李尚之、嚴厚民等知名學者，分撰十三經校勘記，奠定深厚基礎，所以新本一出，備受歡迎，享譽至今。

阮刻本雖稱善本，却並非無懈可擊，其存在問題概括起來有以下四點：

一、選用底本不當。阮刻本以「重刻宋本」爲名，實際所用乃元刻明修之南雍本，此本雖原出宋季建刻附音本，遞經修補，續有糾謬，然轉相承訛之處多有，阮校因之失誤之例甚多，因此，實非整理首選。相反，始於南宋初年浙東茶鹽司刻本之周易、尚書、周禮三種，繼以紹熙中黄唐刻毛詩、禮記二種，因半葉八行，故稱八行本。而經注及義疏合刻始於是本，書名題有「注疏」之稱，亦始於是本，勘刻之精審遠在十行本之上。以周禮、禮記爲例，因十行本錯而八行本不誤，阮刻校勘記可以不出者，大約在三分之一以上。

二、分卷無例。如尚書依正義作二十卷，儀禮依正義作五十卷，而周易則依經注本作九卷，與正義作十六卷異。又毛詩也依經注本作二十卷，却非正義作四十卷之舊。或依或違，所爲無定，遂使唐宋義疏原卷不可得以詳。

三、主事者意見不合，各執己見，勢同水火，正確建議未能採納，而致謬種流傳。如顧千里與段懋堂之争，事涉臧在東、何元錫二人，以致顧氏出走，爲張古餘刻儀禮注疏，以成己志。

四、急於呈送，校對未精。因阮元陞任兩廣總督，江西之盧宣旬以「創始者樂於觀成，板甫就，急思印本呈制軍，以慰其遺澤西江之意。局中襄事者未及細校，故書一出，頗有淮風别雨之訛」。[二]

有鑒於此，西北大學與上海古籍出版社共同發起，於一九九二年成立了新版十三經注疏整理本的編纂委員會。編委會草擬了有關的方案與體例，並約請國内十餘名中青年才俊，參預點校整理工作。各經均追本溯源，詳加考校，或採用宋八行本爲底本，或以宋早期單注、單疏本重新拼接，或取晚出佳本爲底本，在盡量恢復宋本原貌的基礎上，整理出一套新的整理本，來彌補阮刻本的不足，以期對經學研究、對中國傳統文化研究能起到推動作用，滿足廣大讀者的需要。但由於種種原因，有關工作遷延至今，這是我們深爲遺憾之處。

又當代缺乏經學大家，是客觀事實。今預役諸君各有特長，成果頗豐，但均有先天不足，不當之處，在所難免，望博雅君子，不吝賜教。

本項工作一直得到國家古籍整理出版規劃領導小組、全國高校古籍整理工作委員會以及上海古籍出版社的大力支持與幫助，在此一併致以誠摯的謝意。

二〇〇七年十一月

二〇〇八年八月修訂

〔一〕參閱蔣伯潛十三經概論、楊伯峻經書淺談導言、周予同經學歷史序言、李學勤經史總說。下同，恕不一一注明。

〔二〕見朱華臨重校宋本十三經注疏跋，載影印本十三經注疏第四頁，中華書局一九八〇年版。又參閱汪紹楹阮氏重刻宋本十三經注疏考，載文史第三輯。

校點前言

一、春秋三傳與穀梁傳

穀梁傳是春秋三傳之一。大約在戰國中期，儒家學者中興起以春秋爲載體闡發儒家政治理論的風氣，其標志見於孟子。該書滕文公下篇説：「世衰道微，邪説暴行有作，臣弒其君者有之，子弒其父者有之，孔子懼，作春秋。春秋，天子之事也，是故孔子曰：『知我者其惟春秋乎，罪我者其惟春秋乎？』」「昔者禹抑洪水而天下平，周公兼夷狄、驅猛獸而百姓寧，孔子成春秋而亂臣賊子懼。」這是在文獻中首次明確指出孔子作春秋以及春秋學的政治意義。

一般認爲，春秋經過孔子編訂或删潤，「筆則筆，削則削，子夏之徒不能贊一辭」（史記孔子世家），春秋傳都是經由子夏傳授的。這些説法在經學上自有其意義，但却並不符合至今所知的歷史實情。「春秋」這一名稱在孔子以前就有，當時衹是對史籍的一種泛稱，作爲儒家經典的春秋，實際上是魯國史書節鈔本中的一種，因爲説春秋的儒生活動在齊魯一帶，因此就以它來作爲講述的對象，其實當時從公門流散出來的史書不止魯史一種。後來的公羊傳、穀梁傳就是在這個基礎上孕育起來的。後人在説及公、穀兩傳的先後時頗不一致，或説公先於穀，或説穀先於公，未有定論，其實這是個無解的命題，因爲這兩傳在同一地區流傳、發展，開始没有明顯的區别，後來流傳至齊地的學説受當地的方士文化影響，染上了濃厚的方術色彩，而在魯地的學者基本就經論經，闡發大義，所以有學者説穀梁「爲拘謹守經之儒所作」（劉汝霖漢晉學術編年卷一申培至長安求學）。

清代學者鍾文烝對穀梁傳的意義有精闢的論述，他説：

穀梁傳者，春秋之本義也。（穀梁補注序）

穀梁多特言君臣父子、兄弟、夫婦，與夫貴禮賤兵、内夏外夷之旨，明春秋爲持世教之書也。穀梁又往往以心志爲説，以人己爲説，桓、文之霸曰信、曰仁、曰忌，僖、文之於雨曰閔、曰喜、曰不憂，明春秋爲正人心之書也。（穀梁補注論傳）

徐彦公羊傳疏説：「公羊者，子夏口授公羊高，高五世相授，至漢景帝時，公羊壽共弟子胡毋生乃著竹帛，胡毋生題親師，故曰『公羊』，不説『卜氏』矣。穀梁者，亦是著竹帛者題其親師，故曰『穀梁』也。」由於公羊和穀梁是兩個僻姓，後來幾乎没有人再用過這兩個姓氏，所以後世對他們有種種猜測，有的説他倆實際是一個人，而穀梁本人的名字在記載中居然有四五個之多，難以考定。現在看來，當時説春秋的學者有多家，公羊和穀梁可能是其中兩個比較著名的學者，因爲著名，從學者也就比較多，得以揚名傳後，其實，以他們命名的傳也融合了當時其他學者的一些成果，可以説是成於衆手。西漢時期，經學有今古文之分，穀梁源流雖早，但成書較晚，按其情況屬於今文，而有的學者認爲它應當屬於古文，至今没有定論，但有一點倒是可以肯定的，那就是公羊屬齊學而穀梁屬魯學。

二、穀梁傳的文本形成

穀梁傳和公羊傳一樣，其學説初成規模後基本靠口耳相傳。這裏所説的「口耳相傳」不是絶對没有文本，藉以説教的經文應該是有的，講師手頭也應該有基本理論的脚本，但這些還不等於就是書於竹帛的文本。漢宣帝甘露三年（公元前五一年）立穀梁博士，這時候穀梁傳應該已經書於竹帛，因爲儒家經籍得立爲博士需要具備經師、章句、經説，還要有孔子以下的明確傳授系統，所以筆者推測此時穀梁必定已成書，否則是無法立爲博士的。但甘露三年只是這個結果的下限，之前它是否有機會成書呢？史載武帝太子「私問穀梁而善之」（漢書儒林傳）是成書的上限。穀梁由於説經拘謹，所以歷史上幾次興起都與統治者的喜好有或多或少的關係，太子既然稱善，自然可能促進穀梁傳的成書，武帝太子生存於公元前一二八年至前九一年，公元前一〇〇年左右可以視爲這個結果的上限。也就是説，穀梁傳的成書就在這半個世紀之中。

研讀穀梁傳的文本可知，它的來源大致有三個方面：一是類似後來略例或條例的原始文本，這種略例或條例概括敘述經文體例，口傳階段老師手頭可能就有這樣的文本，到了成書時，就把這些例分散到各年各月的各個有關事件項下；

二是包括公羊在内的各家經説，例如尸子、沈子、公羊子，甚至還有穀梁子。這些稱名者的引入，更證明了穀梁傳長期流傳，與同類傳説相互影響、滲透，成於衆手的史實。

三是經師的課堂講授記録，哀公元年「夏，四月辛巳，郊」的經文下有這樣一問一答的傳文：

子之所言者，牲之變也，而曰我一該郊之變而道之何也？我以六月上甲始庀牲，十月上甲始繫牲，十一月、十二月牲雖有變，不道也，待正月然後言牲之變，此乃所以該郊。

郊，享道也，貴其時，大其禮，其養牲雖小不備可也。子不志三月卜郊何也？郊自正月至于三月，郊之時也。我以十二月下辛卜正月上辛，如不從則以正月下辛卜二月上辛，如不從則以二月下辛卜三月上辛，如不從則不郊矣。

穀梁疏解釋這幾段傳文時説：「上言『子』者，弟子問穀梁子之辭；『而曰我』者，是弟子述穀梁子自我之意；『我以六月』者，是穀梁子答前弟子之辭。」

雖然全書只有這一處保留問答形態的課堂記録，其他地方或許有改變了形態的課堂記録也未可知。説到這裏得特別説明一下公羊、穀梁傳的問答體例，經研究，這些問答的問題大多是預設的，而非真實師生問難的記録，但也不排斥其中有一部分現場問答的情況存在。

自公羊、穀梁相繼問世後，兩家就不斷争高下，他們之間争論的重點其實不在經義，而在於地位，因此取得上風的關鍵在於有無出色的經師與口才，以及統治者的喜好，這就是范甯所説的「漢興以來，瓌望碩儒，各信所習，是非紛錯，準裁靡定，故有父子異同之論，石渠分争之説，廢興由於好惡，盛衰繼之辯訥，斯蓋非通方之至理，誠君子之所歎息也。」（春秋穀梁傳序）

三、穀梁傳集解

穀梁傳的書於竹帛是單獨成編，與經分載。前人曾對此表示懷疑，理由是穀梁傳有許多重複的傳語或前提隱晦的傳文，這些文字假如脱離了經文，很難對接在一起。所以，即使有漢書藝文志經、傳、章句的分列爲證，仍不敢肯定其經傳分載。與穀梁體例相仿的公羊也有同樣的判斷，直到熹平石經的殘片現身，證明公羊傳確實與經文分載，浮議方息。既然公羊如此，穀梁的經、傳分載自然也不例外。到了東漢後期，經學不同學派的相互融合成爲趨勢，而爲了便於誦讀，經、傳合併漸成時尚，穀梁傳的經、傳合併大約也是在這個時期。阮元説：「漢志經、傳各自爲帙，今所傳本未審合併於何時也，集解則經、傳並釋，豈即范氏之所合與？」（春秋穀梁傳注疏校勘記序）將經、傳合併歸之於范甯，似乎太晚了一些。現在的穀梁傳文本中，有十條傳文冠「傳曰」字樣，四庫提要説「疑甯以傳附經之時，每條皆冠以『傳曰』字，如鄭玄、王弼之易有『彖曰』、『象曰』之例，後傳寫者删之」，現在見到的這十條「其削除未盡者也」。

穀梁的經、傳合併有一個不同於公羊的特點，公羊的經、傳合併是以傳附經，而穀梁的經、傳合併則是以經附傳，因此在合併後的穀梁傳中常見經文被割裂的現象，例如定公元年的第一條經文「元年春，王三月，晉人執宋仲幾于京師」，在穀梁傳裏却將「王」和「三月」分开，插入傳文「不言正月，定無正也。定之無正何也？昭公之終非正終也，定之始非正始也，昭無正終，故定無正始。不言『即位』，喪在外也」。

東晉後期，有范甯（約三三九—約四〇一）爲合併的春秋穀梁傳作注。范甯，晉書附傳於其父范汪（三〇八—三七二），范汪弱冠從政，至穆帝朝歷任要職，因與當時執掌大權的桓温積不相能，於升平五年（三六一）驟然從高位免爲庶人，於是「屏居吴郡，從容講肆，不言枉直」（晉書本傳）。范甯說，在此期間，父汪「乃帥門生故吏、我兄弟子姪，研講六籍，次及三傳，左氏則有服、杜之注，公羊則有何、嚴之訓，釋穀梁傳者雖近十家，皆膚淺末學，不經師匠，辭理典據既無可觀，又引左氏、公羊以解此傳，文義違反，斯害也已，於是乃商略名例，敷陳疑滯，博示諸儒同異之說」（春秋穀梁傳序），范甯之爲穀梁作注即奠基於此。迨桓温去世，孝武繼位，范甯獲出仕機遇，官至中書侍郎，三八三年左右，因直言得罪朝臣，他自請出補豫章太守，没多久即被免官家居，錢大昕認爲「甯撰次集解宜在豫章免郡之後」（跋范氏穀梁集解）。范甯也自述在此期間「乃與二三學士及諸子弟，各記所識，並言其意」（春秋穀梁傳序）。

范甯所撰的注稱「集解」，需要說明的是，自東漢末年以來，由於經學各派融合的趨勢，所產生的經籍注釋大都是集解性質的，惟所集之解各有不同，大部分是在當時各家述論中選取精要者，再加上自己的發揮，而范甯的集解則是承其父汪之說，博采諸家，斷以己意，并「兼載門生、故吏、子弟之說，各列其名，故曰集解」（四庫提要）。除了这部集解，范甯还撰有春秋穀梁傳例一卷（隋書經籍志），也就是序疏所說的「甯別有略例百餘條」。清代学者鍾文烝對於范甯的集解給予了很高的評價：

漢世三傳並行，大約宣、元以前則公羊盛，明、章以後則左氏興，而穀梁之學頗微。江左中興，妄謂穀梁膚淺，不足立學，相沿至唐初，謂之小書，而穀梁之學益微。苟非有范甯、徐邈闡明於前，楊士勛輩纘述於後，則穀梁傳之在今日，幾何不爲十六篇書、三家詩之無徵不信哉？（穀梁補注序）

四、穀梁傳疏

唐初有楊士勛者爲穀梁作疏。由於兩唐書都没有爲楊士勛立傳，所以至今我們對楊士勛的生平事蹟所知甚少。穀梁莊公二十七年疏談及齊桓兵車之會的不同觀點時説「先師劉炫難之云」，表明楊士勛是隋朝著名經學家劉炫（五四六—六一三）的學生，孔穎達在貞觀初年受詔撰修五經正義，楊士勛參與了左傳正義的撰修，貞觀十二年（六三八）五經正義初成，孔穎達的進書表稱其爲「故四門博士」，表明彼時楊士勛已經去世。現在見到穀梁疏楊士勛的題名是「國子四門助教」，説明穀梁疏的寫定在其參與左傳正義撰修之前或同時，而其所擔任的職位也許就終於四門助教，「四門博士」是他死後的追贈。

楊士勛撰寫穀梁疏的年代，春秋盛行杜氏，不僅公羊、穀梁浸微，連左氏中的服氏也幾乎無人講習，楊士勛的老師劉炫精於春秋，據隋書經籍志記載，他撰有春秋攻昧十卷、春秋述義四十卷，楊士勛或許並非劉氏的高足，但他在穀梁已無師説的條件下，以一己之力完成穀梁疏，及時填補了經學上的一大空白，無疑是具有重大貢獻和意義的，阮元説「楊士勛疏分肌擘理，爲穀梁學者未有能過之者也」（春秋穀梁傳注疏校勘記序），四庫提要也説「其書不及穎達書之賅洽，然諸儒言左傳者多，言公、穀者少，既乏憑藉之資，又左傳成於衆手，此書出於一人，復鮮佐助之力，詳略殊觀固其宜也」，都是十分中肯的評價。

楊士勛疏十二卷，蓋以一公爲一卷（今存但疏殘本第六卷爲文公，以下各卷皆一公爲一卷亦可證）而舊唐書經籍志著録該書作十三卷者，是將穀梁傳序疏也計作一卷。

北宋初，政府主持對儒家經、疏進行全面整理，穀梁傳及疏結束了長期傳鈔的歷史，進入刻版流傳時期，經、疏文本初步穩定，實現了由古本到今本的轉折。我們今天所見到的穀梁疏文本就是經邢昺等人整理後的産物，然而這個文本存在幾個令人費解的現象：

其一，部分疏有文字較多的脱文。例如定公四年疏云「若書『救』當言『吴子救蔡，蔡侯以吴子及楚人戰于伯舉』，不直舉『救蔡』而言『吴入楚』」，句意未完，其下顯然有脱文。

其二，部分節疏的開頭「釋曰」下重叠「解」字。如莊公七年疏「解經上文云『恒星不見』，下文『其不曰恒星之隕』者」云云，成公七年疏「解經上文云『鼷鼠食郊牛角』不言『其』」云云，頗疑楊疏原本每節以「解」發端（公羊傳每節疏即以「解云」發端），後來在長期傳鈔中被節略大半，結果節疏的開頭有無「解」字參差不一，宋初整理時遂統一冠以「釋曰」。

其三，注疏卷十八、十九（涵括昭公十四年之後及定公全部）的疏文形式與其他卷有異。筆者管見所及，似以清武英殿校刻十三經的館臣最早指出並試圖予以解釋，卷十八所附殿本考證中，有一條由陳浩（時任校刻十三經提調，殿本穀梁注疏的校刻主持者是他和齊召南，所撰考證由兩人各自署名）所撰按語説：「此疏至十八、十九二卷，其句調發問用『何』字，答語用『解』字，文義艱澀，迥與前後疏文不類，疑非出於一手。」趙友林楊士勛春秋穀梁傳疏考（載聊城大學學報社會科學版二〇〇九年第四期，以下簡稱「趙文」）也説：「昭公十五年至定公十五年的疏文，無論在語言風格上，還是在疏解的體例方法上，均不同於其他時段的疏文。據此，就很難説疏是成於楊士勛一人之手。」卷十八的疏文始於昭公十四年，趙文的考察不包括該年的四節疏，是因爲它們「無論在語言風格上，還是在疏解的體例方法上」仍與其他大部分疏文一致。在單疏本中昭公一代皆在一卷中，假如有變化的疏文出於邢昺等刊正時所爲，爲什麼要從十五年開始呢？再從邢昺等分兩批刊正的九經疏來看，所做的工作基本是清理疏文訛誤，而後來配套編撰的三部經疏，孝經疏、論語疏依托元行沖和皇侃的舊作，而爾雅疏則基本抄襲五經正義中的毛詩、禮記成書，而且抄襲得非常粗糙，説明主持者缺乏另起爐竈新修的能力，因此，可以基本排除宋初刊正時編撰的可能。比較可信的解釋是，當時這一部分疏文闕失，不得已以其他的穀梁疏（如楊疏所謂「舊解」、敦煌文書春秋穀梁傳解釋之類）來替補，其疏釋形式不同於楊疏，邢昺等人只是簡單地做了一些「外形整容」，遂成今貌。

從以上三點，筆者初步判斷，由於傳習者稀少，楊士勛的疏流傳到北宋初年已殘缺不全。這是個很值得進一步研究的問題。

五、整理目標和底本選擇

南宋末年，福建書賈將余仁仲校刻本穀梁集解與單疏本拼接，刊成穀梁注疏二十卷，後被納入十三經注疏，流傳至今。

由於穀梁的傳習者稀少，所以流傳下來的經注、疏的文本不多，而且皆屬注疏本同一系統的本子。穀梁集解的宋刻本，只有兩個余仁仲校刻本（一爲初刻，一爲修訂後印）傳世，余仁仲本當時號爲善刻，但它終究屬於後世整理本，與宋初的監本、南宋的官刻本有明顯的差異，因此不必説上探宋代官本的目的難以實現，就是與疏的拼合也會有不小的差異。穀梁疏的刻本無存，只有手鈔的七卷殘本（六至十二卷）。疏有殘鈔本，當然要比没有好一些，但它的校勘價值也因此大打折扣。注疏本雖有宋刻元修監本附音春秋穀梁注疏（國家圖書館出版社國學基本典籍叢刊影印宋本春秋穀梁傳注疏，以下簡稱「宋十行本」）傳世，其他的傳本（如元刻明修十行本、閩本以及阮刻本）都是這個本子的翻刻本，没有其他系統的本子可供參勘。楊守敬曾這樣描述穀梁整理的困境：「除注疏刊本外，絶尠證驗，即明知有脱誤，亦苦於無徵不信。」（余仁仲萬卷堂本穀梁傳跋）

根據以上所述，整理穀梁注疏能用的校勘資料都屬同一版本系統的本子，因此我們能做的整理工作不得不限制在整理坊刻注疏本這樣一個比較小的目標上，具體來説有以下幾項任務：

（一）糾正余本與單疏本在流傳過程中的訛誤；

（二）糾正余本與單疏本在拼接中的訛誤；

（三）依據現存余本以前、以外的片斷資料，對穀梁經傳、注疏的文本演變進行清理。但這項任務只能因資料情況而異，無法全面推進。

在整理底本的選擇上，筆者第一目標是以宋十行本爲底本。試校後發現，這個版本的版面狀況不佳，存在多處文字漫漶和補版的痕迹，更成問題的是這個本子有殘缺，存在二十九頁補鈔（序第十一頁、卷一第七頁、卷十二第二至四頁、第十三至十五頁、卷十四第十二至十四頁、卷十五第一至十二頁、卷十九第七至十二頁）。據研究，這批補鈔以元十行本爲據，分元、明二次鈔補。實際校勘的結果表明，這批補鈔頁品質較差，若用爲底本，將不得不多出許多校記。

接着筆者將選擇轉到明李元陽刻本（閩本）。這個本子雖然翻自十行本，但做了很多校訂工作，並糾正了不少余本與單疏本拼接訛誤，然而閩本改變了十行本的格式，不能和原刊十行本對應，這無疑是個很大的缺陷。

於是，筆者又想到了元刻明修十行本（中華再造善本影印元刻明修監本附音春秋穀梁注疏，以下簡稱「元十行本」），這個本子上承宋十行本，下開明李元陽刻本，且其行格與宋十行本完全一致。不幸的是，經筆者在全書每卷任選二頁計四十頁的試校發現，除了有一半多一些的篇幅兩者完全相同外，在剩下的一小半中，宋刻、元刻雖然各有錯訛，但總量上元刻錯訛多於宋刻。因此，元十行本也不是理想的選擇。

結果還是返回來采用宋十行本爲底本，對於開始時顧慮的兩個問題作如下處理：

其一，文字漫漶問題。如果漫漶處的文字没有争議者，直接參考元十行本、閩本補入，如有争議則出校解決，所幸這類情況並不很多。

其二，二十九頁補鈔改用元十行本的同頁替换。此外，國家圖書館還另藏有一部宋刻十行本的殘本（存卷十一至卷二十），兩相比較，有二十四頁可補完本之缺，在國家圖書館影印出版國學基本典籍叢刊所收的宋十行本完本的卷首，王天然先生所撰序披露了這二十四頁的補缺資料，可資參用。

六、幾件校勘資料的説明

（一）唐石經

孫詒讓在周禮正義凡例中曾説「經本以唐石經爲最古」，因此，無論從什麼角度整理經籍，唐石經都是首選的校勘資料。然而用唐石經來校勘，又存在難以克服的困難。衆所周知，唐石經在開成年間刊成後，又經過多次磨改和補刻，其中有的是改錯，有的是修補殘泐、損壞的缺字，因此，一份精善的拓本對於校勘來説必不可少，然而現在能找到的拓本都是已經泯没了修補痕跡的，有的甚至經過剪裱，行格都改易了的。不得已只能采用民國皕忍堂摹刻本。這個本子的好處有二：一是凡殘缺的文字皆以雙鈎摹寫，使補刻的文字得以區分；一是行格仍依照原石，可以按行字的多少判斷有無删、補。缺點是磨改的痕迹無法表示，補救之法是尋求前人曾仔細對勘過唐石經的校記，筆者以素稱嚴謹的錢大昕唐石經考異作爲依據。

（二）余仁仲本

余仁仲本現存有兩個本子：一個是其初刊本，即民國商務印書館四部叢刊影印的瞿氏鐵琴銅劍樓藏本；一個是其修訂後的重印本，即清末黎庶昌輯印的古逸叢書影刻日本影鈔本，關於這個本子的鑒定以及刊刻經過，實際擔任古逸叢書編印事務的楊守敬有如下的説明：

余仁仲萬卷堂所刻經本，今聞於世者曰周禮、曰公羊、曰穀梁。公羊揚州汪氏有繙本，周禮舊藏盧雅雨家，惟穀梁僅康熙間長洲何煌見之，然其本缺宣公以前，已稱爲希世之珍。此本首尾完具，無一字損失，以何氏校本照之，有應有不應，當由何氏所見爲初印本，此又仁仲覆校重訂者，故於何氏所稱脱誤之處皆挖補擠入。然則此爲余氏定本，何氏所見猶未善也。原本舊爲日本學士柴邦彦所藏，文政間狩谷望之使人影摹之，纖豪畢肖，展轉歸向山黄村。余初來日本時，即從黄村求得之，慫慂星使何公重繙以傳，會瓜代不果，暨新任星使黎公乃以付之梓人，逾年而後成。（余仁仲萬卷堂本穀梁傳跋）

整理用爲底本的宋十行本即是由余仁仲本和單疏拼合而成，因此，不管當時拼合所用的是初刊還是修訂重印本，都必須以這個修訂重印本來進行對校。

（二）單疏本

單疏殘本（佚卷一至五，卷十二哀十三年後半以下殘缺）有兩個鈔本存世，即陳鱣鈔本（現藏北京大學圖書館，以下簡稱「陳鈔」）和瞿氏鈔本（現藏中國國家圖書館，以下簡稱「瞿鈔」）。據各自的題跋、書録，陳鈔所據底本爲明李開先鈔本（以下簡稱「李鈔」），而瞿鈔則轉録自陳鈔。筆者限於條件，只能通過國家圖書館的「讀者雲門户」接觸到瞿鈔的灰度掃描本。張麗娟穀梁單疏本與注疏合刻本考（以下簡稱「張文」）認爲「陳氏鈔本應該反映了明鈔原貌，原本的殘破空白之處亦照原樣空缺」，在張氏的宋代經書注疏刊刻研究（北京大學出版社二〇一三年）中選配了陳鈔兩個頁面的書影（二四九頁的卷六首頁、二九二頁的卷九第十四頁），其二四九頁書影最末一行「服在葬前至先鄉魯國然後赴葬所毛伯以喪服發後」，字間距離疏密有差，开始幾個字較疏，然後又擠緊，顯然這是爲了維持這一行的起迄與據鈔底本一致所致，由此印證了張氏的結論。

再就張氏所選兩個頁面與瞿鈔的同頁對照，行格完全一致（二九二頁書影倒數第二行「於天子乎」，陳鈔在句末左下角加表示分節的「∟」符，瞿鈔改符爲空格，但該行的起迄仍與陳鈔一致）。隨意抽取的兩個樣本相互一致，說明瞿鈔未改變陳鈔的行格。然而，在文字上兩個鈔本仍有一些差異，以卷六首頁爲例，第二行的著者題名「唐國子四門助教楊士勛撰」，陳鈔「唐國子」以下空闕，瞿鈔補全；第四行末二字「云傳」上瞿鈔補「范」字。此即瞿鈔卷末季錫疇跋所云「咸豐丁巳夏，恬裕齋主人從邑中張氏假得，傳録一本，囑余對校一過，中用朱筆者仍依舊校，新鈔有誤者以墨筆改之」，今觀瞿鈔電子本之校補筆迹深淺不一，即季氏所謂的朱墨之別，但有部分校補文字深淺分辨困難。這是不能接觸原件的遺憾。

在經籍注疏的校勘中，單疏顯然是極好的材料，穀梁注疏幸好有這個大半殘存的鈔本存世，其校刊價值從一開始就得到高度評價，陳鱣説它「足以資考證，雖斷圭殘璧，要自可寶耳」，張文則予以全面評價説：「由於輾轉傳鈔，單疏鈔本中文字訛誤處也甚明顯，正如陳鱣所説的，『脱誤亦多，政需善擇』。但由於宋刻單疏原本已不存，今日僅存的穀梁疏單疏鈔本，是我們瞭解春秋穀梁疏單疏原本體例面貌的極其珍貴的資料，其文字上與通行本的差異，提供了珍貴的異文資料，值得我們珍視並進行深入的研究。」筆者認爲，陳、張的評價各有所重，而張氏的評價更全面、客觀。

筆者對過去利用穀梁單疏進行校勘的成果進行了兩個統計。其一是將陳鱣（經籍跋文宋本穀梁傳單行疏跋）、張金吾（愛日精廬藏書志卷五春秋穀梁疏殘本）、瞿鏞（鐵琴銅劍樓藏書目録卷五春秋穀梁疏）及張麗娟（張文）四家摘示的校語彙總評判。這四家前後相繼，所校無重複，共得四十四條，詳情如下：

（甲）糾正注疏拼合錯誤者四條。注疏在綴合單注與疏文時，由於疏忽，存在一些誤拼，但誤拼並没有割裂疏文，也没有改變節疏的標起迄，只是放錯了前後位置，因此，這類錯誤若無單疏，僅細研疏文也可以得到糾正。

（乙）元十行本以下的注疏本有誤而宋十行本不誤者六條。由於條件限制或其他原因，以前校勘者糾誤的對象是元十行本以下的注疏本，其實元十行本雖承襲宋十行本，但有的錯誤在宋十行本裏不存在，甚至有的僅是阮元翻刻元十行本的誤刊，而單疏本不是這類錯誤唯一的糾誤來源。

（丙）誤判者七條。校勘者由於種種原因，或偏信單疏，或疏於考辨，把注疏本中原本不誤者也判爲錯誤。如成公二年「八月丁卯，大事于大廟，躋僖公」，傳「大事者何？大是事也，著祫嘗」節疏云「『著祫嘗』者，謂以大事言之，著明是祫嘗之祭也」，單疏本「謂以大事」作「謂之大事」，張金吾以閩本「之」作「以」爲誤。按宋十行本、元十行本此字皆作「以」，不獨閩本如此。以文義言之，作「以」亦可通。張金吾或許是將「大事」屬上、「言之」屬下所致，然單疏鈔本中「之」、「以」互訛是常見的形近而誤，不能輕下判斷。

（丁）以本校、他校、理校等方法也可校出者七條。如襄公三十年「葬蔡景公」，傳「不日卒而月葬，不葬者也」節疏云「成十五年『秋八月庚辰，葬宋共公』，傳曰『月卒日葬者也』」，宋十行本以下皆如此，陳鱣謂單疏本「月卒日葬者也」作「月卒者葬非葬者也」爲「尤勝於明本者」（單疏上「者」字當是「日」字形近而訛，阮校所引何校即以「葬」下有「非葬」二字出校）。「非葬」二字確是注疏本脱文，但因是引本書成公十五年傳文，以本校結合文義也能判斷出來，浦鏜正字謂此處「脱『非葬』二字」可證。

以上四項共計二十四條，剩下的二十條裏，單疏是或義長者九條，異文難以判斷是非者五條，單疏鈔本疑訛者六條。這四家的校語可能帶有一定隨意性，但他們大致是將自認爲較有亮點的地方摘示出來的，其中有效者僅五分之一。

其二，何煌曾以單疏殘本對其所覆蓋的疏文進行全面校勘，這個成果被未能接觸單疏的阮元所利用，載入其校勘記。筆者抽取文公（注疏本卷十、十一）爲標本，統計其使用何校的效果。這兩卷阮校共有校記一百十三條，採用涉及單疏的何校計六十六條。其中僅校標起迄有無傳、注者三十二條，深入校文者三十四條。前者不用單疏也能做到，後者有十條可依賴本校、他校、理校等法解決，難下判斷的異同校二十條，明確判斷是非者僅四條（其中有二條浦鏜正字亦校出）。

這兩個統計一點一面，其結果似與整理者對單疏校勘價值的預期有一定差距。其原因，筆者認爲與單疏鈔本的粗疏有很大的關係。以考古發掘來作比，假如發掘擾亂了地層和遺址的原狀，其研究價值必然大打折扣。單疏鈔本如果嚴格遵循刊本格式，即使有文字錯誤，還可以推測出一些潛在的校勘信息。現在面對既亂格式又誤文字的本子，很難判斷異同的真實性，須依靠旁證材料來佐證，否則僅是真僞難辨的異同而已，而旁證若很充分，單疏的證據也許就不那麽重要了。由此，現有的單疏鈔本自身首先得經過認真整理才能使用，否則難免誤校誤判。因此，筆者對單疏資料的運用採取比較謹慎的態度。

七、校勘資料略稱

宋白文本　中華再造善本影印國家圖書館藏宋刻公羊穀梁春秋白文本

宋殘本　國家圖書館藏宋刻十行本殘本，轉引自王天然序言（載宋本春秋穀梁注疏，國家圖書館出版社國學基本典籍叢刊影印本）

余本　古逸叢書影刻日本影鈔宋紹熙余仁仲春秋穀梁注疏重校本

叢刊本　四部叢刊影印瞿氏鐵琴銅劍樓藏宋余仁仲春秋穀梁注疏初刊本

十行本　中華再造善本影印元刻明修監本附音春秋穀梁注疏

閩本　明李元陽刻本春秋穀梁注疏，日本東京大學東洋文化研究所藏

單疏本　穀梁疏，國家圖書館藏清咸豐瞿氏恬裕齋鈔本

單行釋文　經典釋文，四部叢刊影印清通志堂經解本

唐石經　中華書局影印民國皕忍堂摹刻本唐石經春秋穀梁傳部分

北敦一五三四五、伯二五九〇、伯二五三六　春秋穀梁傳集解殘卷，載中華書局敦煌經部文獻合集群經類穀梁傳之屬

解釋殘卷伯四九〇五、伯二五三五　春秋穀梁經傳解釋殘卷，載中華書局敦煌經部文獻合集群經類穀梁傳之屬

合集校記　中華書局敦煌經部文獻合集群經類穀梁傳之屬校記

類聚　藝文類聚，上海古籍出版社排印汪紹楹標校本

御覽　太平御覽，中華書局影印本

慧琳音義　慧琳一切經音義，上海古籍出版社影印本

陸淳纂例差繆略、脱繆略　陸淳春秋集傳纂例三傳經文差繆略第三十七、脱繆略第三十六，上海古籍出版社影印文淵閣四庫全書本

正誤　毛居正六經正誤，上海古籍出版社影印文淵閣四庫全書本

正字　十三經注疏正字卷七十三、七十四，上海古籍出版社影印文淵閣四庫全書本

阮校　春秋穀梁傳校勘記，上海書店影印清經解本

盧補校　盧宣旬摘録阮元校記之補校，中華書局影印清嘉慶阮元刊本春秋穀梁傳注疏
毛奇齡刊誤　毛奇齡春秋簡書刊誤，上海古籍出版社影印文淵閣四庫全書本
楊考　楊守敬余仁仲萬卷堂穀梁傳考異，載古逸叢書影刻日本影鈔宋紹熙余仁仲重校本
孫校　孫詒讓十三經注疏校記，齊魯書社排印本
黄校　黄焯經典釋文彙校，中華書局排印本
錢考　錢大昕唐石經考異，商務印書館涵芬樓秘笈本
劉校　劉承幹穀梁疏校勘記，載劉氏嘉業堂刻穀梁疏殘本
張校　春秋穀梁疏殘本，張金吾愛日精廬藏書志卷五，續修四庫全書影印清光緒靈芬閣校印本
瞿校　春秋穀梁疏，瞿鏞鐵琴銅劍樓藏書目録卷五，續修四庫全書影印清光緒瞿氏家塾刊本
陳跋　宋本穀梁傳單行疏跋，陳鱣經籍跋文，續修四庫全書影印清光緒龍眠山房葉氏刊本
述聞　王引之經義述聞，江蘇古籍出版社影印清道光七年刊本
彭元瑞　彭元瑞石經考文提要，豫章叢書本
于鬯　中華書局排印本香草校書春秋穀梁傳部分
黄侃手批　上海古籍出版社影印黄侃手批白文十三經穀梁傳部分
柳興恩大義述　柳興恩穀梁大義述，上海書店影印清經解續編
史曆表　張培瑜春秋朔閏表，載中國先秦史曆表，中華書局

趙坦異文箋　春秋異文箋，上海書店影印清經解

李富孫異文釋　穀梁異文釋，上海書店影印清經解續編

朱駿聲異文覈　春秋三家異文覈，續修四庫全書影印聚學軒叢書本

俞樾平議　俞樾羣經平議卷二十四春秋穀梁傳，民國石印春在堂全書本

松崎校訛　松崎慊堂唐石經校訛，載劉玉才等編經典與校勘論叢，北京大學出版社二〇一五年

八、標校凡例

（一）底本選用宋刻元修十行本（國家圖書館出版社國學基本典籍叢刊影印宋本春秋穀梁傳注疏）。經傳部分對校選用唐石經（中華書局影印民國皕忍堂摹刻本唐石經春秋穀梁傳部分）、余仁仲春秋穀梁注疏重校本（古逸叢書影刻日本影鈔本），注疏部分對校選用明李元陽刊本（日本東京大學東洋文化研究所藏本）。

（二）校記羅列異同僅列對校、參校本與底本相異者，相同者不列。

（三）無版本依據之理校或轉引文字，除少數理由充分並照顧閱讀改字外，一般僅出校而不改。

（四）凡底本不誤者一般不再出校。

（五）標起迄誤題或失題「傳」字，不删不補亦不校。

（六）注、疏中不改變文義的虚字出入不校。

（七）引用本經傳、注疏出現的義同字異之引文，可能與經傳、注疏所本不一有關，一般各仍

其舊。

（八）注疏、釋文已指出的訛誤、異文一般不再另行出校。

（九）單疏鈔本有校改、旁添者，以未改者爲準，若情形特殊則另行説明之。

（一〇）屬下列情況者徑改：

字形相近、相似而又可依據上下文判斷其正訛者（如令與今、皆與背、大與太、己與已巳、戌與戍、子與于予、比與此、桓與相等）徑改。

複引本經傳、注疏的趨簡、俗體字依經傳、注疏徑改。

可以認定因版刻殘損或形近造成的異文（如徐邈或訛作徐貌）徑改。

（一一）同一字正字、通假雜出者，依其中有理據者統一之。

（一二）前人校記轉引前人説，若不加可否，則徑引前人説。阮校引何校，若出自單疏且又無斷語者，經核對後直接引單疏。

（一三）爲眉目清晰起見，引文標點加引號最多兩層。

（一四）疏、釋文、校勘記之導語不標專名綫。

（一五）底本卷首大題冠「監本附音」（正文或略作「監本」），故前賢校語亦稱之爲「宋監本」，此項冠語整理本全部略去。

（一六）底本注疏序大題次行有「國子四門助教楊士勛撰」、「國子博士兼太子中允贈齊州刺史吳縣開國男陸德明釋文」兩行，正文每卷大題次行有「范甯集解　楊士勛疏」一行，整理本亦全部略去。

（一七）穀梁經傳拼合的方式是以經附傳，某些場合因經傳割裂而難以區分，爲清眉目，整理本以宋體表示經，以同號楷體表示傳。

目録

附録

監本附音春秋穀梁傳注疏序

春秋穀梁傳序

【疏】釋曰：此題諸本文多不同，晉、宋古文多云「春秋穀梁傳序」，〔一〕俗本亦有直云「穀梁傳序」者，然「春秋」是此書之大名，傳之解經，隨事則釋，亦既經、傳共文，題名不可單舉，又此序末云「名曰春秋穀梁傳集解」，故今依上題焉。此序大略凡有三段，第一段自「周道衰陵」盡「莫善於春秋」，釋仲尼脩春秋所由，及始隱終麟之意。夫聖哲在上，動必合宜，而直臣、良史，克施有政，故能使善人勸焉，淫人懼焉，洎乎周德既衰，彝倫失序，居上者無所懲艾，處下者信意愛憎，致令九有之存，唯祭與號，八表之俗，或狄或戎，故仲尼就大師而正雅頌，因魯史而脩春秋，其始隱終麟，范自具焉。第二自「春秋之傳有三」盡「君子之於春秋没身而已」，釋三傳所起，及是非得失。仲尼卒而微言絶，秦正起而書記亡，其春秋之書，異端競起，遂有鄒氏、夾氏、左氏、公羊、穀梁五家之傳，鄒氏、夾氏口説無文，師既不傳，道亦尋廢。左氏者，左丘明與聖同恥，恐諸弟子各安其意，爲經作傳，故曰左氏傳，其傳之者有張蒼、賈誼、張禹、翟方進、賈逵、服虔之徒，漢武帝置五經博士，左氏不得立於學官，至平帝時王莽輔政，方始得立。公羊子名高，齊人，受經于子夏，故孝經説云「春秋屬商」是也，爲經作傳，故曰公羊傳，其傳之者有胡母子都、董仲舒、嚴彭祖之類，其道盛於漢武帝。穀梁子名俶，字元始，魯人，一名赤，受經于子夏，爲經作傳，故曰穀梁傳，傳孫卿，孫卿傳魯人申公，〔二〕申公傳博士江翁，〔三〕其後魯人榮廣大善穀梁，〔四〕又傳蔡千秋，漢宣帝好穀梁，擢千秋爲郎，由是穀梁之傳大行於世。然則三家之傳是非無取，自漢以來，廢興由於好惡而已，故鄭玄六藝論云「左氏善於禮，公羊善於讖，穀梁善於經」，是先儒同遵之義也。言「左氏善於禮」者，謂朝聘、會盟、祭祀、田獵之屬不違周典是也；「公羊善於讖」者，謂黜周王魯及龍門之戰等是也；「穀梁善於經」者，謂大夫曰卒、諱莫如深之類是也。其三傳是非，序文自具。第三自「升平之末」盡「穀梁傳集解」，釋已注述之意，并序集解之人。案晉書，范甯字武子，順陽縣人，爲豫章太守。父名汪，〔五〕長子名泰字伯倫，中子名雍字仲倫，小子名凱字季倫，其從弟則注云「邵曰」是也，言「先君」則父汪是也。以傳穀梁者雖多，妄引二傳，辭理典據不足可觀，故與門徒商略名例，博示同異也。所云「名例」者，即范氏所據別爲略例一百餘條是也。其春秋及經傳之名在後別釋，謂之「序」者，序述經傳之旨，并明已注作之意也。

昔周道衰陵，乾綱絶紐，○乾，其連反，天也。紐，女久反。**禮壞樂崩，彝倫攸斁，**○彝倫，以之反，彝，常；倫，理也。攸斁，丁故反，字書作「殬」，敗也。**弒逆篡盜者國有，**○弒，申志反，又作「殺」，音同。篡盜，初患反，爾雅云「取也」。**淫縱破義者比肩。**○淫縱，子用反。

【疏】「昔周」至「比肩」　釋曰：仲尼之脩春秋，因衰亂而作，故序先述周道衰也。云「昔」者，范氏晉世之人，仰追周代，故曰「昔」。云「周道衰陵」者，總述幽、厲以來也，指衰極言之，則平、桓之世也，知者，幽、厲雖則失道，名器未失，詩猶入雅，平王東遷之後，下同於國風，政教所被，纔及郊畿，仲尼脩春秋，以平王爲始，知衰極是平、桓也。「衰陵」謂衰弱陵遲。云「乾綱」者，乾爲陽，喻天子；坤爲陰，喻諸侯。天子總統萬物，若綱之紀衆紐，故曰「乾綱」。云「絶紐」者，紐是連繫之辭，故昭十三年左傳云「再拜，皆厭紐」，玉藻云「紐約用組」。諸侯背叛，四海分崩，若紐之絶，故曰「絶紐」。云「禮壞樂崩」者，通言之耳，知非樂是陽故以「崩」言之、禮是陰故以「壞」言之者，正以詩序云「微子至於戴公，其間禮樂廢壞」，明知通矣。云「彝倫攸斁」者，尚書洪範文也。禮以安上治民，樂以移風易俗，禮樂崩壞，故常道所以敗也。「弒」謂臣弒君，「逆」謂子弒父，「篡」謂以庶奪正，

「盜」即哀四年傳云「春秋有三盜」是也。

是以妖災因釁而作，○釁，許靳反。民俗染化而遷，陰陽爲之愆度，○爲之，于僞反，下同。七耀爲之盈縮，〔六〕○縮，所六反。川岳爲之崩竭，鬼神爲之疵厲。○疵，才斯反。厲，音例，又作「癘」。

【疏】「是以」至「疵厲」 釋曰：宣十五年左傳云「天反時爲災，地反物爲妖，人反德爲亂，亂則妖災生」，是妖災因釁而起也。云「陰陽愆度」者，謂冬溫夏寒，失其節度。云「七耀盈縮」者，謂日月薄食，若晦食則是月行疾，食朔與二日是月行遲，又五行傳云「晦而月見西方謂之『朓』，朔而月見東方謂之『側匿』，朓則侯王其荼，〔七〕側匿則侯王其肅」，是由君行使之然也。五星亦有遲疾，故襄二十八年左傳云「歲在星紀，而淫於玄枵」是也。謂之「七曜」者，日月五星皆照天下，故謂之「七曜」。「五星」者，即東方歲星、南方熒惑、西方大白、北方辰星、中央鎮星是也。云「川岳崩竭」者，謂周語云幽王之時，三川震，伯陽父曰「昔伊洛竭而夏亡，河竭而商亡」。「岳」是山之類，即梁山、沙鹿崩是也。云「鬼神疵厲」者，舊解以爲「鬼神」即宗廟，是也。「疵厲」謂災變也，言人棄常制，致宗廟之災，即桓宮、新宮災是也。今以爲鬼神爲之疵厲，即國語云杜伯射宣王於鎬，左傳云伯有之鬼爲厲是也。

故父子之恩缺則小弁之刺作，○缺，丘悅反。弁，步寒反。刺，七賜反。此所引皆詩篇名，谷風在邶風，餘皆小雅。君臣之禮廢則桑扈之諷興，○扈，音户。諷，方鳳反，又作「風」。夫婦之道絶則谷風之篇奏，骨肉之親離則角弓之怨彰，君子之路塞則白駒之詩賦。

【疏】「故父」至「詩賦」　釋曰：今范引此者，即周道之衰微，廢此五事，爲此仲尼作春秋也，故孔叢云「孔子讀詩至小雅，廢卷而歎」，感詩脩春秋是也。云「小弁之刺作」者，小弁，詩小雅，周幽王廢大子宜臼，故大子之傅作詩以刺之。云「桑扈之諷興」者，桑扈亦詩小雅，刺幽王君臣上下動無禮文焉，故作是詩以諷之。云「谷風之篇奏」者，谷風，〔八〕衛人刺其君無德，故令國内之人，得其新婚者並棄其舊室，風俗衰壞，故作是詩以刺之。言「奏」者，謂奏進此詩，與上文「作」、「興」不異，但述作之體欲辟文耳。云「角弓之怨彰」者，角弓，詩小雅，以幽王不親九族，故作詩以刺之。言族人怨之彰顯，故云「角弓之怨彰」。云「白駒之詩賦」者，白駒，詩小雅，宣王之末，不能任賢，致使賢人乘白駒而去也。此引詩之次先云小弁，後言白駒者，以父子是人倫之端首，六親之莫大，故先言之；其次則有君臣，若君臣禮廢，則上下無序，故次桑扈；夫婦者生民之本，室家之原，欲見從近及遠，故夫婦先九族，是以谷風在角弓之上；白駒是賢人棄君，又非親戚，故最後言之。或當隨便而言，更無次第之例，知者，白駒是宣王之詩，而言在幽王之詩下，是無先後之次也。

「天垂象，見吉凶」，〇見，賢偏反。聖作訓，紀成敗，欲人君戒慎厥行，〇行，下孟反。增修德政，

【疏】「天垂」至「德政」　釋曰：易稱「在天成象，在地成形」，「成象」則日月之曜，〔九〕「成形」則山川之形。「見吉凶」者，即上「七曜爲之盈縮，川岳爲之崩竭」是也。獨言天象者，舊解云尊作法之本，明聖人與天地合其德，與日月齊其明，以爲川岳崩竭亦是天使爲之，故總言「垂象」以包之。云「聖作訓，紀成敗」者，謂若春秋書日食、星隕、山崩、地震，記災録異，善惡褒貶等，皆所以示禍福成敗之原、存亡得失之本，欲使人君戒慎其所行，改修德政，〔一〇〕以消災咎也。

蓋「誨爾諄諄，聽我藐藐」，○藐，亡角反。履霜堅冰，所由者漸。

【疏】「蓋誨」至「者漸」　釋曰：言此者，明聖人雖作法，愚主不能用也。〔一二〕言我教誨汝王諄諄然，何故聽我言藐藐然而不入？此詩大雅抑篇刺厲王之詩也。云「履霜堅冰」者，易坤卦初六爻辭，象曰「履霜堅冰，陰始凝也。馴致其道，至堅冰也」，引之者，取積漸之義也。

四夷交侵，華戎同貫，幽王以暴虐見禍，平王以微弱東遷，征伐不由天子之命，號令出自權臣之門，故兩觀表而臣禮亡，○觀，古亂反。朱干設而君權喪，○喪，息浪反，下「道喪」同。下陵上替，僭逼理極，○替，他計反。僭，子念反。天下蕩蕩，王道盡矣。

【疏】「四夷」至「盡矣」　釋曰：云「四夷」者，東夷、西戎、南蠻、北狄之總號也。云「交侵」者，謂交相侵伐也。云「華戎同貫」者，謂諸夏與夷狄無異也。舊解「四夷交侵，華戎同貫」指謂當春秋之時，今以爲文勢在幽王之上，則當亦兼據幽、厲以來，故節詩刺幽王云「斬伐四國」，又曰「國既卒斬」，及宣王、幽王並爲夷狄所敗，則此段序意論衰之積漸，不直據春秋之時明矣。云「幽王見禍，平王東遷」者，周本紀幽王既得褒姒，廢申后而黜大子宜臼，申侯與鄫人及犬戎殺幽王於驪山之下，盡取周賂而還，乃與諸侯就申立大子宜臼，是爲平王，東遷洛邑是也。云「兩觀」已下者，昭二十五年公羊傳云：「子家駒謂昭公曰：『諸侯之僭天子，大夫之僭諸侯久矣。』公曰：『吾何僭哉？』子家駒曰：『設兩觀，乘大路，朱干玉戚以舞大夏，八佾以舞大武。』」然則諸侯不立兩觀，周衰，諸侯僭而置之，是臣無有事君之禮也。天子之舞始設朱干，諸侯今亦用之，是君之權喪失也。云「僭逼理極」者，謂僭上逼下之理至極也。據君失權言之是逼下，以臣陵君是僭上。或以爲直據臣言之，理亦通也。云「王道盡矣」者，言法度廢壞盡也。

孔子覩滄海之橫流，迺喟然而嘆曰：○喟，起愧反，又苦怪反。「文王既沒，文不在兹乎。」言文王之道喪，興之者在己。於是就大師而正雅頌，○大師，音泰。因魯史而脩春秋，列黍離於國風，齊王德於邦君，所以明其不能復雅，○復，扶又反。政化不足以被羣后也。○被，皮義反。

【疏】「孔子」至「后也」　釋曰：舊解引楊雄劇秦篇曰當秦之世「海水羣飛」，「海水」喻萬民，「羣飛」言散亂；又引孟子云當堯之世「洪水橫流」，言不復故道，喻百姓散亂似水之橫流。今以爲滄海是水之大者，滄海橫流喻害萬物之大，猶言在上殘虐之深也。云「就大師而正雅頌」者，大師，樂官也。詩者，樂章也。以大師掌詩樂，故仲尼自衞反魯，就而正之。直言「雅頌」者，舉雅頌，則風詩理在可知，又雅頌之功大，故仲尼先用意焉。知非爲師摯理之故仲尼不正者，師摯直閑關雎之音而已，詩之顛倒仍是仲尼改正，故此序云仲尼「列黍離於國風」，杜預注左氏云「後仲尼删定，故不同」是也。然則作詩之體，風雅先定，黍離若是風體，大師不得列之於雅頌之中，若是雅頌之體，仲尼亦不得退之於風詩之中，而云「列黍離於國風」者，詩人詠歌實先有風雅之體，黍離既是國風，誠不可列之於雅頌，但天子不風，諸侯不雅，仲尼刊正，還同國風，亦是仲尼列之。

於時則接乎隱公，故因兹以託始，該二儀之化育，贊人道之幽變，舉得失以彰黜陟，明成敗以著勸誡，拯頽綱以繼三五，〇拯，拯救之拯。頽，徒回反。鼓芳風以扇遊塵。

【疏】「於時」至「遊塵」 釋曰：平王四十九年，隱公之元年，故曰「接乎隱公」。亦與惠公相接，不託始於惠公者，以平王之初，仍賴晉、鄭，至於末年陵替尤甚，惠公非是微弱之初，故不託始於惠公，隱公與平王相接，故因兹以託始也。「該」者備也，「二儀」謂天地。言仲尼脩春秋，濟羣物，同於天地之化育。云「舉得失以彰黜陟」者，謂若儀父能結信於魯，書字以明其陟；杞雖二王之後，〔一二〕而後代微弱，書「子」以明其黜。云「明成敗以著勸誡」者，成敗、黜陟事亦相類，謂若葵丘，〔一三〕書日以表齊桓之功；戎伐凡伯，言「戎」以明衛侯之惡。又定、哀之時爲無賢伯，不屈夷狄，不申中國，皆是書其成敗，以著勸善懲惡。云「拯頽綱以繼三五」者，於時王侯失位，上下無序，綱紀頽壞，故曰「頽綱」。今仲尼脩春秋，「祖述堯、舜，憲章文、武」，「拯」者救溺之名，言欲拯此頽綱，以繼三王五帝。先言「三王」者，欲見三王可以繼五帝，從小至大之意。或亦隨便而言。云「鼓芳風以扇遊塵」者，舊解以正樂爲芳風，淫樂爲遊塵。樂可以降天神、出地祇，故云「芳風」；淫樂鬼神不享、君子不聽，故曰「遊塵」。或以爲善之顯著者爲芳風，惡之煩碎者爲遊塵，理亦足通耳，但舊解云范氏別録如此，故兩存之。

一字之褒，寵踰華衮之贈；〇衮，古本反。衮冕，上公之服。片言之貶，辱過市朝之撻。〇貶，彼檢反。市朝，直遥反。撻，吐達反。德之所助，雖賤必申；義之所抑，雖貴必屈。故附勢匿非者無所逃其罪，〇匿，女力反。潛德獨運者無所隱其名，信不易之宏軌，百王之通典也。

【疏】「一字」至「典也」　釋曰：言仲尼之脩春秋，文致褒貶，若蒙仲尼一字之褒，得名傳竹帛，則寵踰華衮之贈，若定十四年石尚欲著名於春秋是也；若被片言之貶，則辱過市朝之撻，若宣八年仲遂爲弑君不稱「公子」是也。言「華衮」則上比王公，稱「市朝」則下方士庶，衮則王公之服而有文華，或以對「市朝」言之，「華衮」當爲二，非也。云「德之所助，雖賤必申」者，謂若吳是東夷，可謂賤矣，而襄二十九年因季札之賢而進稱爵，是其申也。云「義之所抑，雖貴必屈」者，謂若秦術是卿，可謂貴矣，而文十二年以其敵晉而略稱名，是其屈也。云「故附勢匿非者無所逃其罪」者，舊解若公子翬假桓公之勢，〔一四〕匿情於隱，可謂非人臣也，故隱四年、十年皆貶之，是不得逃其罪也。云「潛德獨運者無所隱其名」者，謂若公弟叔肸不食逆主之禄，潛德昧身，不求寵榮之名，獨運其道，宣十七年著名春秋，是無所隱其名也。或以爲「匿非」謂隱匿其非，便於舊解。

先王之道既弘，麟感化而來應，〔一五〕○麟，本又作「驎」，呂辛反，瑞獸也。應，應對之應。因事備而終篇，故絶筆於斯年。成天下之事業，定天下之邪正，○邪，似嗟反。莫善於春秋。

【疏】「先王」至「春秋」　釋曰：「先王」謂文、武。言仲尼脩春秋，貴仁重德，崇道抑邪，弘大先王之道，麟感化而至，杜預解左氏以爲獲麟而作春秋，今范氏以作春秋然後麟至者，以麟是神靈之物，非聖不臻，故論語云「鳳鳥不至，河不出圖，吾已矣夫」，禮器云「升中於天而鳳皇降，龜龍假」，公羊傳曰「麟有王者則至」，援神契曰「德至鳥獸則麒麟臻」，是非有明王則五靈不至也。當孔子之世，周室陵遲，天下喪亂，豈有神靈之物無故而自來？明爲仲尼脩春秋，麟應而至也。然則仲尼並脩六藝，何故不致諸瑞者，先儒鄭衆、賈逵之徒以爲，仲尼脩春秋，約之以周禮，脩母致子，故獨得麟也。或可仲尼脩六藝，不可五靈俱來，偶然麟應，餘不至也。「因事備」者，謂從隱至哀，文、武之道協，嘉瑞來臻，是事備也。「終篇」者，謂絶筆於獲麟也。

春秋之傳有三，而爲經之旨一，臧否不同，○臧，子郎反。否，音鄙，又方九反。臧否猶善惡也。褒貶殊致。

【疏】「春秋」至「殊致」　釋曰：聖人作法，本無二意，故傳雖有三，而經旨一也。云「臧否不同，褒貶殊致」者，「臧」謂事有所善，「否」謂理有所惡。以臧否既異，故褒貶亦殊，謂若隱元年左氏貴儀父結盟，公羊善其趣聖；僖元年公羊善齊桓存邢，故稱「師」，穀梁以爲「不足乎揚」，故貶之。隱二年「夫人子氏薨」，左氏以爲桓母，公羊以爲隱母，穀梁以爲隱妻，是三傳異也。

蓋九流分而微言隱，異端作而大義乖，

【疏】「蓋九」至「義乖」　釋曰：漢書藝文志云：孔子既没，諸弟子各編成一家之言，凡爲九。一曰儒家流，凡五十二家，〔一六〕八百三十六篇入揚雄一家三十八篇。〔一七〕蓋出於司徒之官，助人君順陰陽、明教化，游心於六藝之中，〔一八〕留意於仁義之際，祖述堯、舜，憲章文、武，宗師仲尼，以重其言，於道最爲高也。二曰道家流，凡三十七家，九百九十三篇。其本蓋出於史官，〔一九〕歷記成敗存亡禍福古今之道，然後知秉要執本，清虚以自守，卑弱以自持，此人君南面之術也，合於堯之克讓，易之謙謙，一謙而四益，此其所長也。三曰陰陽家流，凡二十一家，三百六十九篇。蓋出於羲和之官，敬順昊天，歷象日月星辰，敬授民時，此其所長也。及拘者爲之，則牽於禁忌，泥於小數，舍人事而任鬼神也。四曰法家流，凡十家，二百一十七篇。蓋出於理官，信賞必罰，以輔禮制，易曰「先王以明罰飭法」，此其所長也。及刻者爲之，則無教化，去仁愛，專任刑法也。五曰名家流，凡七家，三十六篇。蓋出於禮官，古者名位不同，禮亦異數，孔子曰「必也正名乎。名不正則言不順，言不順則事不成」，此其所長也。六曰墨家流，凡六家，八十六篇。蓋出於清廟之官，〔二〇〕茅屋采椽，是以貴儉；養三老五更，是以兼愛；選士大夫射，〔二一〕是以上賢；宗祀嚴父，是以右鬼；順四時而行，是以非命；以孝視天下，是以上同。〔二二〕及蔽者爲之，見儉之利，因以非禮，推兼愛之意，而不知別親疏。七曰縱横家流，凡十二家，百七篇。蓋出於行人之官，孔子曰「誦詩三百，使於四方，不能專對，雖多亦奚以爲」，又曰「使乎，使乎」，言其當權事制宜，受命不受辭，此其所長也。及邪人爲之，則尚詐諼而棄其信。八曰雜家流，凡二十家，四百三篇。蓋出於議官，兼儒、墨，合名、法，知國體之有此，見王治之無不貫，此其所長也。九曰農家流，凡九家，百一十四篇。蓋出於農稷之官，播百穀，勸農桑，〔二三〕以足衣食，故八政一曰食，二曰貨，孔子所重民食，〔二四〕此其所長也。及鄙者爲之，以爲無所事聖王，欲使君臣並耕，悖上下之序也。此九家之術，皆起於王道既微，諸侯力政，各引一端，崇其所善，以此馳説，取合於諸侯。云「微言隱」者，「仲尼没而微言絶」，故云「隱」也。云「異端起而大義乖」者，謂同説儒家，三傳各異，俱述經旨而理味有殊也。「微言絶」、「大義乖」亦藝文志文，李奇云：「隱微不顯之言也。」

左氏以鬻拳兵諫爲愛君，〇鬻，音育。拳，音權。文公納幣爲用禮，穀梁以衛輒拒父爲尊祖，不納子糾爲内惡，〔二五〕〇糾，居黝反。公羊以祭仲廢君爲行權，〇祭，側界反。妾母稱夫人爲合正。以兵諫爲愛君，是人主可得而脅也；以納幣爲用禮，是居喪可得而婚也；以拒父爲尊祖，是爲子可得而叛也；以不納子糾爲内惡，是仇讎可得而容也；以廢君爲行權，是神器可得而闚也；〇闚，本又作「窺」，去規反。以妾母爲夫人，是嫡庶可得而齊也，〇嫡，丁歷反，本又作「適」，下同。〔二六〕若此之類，傷教害義，不可强通者也。〔二七〕〇强，其丈反。

【疏】「左氏」至「者也」　釋曰：鬻拳兵諫在莊十九年，文公納幣在文二年，衛輒拒父在哀二年，不納子糾在莊九年，祭仲廢君在桓十一年，妾母稱夫人在隱二年。

凡傳以通經爲主，經以必當爲理，○當，丁浪反，下同。夫至當無二，而三傳殊說，庸得不棄其所滯，擇善而從乎？既不俱當，則固容俱失，若至言幽絶，擇善靡從，庸得不並舍以求宗，據理以通經乎？○舍以，音捨。雖我之所是，理未全當，安可以得當之難，而自絶於希通哉？○難，乃旦反。

【疏】「凡傳」至「通哉」　釋曰：三傳殊異，皆以通經爲主，「當」者謂中於道也。言聖人之經以必中爲理，其理既中，計無差二，而三傳殊說，故范氏言不得不擇善而從之。云「三傳殊說」者，若隱二年子氏之說、僖八年「用致夫人」之談是也。擇善而從之，季姬之遇鄫子，注云左氏「近合人情」是也。「並舍以求宗，據理以通經乎」者，謂若子糾、衛輒，范氏注別起異端；季子潛刃，注云「傳或失之」；天子六師、方伯一軍，示以凝滯；南季之聘，傳言「非正」，范所不取是也。

而漢興以來，瓌望碩儒，○瓌，古回反。各信所習，是非紛錯，○錯，七洛反。準裁靡定，○裁，在代反，又音才，下同。故有父子異同之論、石渠分争之說，○父子異同，謂劉向好穀梁，劉歆善左氏。之論，力困反。石渠，其居反，閣名，漢宣帝時，使諸儒講論同異於石渠閣也。分争，争鬬之争。廢興由於好惡，○好，呼報反。惡，烏路反。盛衰繼之辯訥，○辯訥，〔二八〕字書云「訥」或作「吶」，乃骨反，字詁云「訥，遲於言也」，包咸論語注云「遲鈍也」。斯蓋非通方之至理，誠君子之所歎息也。

【疏】「而漢」至「息也」　釋曰：舊解云「瓌望」者據容貌言之，「碩儒」者大德之稱。或當「瓌望」猶美望也。云「各信所習，是非紛錯」者，若賈誼、劉歆之類，服虔、鄭衆之徒，皆説左氏之美，不論二傳之得也。云「父子異同之論」者，若劉向注意穀梁，子歆專精左氏，是其異也；賈景伯父子及陳元父子皆習左氏，不學二傳，是其同也。或解「異同」總據劉向父子言之，理亦通。云「石渠」者，漢之學名，〔二九〕論事校文多在其内，故張平子云「天禄、石渠，校文之處」。「分争」者，若劉歆欲專立左氏，而移書太常，諸儒不從，反爲排擯；陳元上疏論二傳之短，亦被諠嚻是也。云「廢興由於好惡」者，若景帝好公羊，胡毋之學興，仲舒之義立；宣帝善穀梁，而千秋之道起，劉向之意存也。云「盛衰繼之辯訥」者，若武帝時，公羊師董仲舒有才辯，穀梁師江翁性訥，公羊於是大興，穀梁遂爾寖廢。其後魯人榮廣善穀梁，與公羊師眭孟辯論大義，眭孟數至窮屈，穀梁於是又興，公羊還復寖息。道有升降，在乎其人，不復論其得失，故云可歎息也。

左氏豔而富，其失也巫；○豔，移驗反。巫音無。穀梁清而婉，其失也短；○婉，於阮反。公羊辯而裁，其失也俗。若能富而不巫，清而不短，裁而不俗，則深於其道者也，故君子之於春秋，没身而已矣。

【疏】「左氏」至「已矣」　釋曰：左丘明身爲國史，躬覽載籍，屬辭比事有可依據，楊子以爲品藻，范氏以爲富豔，「豔」者文辭可美之稱也。云「其失也巫」者，謂多敘鬼神之事，預言禍福之期。申生之託狐突、荀偃死不受含、伯有之厲、彭生之妖是也。云「清而婉」者，辭清義通，若論隱公之小惠、虞公之中知是也。云「其失也短」者，謂元年大義而無傳，益師不日之惡略而不言是也。云「辯而裁」者，「辯」謂說事分明，「裁」謂善能裁斷，若斷元年五始、益師三辭、「美惡不嫌同辭、貴賤不嫌同號」是也。舊解以爲「裁」謂才辯，恐非也。云「其失也俗」者，若單伯之淫叔姬、鄫子之請魯女，論叔術之妻嫂是非，說季子之兄弟飲食是也。云「没身而已矣」者，三傳雖說春秋各有長短，明非積年所能精究，故要以没身爲限也。

升平之末，歲次大梁，先君北蕃迴軫，〇蕃，方元反，又作「藩」。頓駕于吳，乃帥門生故吏、我兄弟子姪，〇姪，徒節反，字林丈一反，杜預注左氏傳云「兄子曰姪」。研講六籍，次及三傳，左氏則有服、杜之注，公羊則有何、嚴之訓，釋穀梁傳者雖近十家，〇近，附近之近。皆膚淺末學，不經師匠，辭理典據既無可觀，又引左氏、公羊以解此傳，文義違反，斯害也已，

【疏】「升平」至「也已」　釋曰：此范氏言已注述之意也。「升平」者晉之年號，「歲」謂大歲也，「大梁」謂十二次名也。「先君」謂甯之父汪也。「門生」，同門後生。「故吏」謂昔日君臣，江、徐之屬是也。「兄弟子姪」，即邵、凱、雍、泰之等是也。「六籍」者，謂易、詩、書、禮、樂與春秋也。「服、杜」者即服虔、杜預也。「何、嚴」者即何休、嚴彭祖也。「近十家」者，魏晉已來注穀梁者，有尹更始、唐固、麋信、孔演、〔三〇〕江熙、程闡、徐仙民、徐乾、劉瑤、〔三一〕胡訥之等，故曰「近十家」也。范不云注二傳得失，直言注穀梁「膚淺末學」者，舊解以爲服、杜、何、嚴皆深於義理，不可復加，故不論之，以注穀梁者皆不經師匠，故偏論之。或當方便注穀梁，故言其短也。

於是乃商略名例，敷陳疑滯，博示諸儒同異之說。昊天不弔，〔三〕大山其頹，○昊天，胡老反，詩云「欲報之德，昊天罔極」，本又作「旻」，亡巾反。匍匐墓次，死亡無日，○匍，音蒲，又音扶。匐，蒲北反，又音服。日月逾邁，○逾，音榆。跂及視息，○跂，丘弭反，又丘豉反。乃與二三學士及諸子弟，各記所識，并言其意。業未及終，嚴霜夏墜，○墜，直類反。從弟彫落，○從，才用反。二子泯沒，○泯，亡忍反，又作「泜」。天實喪予，○喪，息浪反。何痛如之。今撰諸子之言，各記其姓名，名曰「春秋穀梁傳集解」。

【疏】「於是」至「集解」　釋曰：「商略名例」者，即范氏別爲略例百餘條是也。言「旻天」者，以父卒，故以殺方言之。「旻天不弔」，哀十六年左氏文也。云「大山其頹」者，禮記檀弓文也。「集解」者，撰集諸子之言以爲解，故曰「集解」。杜預云「集解」者，謂集解經傳，與此異也。

校勘記

〔一〕晉宋古文　正字：「『文』當『本』字誤。」

〔二〕孫卿傳魯人　「孫」字原無，依述例當有，據閩本補。

〔三〕申公傳博士江翁　殿本考證：「『公』字監本誤作『翁』。」按，公、翁音同可通，漢書儒林傳江公、江翁前後並出可證。

〔四〕大善穀梁　殿本考證：「『大』字衍。」

〔五〕父名汪　殿本考證：「按文勢『名汪』之下應有『字元平』三字，既著范甯之字爲武子，甯長子泰之字爲伯倫，中子雍之字爲仲倫，小子凱之字爲季倫，不應于其父汪獨闕其字也。」

〔六〕七耀爲之盈縮　閩本「耀」作「曜」，按釋文出「七耀」云「本又作『曜』」，而本節疏此辭三見，除複引作「耀」外，皆作「曜」，下節疏複引亦作「曜」，是疏所本作「曜」也，作「耀」者乃後改。

〔七〕侯王其荼　漢書五行志「荼」作「舒」，阮校：「古多假『荼』爲『舒』。」

〔八〕谷風　本節疏前後文皆釋詩篇所屬類别，且谷風有二，此處所述屬邶風，不當無釋，疑有脱文。

〔九〕日月之曜　正字：「『象』字誤『曜』。」按，繫辭韓康伯注「象況日月星辰，形況山川草木也」，浦説是也。

〔一〇〕改修德政　序云「增修」，疏不當謂「改修」，必有一誤，或疏所本之序作「改修」也。

〔一一〕愚主　閩本「主」作「者」，阮校：「作『者』是也。」

〔一二〕杞雖二王　「杞」原作「札」，據閩本改。

〔一三〕葵丘　正字：「『葵丘』上疑脱『齊會』二字。」

〔一四〕假桓公之勢　此疏正文「附勢」，則「假」疑「附」之訛。

〔一五〕感化　「化」字原無，據唐石經、余本、閩本補，疏云「麟感化而至」，則疏所本亦有「化」字。

〔一六〕凡五十二家　漢書藝文志「二」作「三」，然實計該類爲五十二家，以諸子略總數核之此類亦當爲五十二家，則藝文志原應作「五十二」，此處作「二」不誤。

〔一七〕入揚雄一家三十八篇　此九字原是大字，有圍框，阮校：「此九字乃漢書注。」則當作小字，據改。

〔一八〕游心　藝文志作「游文」，然文獻通考卷二百八、羣書考索卷九引皆作「游心」，與疏合。

〔一九〕其本蓋出於史官　阮校：「何校本去『其本』二字，與漢志合。」今按，依前後文例，此二字疑衍。

〔二〇〕清廟之官　漢書藝文志「官」作「守」，然廣弘明集卷八釋道安二教論述九流，亦稱「清廟之官」。

〔二一〕選士大夫射　殿本考證：「衍一『夫』字。」阮校：「漢志無『夫』字。」

〔二二〕是以上同　疏於儒家以下八家，除墨家外皆録漢志「此其所長也」之斷語，墨家不應獨闕，則此句下疑脱「此其所長也」五字。

〔二三〕勸農桑　漢書藝文志「農」作「耕」，此處疑涉上「農稷之官」而訛。

〔二四〕孔子所重民食　漢書藝文志「孔子」下有「曰」字，羣書所引亦皆有「曰」字，疑此處脱。

〔二五〕内惡　莊九年傳作「惡内」。

〔二六〕下同　「下」原作「亦」，依釋文述例改，單行釋文無此字。

〔二七〕不可强通者也　余本、唐石經「不可」下有「得」字，楊考：「無『得』字文義已足，此涉上文六『得』字衍。」

〔二八〕辯訥　二字原無，據單行釋文補。

〔二九〕漢之學名　殿本考證：「『閣名』各本俱誤作『學名』，按天禄、石渠俱未央宫前閣名，宣帝於此閣集諸儒講五經同異，偏考前典，從無以此爲學校名者。」

〔三〇〕孔演　隋書、舊唐書經籍志皆作「孔衍」，晉書儒林有傳，「演」字疑誤。

〔三一〕劉瑶　隋書、舊唐書經籍志皆作「劉兆」，晉書儒林有傳，殿本考證：「『劉兆』誤作『劉瑶』。」

〔三二〕旻天　釋文云「本又作『旻』」，疏複引作「旻天」，則疏所據乃釋文又作本也。

春秋穀梁注疏隱公卷第一 起元年，盡三年

春秋穀梁傳隱公第一〔一〕

【疏】「春秋」至「第一」 釋曰：「春秋」者，此書之大名，傳之解經，隨條即釋，故冠大名於上也。名曰「春秋」者，以史官編年記事，年有四時之序，春先於夏，秋先於冬，故舉「春秋」二字以包之。賈逵云「取法陰陽之中」，知不然者，以孝經云「春秋祭祀，以時思之」，豈是取法陰陽之中？故知非也。玉藻云「動則左史書之，言則右史書之」，左史所書，春秋是也；右史所書，尚書是也。則春秋立名，必是仲尼以往、三代以來，不審誰立之耳。仲尼所脩謂之「經」，經者常也，聖人大典，可常遵用，故謂之「經」；穀梁所脩謂之「傳」，不敢與聖人同稱，直取傳示於人而已，故謂之「傳」。魯世家：「隱公名息姑，惠公之子，周公八世孫，以平王四十九年即位。」「隱」者謚也，周書謚法曰：「隱拂不成曰隱。」魯雖侯爵，據臣子言之，故謂之「公」。説文「第」訓次，謂次第之中當其一，故謂之「第一」。

元年春，王正月。隱公之始年，周王之正月也，杜預曰：「凡人君即位，欲其體元以居正，故不言一年一月也。」○正，音征，又如字，後皆放此。

【疏】注「隱公」至「月也」 釋曰：何休注公羊，取春秋緯「黃帝受圖立五始」，以爲「元」者氣之始，「春」者四時之始，「王」者受命之始，「正月」者政教之始，「公即位」者一國之始，五者同日並見，相須而成，又云「惟

王者然後改元立號，春秋託新王受命於魯，故因以錄即位」，公羊又云「王者孰謂？謂文王也」，故范云「隱公之始年，周王之正月」以異之，不然，「公」者不嫌非隱，何煩此注？明知爲排公羊說也。所書之「公」即魯隱，所用之歷即周正，安在黜周王魯也？又所改正朔雖是文王，頒於諸侯非復文王之歷，受今王之歷，言文王之正，非也。又何休言諸侯不得改元，則元者王之元年，非公之元年，公之即位不在王之元年，安得同日並見，共成一體也？言既不經，故范所不信。「元年」實是一年，「正月」實爲一月，而別爲立名，故范引杜預之言以解之。「元」者氣之本、善之長，人君當執大本、長庶物，欲其與元同體，故年稱「元」也。「正」者直方之間語，直其行，方其義，人君當秉直心，杖大義，〔二〕欲其常居正道，故月稱「正」也。以其君之始年、歲之始月，故特立此名以示義，其餘皆即從其數，不復改也。

雖無事必舉正月，謹始也。謹君即位之始。

【疏】「雖無」至「始也」　釋曰：此言「無事」，直據正月無即位之事，非是通一時無事也。云「謹始也」者，謹人君即位之始。

公何以不言「即位」？據文公言「即位」。

【疏】注「據文公言『即位』」　釋曰：不據桓公者，文公繼正即位，正也，桓繼故即位非正，故不據之。

成公志也。成隱讓桓之志。焉成之？言君之不取爲公也。言隱意不取爲魯君也。公，君也。上言「君」，下言「公」，互辭。○焉，於虔反。君之不取爲公何也？將以讓桓也。讓桓正乎？曰不正。隱長桓幼。○長，丁丈反，又作「丈」，音同。

【疏】注「隱長桓幼」　釋曰：傳云讓桓「不正」，注何以知隱長桓幼，不是隱嫡桓庶者？若隱嫡桓庶，先君焉得欲立之，隱焉得探先君邪心而讓之？傳言「天倫」，則貴賤相似可知，又云受之天子，隱非嫡明矣。

春秋成人之美，不成人之惡，隱不正而成之何也？將以惡桓也。不明讓者之善，則取者之惡不顯。○之惡，烏各反，下注「之惡」同。惡桓，烏路反，下「其惡桓」同。

【疏】「春秋」至「桓也」　釋曰：此云「春秋成人之美」，下云「春秋貴義而不貴惠」，顯言「春秋」者，讓者人之善事，而傳稱「小道」，危疑之理，恐人不信，故廣稱春秋之理以明之。下既以隱爲善，又惡其不正，亦恐人不信，故言「春秋貴義而不貴惠」也。

注「不明」至「不顯」　釋曰：謂不言公之即位，是明讓者之善，讓者之善既明，則取者之惡自然顯也。

其惡桓何也？隱將讓而桓弒之，則桓惡矣；桓弒而隱讓，則隱善矣。善則其不正焉何也？據善無不正。○弒，申志反，又作「殺」，如字，後皆同。春秋貴義而不貴惠，「惠」謂私惠。信道而不信邪。信，申字，古今所共用。○信，音申。邪，似嗟反，下及注皆同。孝子揚父之美，不揚父之惡。先君之欲與桓，非正也，邪也，雖然，既勝其邪心以與隱矣，終歸之於隱，是以正道制邪心。已探先君之邪志而遂以與桓，則是成父之惡也。兄弟，天倫也，兄先弟後，天之倫次。○探，吐南反。爲子受之父，爲諸侯受之君，隱爲世子，親受命於惠公；爲魯君，已受之於天王矣。已廢天倫而忘君父，以行小惠，曰小道也。弟先於兄是廢天倫，私以國讓是忘君父。

【疏】「小道也」　釋曰：伯夷、叔齊及大伯等讓國，史傳所善，今隱讓國而云「小道」者，伯夷爲世子，其父尚存，兄弟交讓而歸周，父没之後，國人立其中子，可謂求仁而得仁，故以爲善。今隱公上奉天王之命，下承其父之託，百姓已歸，四鄰所與，苟探先君之邪心，而陷父於不義，開篡弑之原，啓賊臣之路，卒使公子翬乘釁而動，自害其身，故謂之「小道」。至於大伯，則越禮之高，以興周室，不可以常人難之。

若隱者可謂輕千乘之國，蹈道則未也。未履居正之道。○乘，繩證反，公侯之國賦千乘。蹈道，上徒報反，履行之名也，下如字。

○三月，公及邾儀父盟于眛。邾，附庸之國。眛，魯地。○邾，音誅，國名。儀父，凡人名字皆音甫，後放此更不重音。眛音蔑，地名，左氏作「蔑」，注、下皆同。

「及」者何？內爲志焉爾。「內」謂魯也。儀，字也。父猶傅也，男子之美稱也。傅，師傅。附庸之君未王命，例稱名，善其結信於魯，故以字配之。○美稱，尺證反。其不言「邾子」何也？據莊十六年邾子卒稱「邾子」。邾之上古微，未爵命於周也。邾自此以上是附庸國。○上，時掌反。不日，其盟渝也。日者所以謹信，盟變故不日，七年「公伐邾」是也。○不日，人實反，「不日」謂不書日也，穀梁皆以日月爲例，他皆放此。渝，羊朱反，變也。

【疏】「『及』者」至「渝也」　釋曰：此云「及」，傳云「內爲志焉爾」，二年「公會戎于潛」，傳云「會者外爲主焉」，〔三〕則下六年「公會齊侯盟于艾」亦是外爲主，「公及戎盟于唐」亦是內爲志，外內之意別，故傳辨彼我之情也。案齊侯禄父則以父爲名，此父爲傳者，以春秋之例，諸侯卒例名，經云「齊侯禄父卒」無取字義，故知父是名也。今儀父既有所善，故知父是男子之美稱也，經善其結信，貴而字之。傳又云「不日，其盟渝也」，經傳相違者，以附庸之君能結信於魯，故以美稱稱之，但結盟之後信義不固，魯更伐邾，故去日以惡之，所謂善惡兩舉，春秋之義也。知非例不日者，案二年「秋八月庚辰，公及戎盟于唐」、六年「夏五月辛酉，公會齊侯盟于艾」，彼皆書日，故知非例不日，今此不日，故知爲渝盟略之也。左氏惟大夫卒及日食以日月爲例，自餘皆否，此傳凡是書經皆有日月之例者，以日月相承，其事可悉，史官記事，必當具文，豈有大聖脩撰而或詳或略？故知無日者，仲尼略之見褒貶耳。

注「附庸」至「配之」　釋曰：案莊五年秋「郳犂來來朝」稱名，故知此善其結信於魯，故以字配之也。不善彼朝而善此盟者，朝事大國，附庸常禮，齊盟結信，所以安社稷，故貴之也。

眜，地名也。

○夏，五月，鄭伯克段于鄢。

段有徒衆，攻之爲害必深，故謹而月之。鄢，鄭地。○鄢，音偃，地名。

【疏】注「段有」至「鄭地」　釋曰：案下四年「九月，衛人殺祝吁于濮」，傳曰「其月，謹之也」，范云「討賊例時也。衛人不能即討祝吁，致令出入自恣，故謹其時月所在，以著臣子之緩慢也」，此云「爲害必深，故謹而月之」，彼祝吁以二月弒君，衛人以九月始討，傳云「其月，謹之也」，明知謹臣子之緩慢，此無歷時之事，傳云「段之有徒衆也」，故知爲害必深，故謹而月爾。莊九年「齊人殺無知」，不書月者，無知雖復歷年，時月尚淺，又無重害，故直書時也；宣十一年「楚人殺陳夏徵舒」，書月者，爲陳不能討而外藉楚力，故禍害深也。

「克」者何？能也。何能也？能殺也。何以不言殺？見段之有徒衆也。言鄭伯能殺，則邦人不能殺矣，知段衆力彊盛，唯國君能殺之。○見，賢徧反。

【疏】注「言鄭」至「殺之」　釋曰：國君之討，必藉衆力，若使鄭伯獨行，理不能殺，而云「唯國君能殺之」者，段藉母弟之權，乘先君之寵，得衆人之情，遂行弑君之計，百姓畏憚，莫不斂手，而鄭伯既爲人君，有威怒之重，自爲戎首，設賞罰之柄，故軍師用命，戰士争先，注論克段之本，故云唯國君乃能殺之也。

段，鄭伯弟也。何以知其爲弟也？殺世子、母弟目君，以其目君，知其爲弟也。母弟，同母弟也。「目君」謂稱鄭伯。

【疏】「段鄭」至「弟也」　釋曰：殺世子、母弟皆目君，傳何以知非世子者？左氏、公羊亦以段爲鄭伯之弟，故此傳亦同之。舊解以爲世子申生傳曰「目晉侯斥殺，惡晉侯也」，〔四〕宋公殺世子傳無明解，同例可知，故范云「痤之罪非不子明矣」，〔五〕然則書殺世子例目君，稱「世子」，其罪誅者即不書，今段目君而不云「世子」，是弟可知，理亦通耳。不及取二傳爲證，後進易曉。宣十七年「公弟叔肸卒」，傳曰「賢之也」，彼爲賢稱「弟」，則不賢去弟乃是其常，而下傳云「弗謂『弟』，貶之也」者，「天王殺其弟佞夫」，彼佞夫無罪而稱「弟」，今段不稱「公子」又不稱「弟」，故云「貶之」，又且相殺之例與尋常異，故知去「弟」者貶之也。

段弟也而弗謂「弟」，公子也而弗謂「公子」，貶之也。段失子弟之道矣，賤段而甚鄭伯也。「賤段」謂不稱「公子」、「公弟」。「甚鄭伯」謂目君也。何甚乎鄭伯？甚鄭伯之處心積慮，成於殺也。雍曰：「段恃寵驕恣，彊足當國，鄭伯不能防閑以禮，教訓以道，縱成其罪，終致大辟，處心積思，志欲殺弟。」○大辟，婢亦反。思，息吏反。于鄢，遠也，猶曰取之其母之懷中而殺之云爾，甚之也。段奔走乃至於鄢，去已遠矣，鄭伯猶追殺之，何以異於探其母懷中赤子而殺之乎？君殺大夫例不地，甚鄭伯之殺弟，故謹其地。

【疏】注「段奔」至「其地」 釋曰：僖十年「晉殺其大夫里克」、昭十四年「莒殺其公子意恢」例不地，故知此書地是謹之也。又昭十一年「楚子虔誘蔡侯般，殺之于申」，傳曰「稱地，謹之也」，明此稱地亦是謹耳。

然則爲鄭伯者宜奈何？緩追逸賊，親親之道也。君親無將，將而必誅焉，此蓋臣子之道，所犯在己，故可以申兄弟之恩。

【疏】注「君親」至「之恩」 釋曰：莊三十二年公羊傳文。

○秋，七月，天王使宰咺來歸惠公仲子之賵。宰，官；咺，名。仲，字；子，宋姓也，婦人以姓配字，明不忘本，示不適同姓也。妾子爲君，賵當稱謚，成風是也，仲子乃孝公時卒，故不稱謚。賵例時，書月以謹其晚。○宰咺，况阮反，注同。仲子，惠公之母也，與左氏不同。〔六〕賵，芳鳳反，注及下同。〔七〕

【疏】「七月」至「之賵」 釋曰：公羊傳云「仲子者何？桓之母也。何以不言『及仲子』？仲子微也」，左氏亦以仲子爲桓之母，今穀梁以爲孝公之妾、惠公之母者，以文九年「秦人來歸僖公成風之襚」，彼若兼歸二襚則先書成風，既經不先書成風，明母以子氏，直歸成風襚服而已。成風既是僖公之母，此文正與彼同，故知仲子是惠公之母也。鄭釋癈疾亦云「若仲子是桓之母，桓未爲君，則是惠公之妾，天王何以賵之？則惠公之母亦爲仲子也」，鄭云

「亦爲仲子」者，以左氏、公羊皆言仲子桓公母故也，然則魯女得並稱伯姬、叔姬，宋女何爲不得並稱仲子也？又仲子不稱「夫人」者，文九年「秦人來歸僖公成風之襚」，傳稱「秦人弗夫人也，即外之弗夫人而見正焉」，則此不稱「夫人」，理亦當然也。文五年「春王正月，王使榮叔歸含且賵」，傳曰「其不言『來』，不周事之用也」，仲子乃孝公時卒，而云「來」者，秦人能遠慕中華，君子恕而不責其晚，故言「來」，又書時，今平王能崇禮諸侯，因惠公之喪而來歸賵，故亦恕而不責，言「來」也。秦近西戎，能慕中國，故時而不月，京師路近，故謹而月之，范以不責秦而不書月，故知書月者是謹譏之文。文五年傳云「不周事之用也」而經書月，則周事之用合書時，故注云「賵例時，書月以謹其晚」也。

母以子氏。妾不得體君，故以子爲氏。平王新有幽王之亂，遷于成周，欲崇禮諸侯，仲子早卒，無由追賵，故因惠公之喪而來賵之。「仲子」者何？惠公之母、孝公之妾也。禮，賵人之母則可，賵人之妾則不可。君子以其可辭受之，其志不及事也。〔八〕常事不書。「賵」者何也？乘馬曰賵，衣衾曰襚，貝玉曰含，錢財曰賻。四馬曰乘。含，口實。〇乘，繩證反。襚，音遂。含，户暗反，又作「唅」。賻，音附。

【疏】「賵者」至「曰賻」　釋曰：士喪禮賵用兩馬，此用乘馬者，禮，大夫以上皆乘四馬，故賵用乘馬。馬數雖同，其馬大小則異，故何休云「天子馬曰龍，高七尺以上；諸侯曰馬，高六尺以上；卿大夫、士曰駒，高五尺以上」是也。士喪禮賵并有玄纁束，〔九〕公羊傳亦云「賵者以馬，以乘馬、束帛」，何休云「『束帛』謂玄三纁二，玄三法天，纁二法地」是也。謂之「賵」者，何休云「賵猶覆也」，當覆被亡者之身，休又云「賻猶助也，皆助生送死之禮。襚猶遺也，遺是助死之禮。知生者賵賻，知死者賵襚耳」，或當襚者衣服之名，故送死之衣亦名襚也。衣多少之數，喪大記小斂之衣皆十九稱，大斂之衣君百稱，大夫五十稱，士三十稱，天子蓋百二十稱。〔一〇〕斂衣稱數不同，則所歸襚服亦當有異，但所歸者未必具其稱，先儒無説，不敢斷其多少也。「含」者實口之名，周禮玉府「大喪，共含玉」，則天子用玉。禮雜記論諸侯弔含之事云，將命者執璧「委於殯東」，〔一一〕是諸侯用璧。士喪禮含用米、貝，是士用米、貝。莊子云「徐徐別其頰，無傷口中珠」，或大夫用珠也。其多少之數，士喪禮用貝三，則天子以下同用三明矣。何者？實口當無多少之異故也。舊説云大夫當五，諸侯當七，天子當九，非也。檀弓含用米、貝，以喪大記約之，則天子米當用黍，諸侯用粱，大夫、士用稷也。〔一二〕案雜記之文，諸侯含必當用璧，文五年注云「諸侯含用玉」，又此傳直云「貝玉曰含」者，璧亦是玉之別，故周禮「子男執璧」亦同謂之玉，〔一三〕故傳舉「貝玉」總之也。或以爲禮緯「天子用珠，諸侯用玉，大夫用璧，士用貝」，又此傳「貝玉曰含」，故范氏不取禮記之文，而云「諸侯含用玉也」，若從前解，禮緯之文特爲先代法，則於理通耳。

○九月，及宋人盟于宿。「及」者何？内卑者也。宋人，外卑者也，卑者之盟不日。「卑者」謂非卿大夫也。凡非卿大夫盟，信之與不例不日。

【疏】「『及』者」至「不日」　釋曰：盟會言「及」別内外，尊卑言「及」上下序，此言「及」者，是魯之微人，傳云「卑者之盟不日」，則公卿之盟書日可知，故文二年「三月乙巳，〔一四〕及晉處父盟」、莊二十二年「秋七月丙申，及齊高傒盟」，彼雖不言「公」，以公實在，故亦書日。又二年「秋八月庚辰，公及戎盟于唐」、襄三年「六月，公會云云己未，同盟於雞澤」，是稱公而書日，襄二十七年「秋七月辛巳，豹及諸侯之大夫盟於宋」，是卿盟亦日，此不書日，是卑者例不書日。八年傳云「外盟不日」，詳内而略外也，其間有内之公卿不日、外盟亦日，皆當條別有義耳。

定十一年注云「平不日，亦有惡矣」，則平亦有日月之例也。

宿，邑名也。

○冬，十有二月，祭伯來。「來」者來朝也，其弗謂朝何也？寰内諸侯，非有天子之命，不得出會諸侯，不正其外交，故弗與朝也。天子畿内大夫有采地，謂之「寰内諸侯」。○祭，側界反。朝，直遥反。寰，音縣，古縣字，一音環，又音患。内，圻内也。畿，本或作「圻」，音祈。聘弓鍭矢不出竟場，束脩之肉不行竟中，有至尊者不貳之也。聘遺所以結二國之好，將彼我之意，臣當禀命於君，無私朝聘之道。○鍭，音侯，又音侯。竟，音境，本或作「境」。場，音亦。遺，唯季反。好，呼報反。禀，彼錦反。

【疏】「來者」至「之也」 釋曰：天子畿内大夫奉王命當言「聘」，此不奉王命，據無君言之，〔一五〕故傳云「不與朝也」。「寰内」者，王都在中，諸侯四面遶之，故曰「寰内」也。「祭伯」者，范雖不注，傳云「諸侯」，則「伯」爲爵也。「聘弓鍭矢」者，麋信云：「聘，問也。古者以弓矢相聘問，故左傳云楚子問郤至以弓。」爾雅釋器云「金鏃翦羽謂之『鍭』」，郭璞云「今之錍箭是也」。〔一六〕「束脩之肉」者，脩，脯也，謂束脯之肉也。臣無竟外之交，故弓矢不出竟場，在禮，家施不及國，故束脩之肉不行竟中。謂之「竟場」者，竟是疆界之名，至此易主，故謂之「疆場」。〔一七〕「不貳之」者，言臣當一一禀君命，無自專之道也。范注莒慶之下引禮「束脩之問不出竟」、董仲舒曰「大夫無束脩之饋」，言雖有異，其意皆同也。

○公子益師卒。大夫日卒，正也；君之卿佐是謂股肱，股肱或虧，何痛如之，故録其卒日以紀恩。不日卒，惡也。罪故略之。

【疏】「大夫」至「惡也」　釋曰：五年「冬十有二月辛巳，公子彄卒」、僖十六年「三月壬申，公子季友卒」皆書日，今不書日，故云惡之。益師之惡，經傳無文，蓋春秋之前有其事也，麋信云「益師不能防微杜漸，使桓弒隱，若益師能以正道輔隱，則君無推國之意，桓無篡弒之情」，所言亦無案據也。何休云：「公羊以爲日與不日爲遠近異辭，若穀梁云益師惡而不日，則公子牙及季孫意如何以書日乎？」鄭君釋之曰：「公子牙，莊公弟，〔一八〕不書『弟』則惡明也，故不假去日。季孫意如則定公所不惡，故亦書日。」是鄭意亦以爲惡故不日也。

二年春，公會戎于潛。凡年首月承於時，時承於年，文體相接，春秋因書「王」以配之，所以見王者上奉時承天，而下統正萬國之義。然春秋記事有例時者，若事在時例則時而不月，月繼事末則月而不書「王」，書「王」必皆上承春而下屬於月，文表年始，事莫之先，所以致恭而不黷者。他皆放此，唯桓有月無王，以見不奉王法爾。南蠻、北狄、東夷、西戎皆底羌之別種。潛，魯地。會例時。○見王，賢徧反，下同。屬，章玉反。黷，徒木反。放，甫往反，後此例不音。底，丁兮反，本又作「氐」。種，章勇反。

【疏】注「凡年」至「例時」　釋曰：春秋二百四十二年，無王一百有八。〔一九〕桓無王者，以見不奉王法；餘公無王者，爲無正月，不得言王。凡書首時者六十有二，〔二〇〕若以正月首時者亦得書王，何者？以時雖無事，年、時、月皆備，故亦書「王」，則莊十有一年「春王正月」、十有九年「春王正月」，皆月下無事而書「王」是也。若月承於時，時承於年，年下有事，書「王」配之者，則莊三年「春王正月，溺會齊師伐衛」、八年「春王正月，師次于郎」

是也。雖非正月，但月承於時，時承於年，又事繫月下，即亦稱「王」，則三年「王二月己巳，〔二一〕日有食之」、莊六年「春王三月，王人子突救衛」是也。注又云「春秋記事有例時者」，謂若朝會、侵伐之類，知者，十一年春「滕侯、薛侯來朝」傳曰「諸侯來朝時，正也」，莊十年「二月，公侵宋」傳曰「侵時。惡之，故謹而月之」，二十三年春「公至自齊」傳曰「往時，正也」，〔二二〕故此年春「公會戎于潛」、五年春「公觀魚于棠」皆不書月是也。其有書月之類，皆有故始書耳。注又云「月繼事末則月而不書王」者，謂年首已有事，下雖有月亦不得書「王」，若八年春「宋公、衛侯遇于垂」，下文「三月，鄭伯使宛來歸祊」是也。「致恭而不黷者」也，〔二三〕謂恭敬於王，不敢黷慢者也。「會例時」者，四年夏「公及宋公遇于清」、九年冬「公會齊侯于防」是也。若然，十年「春王二月，公會齊侯、鄭伯于中丘」、十一年「夏五月，公會鄭伯于時來」而書月者，范云「天告雷雨之異，而不知戒懼，反更數會，故危之」，是有故始書月，明無故例時也。

會者外爲主焉爾，知者慮，察安審危。○知，音智。**義者行，**臨事能斷。〔二四〕○斷，丁亂反。**仁者守，**衆之所歸，守必堅固。○守，如字。**有此三者，然後可以出會。會戎，危公也。**無此三者不可以會，而況會戎乎？

【疏】注「無此」至「戎乎」　釋曰：傳云「知者慮」，謂卿爲司徒，主教民，〔二五〕察民之安危也，「義者行」，謂卿爲司馬，司馬主斷割也，「仁者守」，謂卿爲司空，司空主守也。人君之行，二卿從、一卿守，然後可會中國之君，桓無三臣之策而出會齊侯，〔二六〕身死於外，故重起例，明其不可，〔二七〕是以此注云「無此三臣不可以會，而況會戎乎」，兼爲桓公生此意也。此既危公而不月者，徐邈云「會戎雖危，有三臣之助，不至于難，故不月也」，理或然焉。

○夏，五月，莒人入向。入例時，惡甚則日，次惡則月，他皆放此。○莒，音舉。向，舒亮反。惡，烏各反，下同。〔二八〕

【疏】注「入例」至「放此」 釋曰：「入例時」者，以侵伐既時，則入亦時也，故五年秋「衛師入郕」、十年秋「宋人、衛人入鄭」皆不月是也。「惡甚則日」者，八年「庚寅，我入邴」傳曰「日入，惡入者也」、十年「冬十月壬午，齊人、鄭人入郕」傳曰「日入，惡入者也」。經書日，傳特發云「惡入」也，〔二九〕則書日是大惡之例。書日既爲大惡，則書月者次惡，書時有小惡。〔三〇〕知書時亦惡者，傳云「『入』者内弗受也」，則稱「入」者亦是惡也。内不受此已發例，下「入極」復言之者，向者佗入我，極者我入佗，恐内外不同，故兩發以同之。或以爲書時者無惡，但事自惡耳。

「入」者内弗受也。入無小大，苟不以罪，則義皆不可受。向，我邑也。自魯而言，故曰「我」也。

○無侅帥師入極。二千五百人爲師。○侅，音該，又户楷反，左氏作「駭」。「入」者内弗受也。極，國也。諱滅同姓，故變「滅」言「入」。傳例曰：「滅國有三術，中國日、卑國月，夷狄時。」極蓋卑國也。「内」謂所入之國，非獨魯也。苟焉以入人爲志者，人亦入之矣。不稱氏者，滅同姓，貶也。

【疏】注「滅國有三術」至「非獨魯也」 釋曰：宣十五年、襄六年傳文也。

【疏】「滅同姓貶也」〔三一〕 釋曰：左氏無駭八年乃賜族，則爲無族可稱，此傳云「不稱氏者，滅同姓，貶也」，則以無侅舊有氏。公羊「無駭者何？展無駭也。何以不氏？貶。曷爲貶？疾始滅也」，然則此傳貶意雖與公羊異，或當先號展氏也。

○秋，八月庚辰，公及戎盟于唐。傳例曰：「『及』者內爲志焉爾。」唐，魯地。

○九月，紀履緰來逆女。不親逆則例月，重録之，親逆則例時。〔三二〕○履緰，音須，左氏作「裂繻」，下注同。

【疏】注「不親」至「例時」 釋曰：莊二十四年「夏，公如齊逆女」書時，此則書月，故云「不親逆例月，親逆例時也」。

逆女，親者也，「親者」謂自逆之也。使大夫，非正也。以國氏者，爲其來交接於我，故君子進之也。傳例曰「當國以國氏，卑者以國氏，進大夫以國氏」，國氏雖同，而義各有當。公子、公孫篡君代位，故去其氏族國氏，以表其無禮，齊無知之徒是也。若庶姓微臣，雖爲大夫不得爵命，無代位之嫌，既不書其氏族，當知某國之臣，故國氏以別之，宋萬之倫是也。履緰以名繫國，著其奉國重命來爲君逆，得接公行禮，故以國氏重之。成九年宋不書「逆女」，以其逆者微，今書「履緰」，亦足知其非卑者。公羊傳曰「春秋貴賤不嫌同號，美惡不嫌同辭」，左氏舍族之例，或厭以尊君，或貶以著罪，此傳隱公去即位以明讓，莊公去即位以表繼弒，文同而義異者甚衆，故不可以一方求之。○爲其，于僞反，注「來爲」同。有當，丁浪反。故去，起呂反，下同。以別，彼列反。美惡，烏路反，又如字。舍族，音捨。或厭，於葉反。

【疏】注「傳例」至「求之」 釋曰：齊無知、衛祝吁弒君取國以國氏，齊公子商人、楚公子比亦弒君取國不以國氏者，商人不欲以嫌代嫌，楚公子比不是弒君之主，故皆稱「公子」，不以國氏也。此云「履緰」知非卑者，傳云

「逆之道微」，指言不親逆，略之不稱「使」，非謂履緰卑也。注廣引公羊、左氏者，以證國氏不同之意，并明褒貶殊致也。「貴賤不嫌同號，美惡不嫌同辭」，隱七年公羊傳文也。滕是小國，爵稱「侯」，齊是大國，亦止稱「侯」，是貴賤不嫌同號；文公繼嗣君而稱「即位」，桓公繼弑君亦言「即位」，是美惡不嫌同辭。「或厭以尊君」，成十四年「僑如以夫人婦姜氏至自齊」、宣元年「遂以夫人婦姜至自齊」是也。「或貶以著罪」，若四年「翬帥師會宋公云云伐鄭」、襄二十七年「豹及諸侯之大夫盟於宋」是也。「不可以一方求之」者，言國氏雖同，本意各異，故不可以一方求之，是以廣引文同義異以爲證也。

○冬，十月，伯姬歸于紀。伯姬，魯女。禮，婦人謂嫁曰「歸」，反曰「來歸」，嫁而曰「歸」，明外屬也。反曰「來歸」，明從外至，「反」謂爲夫家所遣。

【疏】「禮婦」至「來歸」 釋曰：「婦人謂嫁曰『歸』」，此「伯姬歸于紀」是也。「反曰『來歸』」，宣十六年「郯伯姬來歸」是也。

從人者也。婦人在家制於父，既嫁制於夫，夫死從長子。婦人不專行，必有從也。伯姬歸于紀，此其如專行之辭何也？曰非專行也，吾伯姬歸于紀，故志之也。其不言「使」何也？怪不言「使履緰來逆女」。○長，丁丈反。

【疏】「專行之辭」 釋曰：麋信云：「不稱『使』者，似若專行也，謂決魯夫人至并稱『逆』者，此直云『伯姬歸』」，故問之，下云『吾伯姬歸，故志之也』，明佗逆者不足録，故與内夫人至異也。」

逆之道微，無足道焉爾。言君不親迎而大夫來逆，故曰「微」也。既失其大，不復稍明其細，故不言「使履綸」也。○迎，魚敬反。復，扶又反。

【疏】「逆之道微」　釋曰：成八年「宋公使公孫壽來納幣」，注云「婚禮不稱主人，宋公無主婚者，自命之，故稱『使』」，此紀侯有母，母使履綸，文不稱『使』，正是常事，而云「逆之道微」故去「使」者，納幣禮合使卿，宋公身自命之，故云「使」，逆女非親不得，故云「逆之道微」而去「使」文也，以逆女與納幣異，故彼此不同耳。

○紀子伯莒子盟于密。密，莒地。○子伯，如字，長也，左氏作「子帛」。或曰紀子伯莒子而與之盟，紀子以莒子爲伯而與之盟，伯，長也。或曰年同爵同，故紀子以伯先也。年爵雖同，紀子自以爲伯而先。

【疏】「或曰」至「先也」　釋曰：上文「伯莒子」者，謂紀子推先莒子爲伯而與之盟；下文「以伯先」者，謂紀子自以爲伯而居先。再言「或曰」者，失其真故也。

○十有二月乙卯，夫人子氏薨。夫人薨例日。夫人曰薨，從夫稱。○稱，尺證反。

【疏】「夫人子氏薨」　釋曰：左氏以子氏爲桓公之母，公羊以爲隱公之母，穀梁知是隱公之妻者，〔三三〕以隱推讓，據其爲君而亦稱公，故其妻亦稱夫人也。夫既不葬，故其妻亦不葬，以經文上下符合，故爲隱妻。而左氏桓未爲君，其母稱夫人，是亂嫡庶也。公羊以爲隱母，則隱見爲君，何以不書葬？若以讓不書葬，何爲書「夫人子氏薨」？故穀梁子以爲隱妻也。

夫人薨不地。夫人無出竟之事，薨有常處。○處，昌慮反。夫人者隱之妻也，卒而不書葬，夫人之義，從君者也。隱弒賊不討，故不書葬。

○鄭人伐衛。傳例曰：「斬樹木、壞宮室曰伐。」伐例時。○壞，音怪，又户怪反。

【疏】注「傳例」至「例時」 釋曰：「傳例曰」者，五年傳文也。伐既例時，此「伐衛」文承月下者，日月自爲魯夫人薨，故上注云「夫人薨例日」是也。

三年春，王二月己巳，日有食之。杜預曰：「日行遲，一歲一周天；月行疾，一月一周天，一歲凡十二交會。然日月動物，雖行度有大量，不能不小有盈縮，故有雖交會而不食者，或有頻交而食者，唯正陽之月君子忌之，故有伐鼓、用幣之事。」京房易傳曰：「日者陽之精，人君之象，驕溢專明，爲陰所侵，則有日食之災，[三四]不救必有篡臣之萌。其救也，君懷謙虛，下賢受諫任德，日食之災爲消也。」○日有食之，本亦作「蝕」，音同，後皆倣此。量，音亮。下，遐嫁反。爲消，于僞反。

【疏】「二月」至「食之」 釋曰：此經不書朔，傳云「食晦日也」，則此食必當晦日，但不知是何月晦也，徐邈云：「己巳爲二月晦，則三月不得有庚戌也明，宣十年四月丙辰、十七年六月癸卯皆是前月之晦也，則此己巳正月晦冠以二月者，蓋交會之正必主於朔，今雖未朔而食著之此月，所以正其本，亦猶成十七年十月壬申而繫之十一月也。

取前月之日而冠以後月，故不得稱晦，以其不得稱晦，知非二月晦也。」未審范意如何？穀梁之例，書日食凡有四種之別，故此「二月己巳，日有食之」傳云「言日不言『朔』，食晦日也」；桓十七年「冬十月朔，日有食之」傳云「言『朔』不言日，食既朔也」，彼是二日食矣；又莊十八年「三月，日有食之」傳云「不言日不言『朔』，夜食也」；又桓三年「七月壬辰朔，日有食之既」傳云「言日言『朔』，食正朔也」，是有四種之別。公羊以爲此二月己巳不言「朔」者，是二日食也；左氏以爲不言「朔」者，史失之，並非穀梁意耳。

注「杜預」至「消也」 釋曰：依曆家之説，日一日一夜行天一度，月一日一夜行天十三度十九分度之七，天有三百六十五度四分度之一，故日行一歲一周天，計月逐及日之時不啻周天，但舉其大率耳。日月相及而爲交會謂之「一月」，計一年之中有十二交會，則應每月常食，而有不食之時，故解之。但日月動物，其行也或盈或縮，故雖交會而有不食之時，或亦有頻交而食也。雖交會而不食者，謂春秋二百四十二年，唯三十七日食是也。頻交而食者，則襄二十一年九月、十月食，二十四年七月、八月食是也。京房，漢人，字君明，頓丘人也。本姓李，推律自定爲京氏，爲易作傳，故曰「京房易傳」也。

言日不言「朔」，食晦日也。其「日有食之」何也？吐者外壤，食者内壤。凡所吐出者，其壤在外；其所吞咽者，壤入於内。○壤，而丈反。吞，勑恩反，又音天。咽，於見反。闕然不見其壤，有食之者也。今日闕損而不知壤之所在，此必有物食之。○見，如字，又賢徧反。有内辭也，或外辭也，邵曰：「食者内壤，故曰『内辭』；吐者外壤，故曰『外辭』。傳無外辭之文者，蓋時無外壤也，而曰『或外辭』者，因事以明義例爾，猶傳云『三穀不升謂之饉，四穀不升謂之康』，亦無其事。」○饉，渠吝反。「有食之」者内於日也。内於日，以壤不見於外。○見，賢徧反，又如字。其不言食之者何也？知其不可知，知也。○不可知知也，上知如字，下知，音智。

【疏】「其日」至「知也」 釋曰：傳問經意其稱「日有食之」何也，傳又申説之。「吐者外壤」謂凡所吐出，其壤在外也。「食者内壤」謂凡吞食者，壤入於内也。「闕然不見其壤，有食之者也」者，謂日既闕損，不知壤之所在，必有物食之。「有内辭也，或外辭也」者，謂日食有兩種之辭，據書「内壤」，故言「有内辭」；不書「外壤」，故曰「或外辭」也。「有食之者内於日也」者，謂日食既有二辭，今直云「有食之」者，爲日之所壤在於内也。「其不言食之者何也」者，謂經不書月食日也。「知其不可知，知也」者，謂聖人慎疑，作不知之辭者知也。「壤」字爲穀梁音者皆爲「傷」，〔三五〕徐邈亦作「傷」，麋信云「齊魯之間謂鑿地出土、鼠作穴出土皆曰壤」，或當字從壤，蓋如麋信之言也。

注「三穀」至「其事」 釋曰：襄二十四年傳文也，彼云「一穀不升謂之『嗛』，二穀不升謂之『饑』，三穀不升謂之『饉』，四穀不升謂之『康』，五穀不升謂之『大侵』」。

○三月庚戌，天王崩。平王也。高曰崩，梁山崩。厚曰崩，沙鹿崩。尊曰崩，天子之崩以尊也。其崩之何也？以其在民上，故崩之。其不名何也？大上，故不名也。夫名者所以相別爾，居人之大，在民之上，故無所名。○大上，並如字。〔三六〕夫，音符，〔三七〕發句之端皆同。別，彼列反。

○夏，四月辛卯，尹氏卒。文三年「王子虎卒」不日，此日者，録其恩深也。○尹，如字，周大夫也，左氏作「君氏」。

【疏】注「文三」至「深也」 釋曰：范云「恩深」者，王子虎即叔服也，會葬在文元年，三年王子虎始卒，其恩已殺，故直録其卒而不書其日。尹氏三月詔魯人弔，四月卒，故痛而日之，是恩深於叔服也。

「尹氏」者何也？天子之大夫也。外大夫不卒，此何以卒之也？於天子之崩爲魯主，故隱而卒之。隱猶痛也。周禮大行人職曰「若有大喪，則詔相諸侯之禮」，然則尹氏時在職而詔魯人之弔者。不書官名，疑其譏世卿。○相，息亮反。

【疏】注「隱猶」至「世卿」釋曰：「詔魯人之弔」者，叔孫得臣如京師，經書名氏，今不見其名，蓋微者也。「疑其譏世卿」者，穀梁無傳，唯據公羊，故云「疑」也。

○秋，武氏子來求賻。天王使不正者月，〔三八〕今無君不稱「使」，故亦略而書時。

【疏】注「天王」至「書時」釋曰：桓十五年「二月，天王使家父來求車」，是不正也。文九年「春，毛伯來求金」，與此武氏子並不月者，皆爲無君不稱「使」，略而稱時也。正而時者，則凡伯、南季是也，「祭伯來」私出竟，故書月以表不正；「祭叔來聘」亦不請於王，不正可知，故不復月。等不請王命，祭伯，寰内諸侯，故不言「朝」；祭叔，大夫，故不言「使」而言「聘」也。

「武氏子」者何也？天子之大夫也。天子之大夫其稱「武氏子」何也？未畢喪，孤未爵。平王之喪在殯。未爵使之，非正也。其不言「使」何也？據桓十五年「天王使家父來求車」稱「使」。無君也。桓王在喪未即位，故曰「無君」。歸死者曰「賵」，歸生者曰「賻」。曰

「歸之」者正也，求之者非正也。喪事無求而有賵賻。周雖不求，魯不可以不歸；魯雖不歸，周不可以求之。「求」之爲言得不得未可知之辭也，交譏之。

【疏】「未可」至「譏之」　釋曰：王者有求，得在不疑，而云「未可知」者，以王者求之非道，容有辭説，故云「未可知」也。「交譏之」者，交猶俱也，指事而書，則周、魯之非俱見也。

○八月庚辰，宋公和卒。天子曰「崩」，諸侯曰「薨」，大夫曰「卒」，周之制也。春秋所稱，曲存魯史之義，内稱「公」而書「薨」，所以自尊其君，則不得不略外諸侯，書「卒」以自異也。至於既葬，雖邾、許子男之君，皆稱謚而言「公」，各順臣子之辭，兩通其義。鄭君曰：「禮雜記上曰君薨『赴於他國之君，曰：寡君不禄，敢告於執事』，曲禮下曰『壽考曰卒，短折曰不禄』。君薨赴而云『不禄』者，臣子之於君父，雖有壽考，猶若短折，痛傷之至也。若赴稱『卒』，是以壽終，無哀惜之心，非臣子之辭。鄰國來赴書以『卒』者，無老無幼皆以成人之稱，亦所以相尊敬。」○謚，市至反，後皆同。短，丁緩反。〔三九〕折，時設反，下同。有壽，市又反，又如字。

【疏】注「天子」至「尊敬」　釋曰：曲禮與公羊傳文也。何休稱死而異名者别尊卑也，〔四〇〕葬不别者，從恩殺略也。

諸侯日卒，正也。「正」謂承嫡。

【疏】「諸侯日卒正也」　釋曰：據正始故發傳也。

注「正謂承嫡」　釋曰：僖十七年「冬十有二月乙亥，齊侯小白卒」，彼非正而書日者，以莊九年「齊小白入于齊」，國氏及入，則不正之事已見，故於卒不復見之，而依常書日耳。〔四一〕

○冬，十有二月，齊侯、鄭伯盟于石門。傳例曰：「外盟不日。」石門，齊地。

注「外盟不日」者，八年傳文也。

○癸未，葬宋繆公。日葬，故也，危不得葬也。天子七月而葬，諸侯五月而葬，大夫三月而葬。傳例曰諸侯「時葬，正也；月葬，故也」，日者憂危最甚，不得備禮葬也，他皆放此。徐邈曰：文元年傳曰「葬曰會」，言有天子、諸侯之使共赴會葬事，故凡書葬皆據我而言葬彼。所以不稱宋葬繆公，而言「葬宋繆公」者，弔會之事，賵襚之命，此常事，無所書，故但記卒、記葬，録魯恩義之所及，則哀其喪而恤其終亦可知矣。若存没隔絶，情禮不交，則卒、葬無文。或有書卒不書葬，蓋外雖赴卒而内不會葬，無其事則闕其文，史策之常也。穀梁傳稱「變之不葬有三，弒君不葬、國滅不葬、失德不葬」，言夫子脩春秋，所改舊史以示義者也。失德之主，無以守位，故没葬文。弒君之賊，天下所當同誅，而諸侯不能治，臣子不能討，雖葬事是供，義何足算？亡國之君，喪事不成，則不應書葬。傳於宋襄公著失民之咎，宋共公發非葬之問，言伯姬賢而不答，共公不能弘家人之禮，然則爲君者外之不足以全國，内之不足以正家，皆所謂失德而終禮宜貶者也。于時諸國多失道，不可悉去其葬，故於二君示義而大體明矣。○繆，音穆，本亦作「穆」。之使，所吏反，下同。策，本又作「筴」，初革反。算，素緩反，數也。宋共，〔四二〕音恭，本又作「恭」。去，起吕反。

【疏】注「天子」至「明矣」 釋曰：「天子七月而葬」云云，隱元年左傳文。「諸侯時葬，正也」，襄七年傳文。「月葬，故也」，隱五年傳文。「日者憂危最甚」，此傳云「日葬，故也，危不得葬也」是也。「變之不葬有三」云云，昭十三年傳文。「弒君不葬」者，若十一年「公薨」不書葬是也；「國滅不葬」者，若「紀侯大去其國」，雖賢終不書葬是也，其陳哀、蔡靈書葬者，閔二國不與楚滅之也；「失德不葬」者，僖二十三年「宋公茲父卒」、成十五年

「宋公固卒」是也。「外之不足以全國」者，謂宋襄也。「内之不足以正家」者，謂宋共也。

校勘記

〔一〕春秋穀梁傳隱公第一　此單注本之卷題，注疏本除隱公照録外，其他十一公皆略作「某公」。

〔二〕杖大義　閩本「杖」作「仗」。按此節疏大半襲左傳正義，彼單疏本、八行本皆作「杖」，則此字不誤，作「仗」非也。

〔三〕會者外爲主焉　阮校：「二年傳文『焉』下有『爾』字。」

〔四〕世子申生　依文義，其上當有「殺」字。

〔五〕非不子明矣　「非」字原無，依文義據昭十一年注文補。

〔六〕與左氏不同　「不」原作「作」，據單行釋文改。

〔七〕注及下同　「注」字原無，正字：「脱『注』字。」據余本及單行釋文補。

〔八〕其志　述聞：「『其志』二字與上句文義不屬，『其』疑當爲『且』，形相似而誤也。」

〔九〕玄纁束　盧補校：「『束』下當有『帛』字。」今按，今本儀禮既夕無「帛」字，公羊注引禮既夕「束」下有「帛」字，盧蓋依此而校。

〔一〇〕百三十稱　儀禮士喪禮疏謂大斂衣數「天子宜百二十稱」，則此「三」乃「二」之訛。

〔一一〕委於殯東　禮記雜記上及本傳文五年「而含以晚」注引「東」下皆有「南」字，此處疑脱。

〔一二〕大夫士用稷也　孫校：「當作『大夫用稷，士用粱』，説詳周官舍人注。」按舍人「喪紀，共飯米、熬穀」，注「君用粱，大夫用稷，士用粱」，孫説是。

〔一三〕故周禮　「周」原作「同」，正字、阮校皆謂「『周』誤『同』」，據改。

〔一四〕文二年　「二」原作「三」，春秋不稱「一年」，其所引屬文二年，據改。

〔一五〕據無君言之　「無」原作「之」，據閩本改。

〔一六〕銲箭　爾雅釋器作「錍箭」，正字、孫校皆謂「『錍』誤『銲』」。

〔一七〕疆埸　疑「疆」字涉上文「疆界」而衍。

〔一八〕莊公弟　莊三十二年注引此文作「牙，莊公母弟，不言弟其惡已見，不待去日矣」，蓋注、疏所本不同，文雖有別而意不異。

〔一九〕無王一百有八　桓元年疏亦云「范氏例云春秋上下無『王』者凡一百有八」，然今本穀梁經有「王」者一百三十三，無「王」者一百九，若非文字有訛，則疏所本與今本有異。

〔二〇〕凡書首時者六十有二　今本穀梁經書「王正月」者九十二，疑「六」乃「九」之訛。

〔二一〕王二月己巳　「己」原作「乙」，正字：「『己』誤『乙』。」阮校録並是之，據三年經文改。正字又謂「王二月」上當有「春」字。今按，依本節述例當有。

〔二二〕春公至自齊　阮校：「『春』字乃承上文經而誤衍也，否則『夏』字之訛。」

〔二三〕致恭而不黷者也　正字：「『也』字當衍。」今按，疏複引習稱「『某』者」，若所引文句末有「者」字，則稱「『某者』者」，周禮、儀禮疏及論語皇疏中此類句常見，或略去一「者」字，疑係轉鈔整理所爲，則此處之「也」乃「者」之訛，非衍字。

〔二四〕臨事能斷　「事」原作「者」，據余本改。

〔二五〕主教民　正字謂其上「當脱『司徒』二字」，依述例正字説是也。

〔二六〕桓無三臣之策　桓十八年傳云「有此三者備，然後可以會矣」，疑此處「策」乃「備」之形訛。

〔二七〕明其不可　「明」原作「時」，阮校：「閩、監、毛本『時』作『明』，是也。」據改。

〔二八〕下同　「下」原作「並」，單行釋文此句作「下『次惡』同」，則「並」乃「下」之訛，據改。

〔二九〕惡入也　「也」疑「者」之訛，或「入」下脱「者」字。

〔三〇〕書時有小惡　正字：「『有』當『者』字誤。」

〔三一〕滅同姓　「姓」原作「生」，據閩本及傳文改。

〔三二〕親逆則例時　「逆」原作「迎」，余本作「逆」，與疏複引注文合，據改。

〔三三〕知是　「是」原作「楚」，據閩本改。

〔三四〕則有日食之災　「日」下原有「有」字，余本無，按開元占經卷一〇引京氏對災異曰「人君驕溢專明，爲陰所侵，則有日蝕之災」，則無者是也，據删。

〔三五〕皆爲傷　阮校：「段玉裁云：『傷』當作『埸』，下『曰壤』、『從壤』並當作『埸』，『埸』俗作『傷』。」

〔三六〕大上並如字　「上」字原無，正字謂「大」下脱「上」字，今按，既謂「並如字」，不應只出一字，此蓋拚合時删節不當所致，據單行釋文補「上」字。

〔三七〕夫音符　「夫」原作「大」，據余本、閩本及單行釋文改。

〔三八〕使不正者月　阮校：「閩、監、毛本『者』作『稱』。」

〔三九〕丁緩反　「丁」原作「于」，正字：「『丁』誤『于』。」據余本、單行釋文改。

〔四〇〕死而異名者　「者」原作「曰」，阮校：「監、毛本『者』誤『曰』。」據閩本改。

〔四一〕而依常書日耳　此下原有「注外盟不日者八年傳文也」一節，乃下文「齊侯、鄭伯盟于石門」注「傳例曰外盟不日」之疏，蓋經疏拚合時誤隸，故移置於彼。

〔四二〕宋共　「共」下原有「公」字，正字：「『公』衍字。」據單行釋文删。

春秋穀梁注疏隱公卷第二 起四年，盡十一年

四年春，王二月，莒人伐杞，取牟婁。傳例曰「取，易辭也」，「伐國不言圍邑」，言圍邑皆有所見。伐國及取邑例時，此月者蓋爲下戊申衛君完卒日起也，凡例宜時而書月者，皆緣下事當日故也。日必繼於月，故不得不書月；事實在先，故不得後録也，他皆放此。○杞，音起。牟，亡侯反。易，以豉反。見，賢徧反。蓋爲，于僞反。

【疏】注「傳例」至「放此」 釋曰：「取，易辭也」，十年傳文。「伐國不言圍邑」，五年傳文。「伐國及取邑例時」者，案六年「冬，宋人取長葛」、僖二十六年「冬，公以楚師伐齊，取穀」、宣九年「秋，取根牟」皆不月，是例時也。其「取須句」，以其再取，故日；取鄟、取鄫，皆内之叛邑，爲害重大，故月；取郜、取防，惡乘人之敗，故日，明常例則時。

傳曰：言「伐」、言「取」，所惡也。稱「傳曰」者，穀梁子不親受于師，而聞之於傳者。既伐其國，又取其土，明伐不以罪而貪其利，兩書「取」、「伐」，以彰其惡。○所惡，烏路反，又如字。於傳，直專反。諸侯相伐取地於是始，故謹而志之也。春秋之始。

【疏】「諸侯」至「志之也」 釋曰：外取邑不志，今志之者，爲入春秋以來最是取地之始，故志之也。

○戊申，衛祝吁弒其君完。弒君日與不日，從其君正與不正之例也。祝吁，衛公子。○祝吁，香于反，左氏、公羊及詩作「州吁」。完，音丸。大夫

弑其君以國氏者，嫌也，弑而代之也。凡非正嫡則謂之「嫌」。

○夏，公及宋公遇于清。遇例時。清，衛地。

【疏】注「遇例時」 釋曰：八年春「宋公、衛侯遇于垂」與此皆不月，知例時也。

「及」者内爲志焉爾，元年與宋人盟于宿，故今復尋之。○復，扶又反。〔一〕

【疏】「『及』者」至「焉爾」 釋曰：重發傳者，嫌盟、遇禮異，故重發以同之。

「遇」者志相得也。八年傳曰「不期而會曰遇」，〔二〕今曰「内爲志」，非不期也，然則「遇」有二義。

【疏】注「遇有二義」 釋曰：即八年與此雖同「志相得」，而期、不期異，故云「有二義」。〔三〕

○宋公、陳侯、蔡人、衛人伐鄭。

○秋，翬帥師會宋公、陳侯、蔡人、衛人伐鄭。翬者何也？公子翬也。其不稱「公子」何也？據莊二年「公子慶父帥師伐於餘丘」稱「公子」。○翬，音暉，下同。貶之也。杜預曰：「外大夫貶皆稱『人』，内大夫貶皆去族稱名，記事之體，他國可言『某人』，而已之卿佐不得言『魯人』。」○去，起吕反。**何爲貶之也？與于弒公，故貶也。**〔四〕○與，音預。

○九月，衛人殺祝吁于濮。濮，陳地水名。○濮，音卜。**稱「人」以殺，殺有罪也。**有弒君之罪者，則舉國之人皆欲殺之。**祝吁之挈，失嫌也。**不書氏族，提挈其名而道之也。衆所同疾，威力不足以自固，失當國之嫌。○挈，本又作「挈」，〔五〕苦結反，注同。

傳「祝吁之挈」者，徐邈以挈爲舉，即是提挈之稱，范云「不書氏族，提挈其名而道之」，則挈爲單挈，不具足之辭。

其月，謹之也。討賊例時也。衛人不能即討祝吁，致令出、入自恣，故謹其時月所在，以著臣子之緩慢也。○令，力呈反，下同。

【疏】**注「討賊」至「慢也」** 釋曰：莊九年「春，齊人殺無知」直時不月，又此傳云「其月，謹之」，知其例合書時，但祝吁以二月弒君，衛人九月始討，譏其緩慢，故謹而月之。

「于濮」者，譏失賊也。譏其不即討，乃令至濮。

○冬，十有二月，衛人立晉。立、納、入皆篡也。大國篡例月，小國時。

【疏】**注「立納」至「國時」** 釋曰：案莊九年「齊小白入于齊」傳曰「以惡曰『入』」，文十四年「晉人納捷菑」傳曰「不正也」，此云「『立』者不宜立者也」，是三者皆爲篡也。「大國篡例月」者，即此冬「十有二月，衛人立晉」是也。「小國時」者，昭元年「秋，莒去疾自齊入于莒」是也。「齊小白入于齊」，齊是大國而不月者，與公伐齊同時，既例不月，故小白亦不月。王子猛不月者，〔六〕王猛雖則非正，事異諸侯，故不書月也。

「衛人」者衆辭也，「立」者不宜立者也。嗣子有常位，故不言立。晉之名，惡也。「惡」謂不正。○惡也，烏各反。其稱「人」以立之何也？得衆也。得衆則是賢也，賢則其曰「不宜立」何也？春秋之義，諸侯與正而不與賢也。雍曰：「『正』謂嫡長也。夫多賢不可以多君，無賢不可以無君。立君非以尚賢，所以明有統也；建儲非以私親，所以定名分。名分定，則賢無亂長之階，而自賢之禍塞矣；君無嬖幸之由，而私愛之道滅矣。」○嫡，丁歷反。長，丁丈反，下同。儲，直魚反。分，扶問反。嬖，必計反。

【疏】「春秋之義」　釋曰：言「春秋」者，得衆而言「立」，恐理不相合，故廣稱「春秋」以包之。

五年春，公觀魚于棠。傳例曰「公往時，正也」，「正」謂無危事耳。棠，魯地。○觀魚，如字，左氏作「矢魚」。

【疏】注「傳例」至「魯地」　釋曰：莊二十三年傳文也。「『正』謂無危事」，此公雖以非禮觀魚，〔七〕不至於危，故亦時而不月。

傳曰：常事曰「視」，「視朔」之類是。非常曰「觀」。「觀魚」之類是。禮，尊不親小事，卑不尸大功。尸，主。魚，卑者之事也，周禮𩶧人中士、下士。○𩶧，音魚。公觀之，非正也。

○夏，四月，葬衛桓公。月葬，故也。有祝吁之難故，十五月乃葬。○難，乃旦反。

【疏】「月葬故也」　釋曰：重發傳者，前起日例，今起月例，故重發之。

○秋，衛師入郕。「入」者内弗受也。郕，國也。將卑師衆曰「師」。書其重者也。「將卑」謂非卿。○郕，音成。將卑，子匠反，注同。

【疏】傳「入者」至「受也」〔八〕　釋曰：重發傳者，前起者邑，今是國，故重發之。

○九月，考仲子之宮。失禮宗廟，功重者月，功輕者時，莊二十三年「秋，丹桓宫楹」是也。

【疏】「九月」至「之宮」　釋曰：「考」者，謂立其廟祭之，成爲夫人也。此所以書之者，仲子孝公之妾、惠公之母，惠公雖爲君，其母唯當惠公之世得祭，至隱不合祭之，故書以見譏也。不言「『立』者不宜立」，爲庶母築宫得禮之變，但不合於隱之世祭之，故止譏其考，不譏立也。公羊、左氏妾子爲君，其母得同夫人之禮，今穀梁知不然者，喪服記云「公子爲其母練冠、麻、麻衣縓緣，既葬除之」，傳曰「何以不在五服之中也？君之所不服，子亦不敢服也」，鄭玄云「公子，君之庶子」，是貴賤之序嫡庶全别，安得庶子爲君即同嫡夫人乎？故穀梁子以爲「於子祭，於孫止」。

「考」者何也？考者成之也，成之爲夫人也。立其廟世祭之，成夫人之禮。禮，庶子爲君，爲其母築宮，使公子主其祭也。公當奉宗廟，故不得自主也。「公子」者，長子之弟及妾之子。○爲，于僞反。長，丁丈反。於子祭，於孫止。貴賤之序。仲子者惠公之母，隱孫而脩之，非隱也。非，責也。三年父喪畢，不於三年考者，又有天王崩，至此服竟乃脩之。

初獻六羽。羽，翟羽，舞者所執。「獻」者，下奉上之辭，作之於廟，故言「獻」。

【疏】「初獻六羽」　釋曰：凡言「初」者有二種之意，若尸子所言者，則是復正之初也；若「初稅畝」，是譏事之初。范知「羽」是翟羽者，以衛詩簡兮云「左手執籥，右手秉翟」，故知「羽」即翟也。范又云「作之於廟，故言獻」，「齊侯來獻戎捷」非於廟亦言「獻」者，此是獻薦宗廟之事，故范據廟言之，其實外來者尊魯，並稱「獻」也。若然，「齊人來歸衛寶」不言「獻」者，彼實非齊獻，諱其逆天子之命，假齊爲辭，故與常文異也。或以爲「戎捷」齊侯尊魯，故特言「獻」；「衛寶」以平等相遺，故言「歸」，理亦通也。

初，始也。遂以爲常。穀梁子曰：「舞夏，天子八佾，諸公六佾，諸侯四佾。」言「穀梁子」者，非受於師，自其意也。夏，大也，大謂大雉，大雉，翟雉。佾之言列，八人爲列，又有八列，八八六十四人也，並執翟雉之羽而舞也。天子用八，象八風；諸公用六，降殺以兩也。不言「六佾」者，言佾則干在其中，明婦人無武事，獨奏文樂。○舞夏，户雅反，注及下同。佾，音逸，列也。殺，色界反。

【疏】注「獨奏文樂」　釋曰：禮有文舞、有武舞，文舞者羽籥是也，武舞者干戚是也。凡舞所以象人之德，故襄二十九年左傳稱吴季札觀樂，「見舞韶箾者，曰：『德至矣哉！大矣，如天之無不幬也，如地之無不載也，雖甚盛德，其蔑以加於此矣』」，是其證也。〔九〕今仲子特爲築宮而祭之，婦人既無武事，不應得用干戚，故云「獨奏文樂」。

何休、徐邈之等並同范説，則是相傳爲然。

初獻六羽，始僭樂矣。下犯上謂之「僭」。○僭，子念反。尸子曰：「舞夏，自天子至諸侯皆用八佾，初獻六羽，始厲樂矣。」言時諸侯僭侈皆用八佾，魯於是能自減厲而始用六。穀梁子言其始僭，尸子言其始降。○侈，昌是反，又尺是反。

○邾人、鄭人伐宋。邾主兵，故序鄭上。

○螟。蟲災也，甚則月，不甚則時。甚則即盡，不及歷月。禮月令曰：「仲春行夏令，則蟲螟爲害。」○螟，亡丁反。

○冬，十有二月辛巳，公子彄卒。杜預曰：「大夫書卒不書葬，葬者自其臣子事，非公家所及。」○彄，苦侯反。隱不爵命大夫，其曰「公子彄」何也？據八年「無侅卒」不稱「公子」。先君之大夫也。隱不成爲君，故不爵命大夫，公子不爲大夫則不言「公子」也。

【疏】「先君」至「夫也」　釋曰：公子益師亦是先君之大夫，而獨言「公子彄」者，益師有罪而不日，故傳略之，彄無罪而文詳，故因見爵命之例，其實益師亦先君之大夫也。

○宋人伐鄭，圍長葛。長葛，鄭邑。圍例時。

【疏】注「圍例時」 釋曰：僖二十三年「春，齊侯伐宋，圍閔」、宣十二年「春，楚子圍鄭」是也，但此爲久圍，故謹而月之耳。或解上文日月者爲公子彄卒，此雖例時，不可去上文日月，其實日月不爲圍長葛也。

伐國不言圍邑，據莊二年「公子慶父帥師伐於餘丘」不言「圍」也。伐國不言圍邑，書其重也。此其言「圍」何也？久之也。宋以此冬圍之，至六年冬乃取之，古者師出不踰時，重民之命、愛民之財，乃暴師經年，僅而後克，無仁隱之心，而有貪利之行，故圍、伐兼舉以明之。○暴，步卜反，本或作「曝」，暴露也。僅，渠吝反。行，下孟反。

【疏】「伐國」至「之也」 釋曰：「伐國不言圍邑」者，舉重也，其言「圍」者各有所爲，此則五年圍，六年乃取，爲久之，故書「圍」也。僖六年「齊侯以下伐鄭，圍新城」，傳云「著鄭伯之罪也」，二十三年「春，齊侯伐宋，圍閔」傳曰「不正其以惡報惡也」，是書「圍」者各有所爲。襄十二年「莒人伐我東鄙，圍邰」書「圍」者，爲季孫宿救邰張本也。襄十六年「齊侯伐我北鄙，圍成」、十七年「齊侯伐我北鄙，圍桃。齊高厚帥師伐我北鄙，圍防」並書「圍」者，爲十八年諸侯同圍之起也。〔一〇〕

伐不踰時，戰不逐奔，誅不填服。來服者不復填厭之。○填，音田。復，扶又反，下同。厭，於甲反。苞人民、毆牛馬曰「侵」，〔一一〕斬樹木、壞宮室曰「伐」。制其人民，毆其牛馬，賊去之後則可還反，樹木斬不復生，宮室壞不自成，故其爲害重也。○毆，丘于反，注同。壞，音怪，一戶怪反，〔一二〕六年同。

【疏】「苞人」至「曰伐」 釋曰：案左傳「有鍾鼓曰『伐』，無曰『侵』」，公羊傳「觕者曰『侵』，精者曰『伐』」，又何休癈疾云：「廄焚，孔子曰『傷人乎』，不問馬，今穀梁以苞人民爲輕，斬樹木、壞宮室爲重，是理道之不通也。」所以穀梁不從二傳者，鄭玄云：「苞人民、毆牛馬，兵去則可以歸還，其爲壞宮室、〔一三〕斬樹木，則樹木斷不復生，宮室壞不自成，爲毒害更重也。」是鄭意亦以斬樹木、壞宮室爲重，是亦一家之義，故與二傳不同。

六年春，鄭人來輸平。 杜預曰「和而不盟曰平」。○輸平，失朱反，墮也，左氏作「渝平」。

「輸」者墮也，「平」之爲言以道成也。「來輸平」者，不果成也。 春秋前魯與鄭平，四年翬與宋伐鄭，故來絶魯，壞前平也。○墮，許規反，壞毁之也。

○夏，五月辛酉，公會齊侯盟于艾。 艾，魯地。隱行皆不致者，明其當讓也。○艾，五蓋反。

【疏】注「艾魯」至「讓也」 釋曰：知非惰者，以隱讓國賢君，不應終始俱惰，明爲讓不致也。

○秋，七月。 無事書首月，不遺時也，他皆放此。

【疏】注「無事」至「放此」 釋曰：九年傳云「無事焉何以書？不遺時也」，然則春秋四時具始得成年，若闕一時不書首月，則是遺時也。

○冬，宋人取長葛。 前年冬圍，至今乃得之，上有「伐鄭，圍長葛」，書「長葛」則鄭邑可知，故不繫之鄭。**外取邑不志，此其**

志何也？久之也。

七年春，王三月，叔姬歸于紀。叔姬，伯姬之娣，至此歸者，待年於父母之國，六年乃歸。「媵」之爲言送也、從也。不與嫡俱行，非禮也。親逆例時，不親逆例月。許愼曰：「姪娣年十五以上，能共事君子，可以往，二十而御。易曰『歸妹愆期，遲歸有時』，〔一四〕詩云『韓侯取妻，諸娣從之，祁祁如雲』。娣必少於嫡，知未二十而往也。」〇娣，徒細反，女弟曰「娣」。媵，以證反，又繩證反。從，才用反，下同，一音如字。上，時掌反。共事，音恭，本亦作「供」。愆，起虔反。取，七喻反。少，詩照反，下文及注同。

【疏】注「叔姬」至「往也」釋曰：「六年乃歸」者，伯姬二年嫁于紀，叔姬此年始去，故云「六年」也。所引易文，歸妹九四爻辭也，王弼云「夫以不正無應而適人也，必須彼道窮盡，無所與交，然後乃可以往，故愆期遲歸以待時也」，其卦䷵兌下震上。所引詩者，大雅韓奕之篇。引此二文者，言夫人有姪娣，必當少於嫡，知未二十而往也。一解引易者，證待年于父母國，與嫡俱行也。

其不言「逆」何也？據莊二十七年「莒慶來逆叔姬」言「逆」。逆之道微，無足道焉爾。逆者非卿。

〇滕侯卒。滕侯無名。自無名，非貶之。〇滕，徒登反。

【疏】「滕侯無名」釋曰：左氏以滕侯無名爲未同盟，故薨不得以名赴，公羊傳云滕侯「何以不名？微國也。微國則其稱侯何？春秋貴賤不嫌同號，美惡不嫌同辭」。今穀梁以爲用狄道也故無名者，若左氏以爲未同盟故不名，何爲春秋之内亦有不盟而書名者？若公羊以爲微國不名，則邾子克、許男新臣何以名？故穀梁子以爲用狄道也，本來無名字。

少曰「世子」，長曰「君」，狄道也，其不正者名也。戎狄之道，年少之時稱曰「世子」，長立之號曰「君」，其非正長嫡然後有名爾，責滕侯用狄道也。○長曰丁丈反，注同。嫡本又作「適」，丁歷反。

○夏，城中丘。城例時。中丘，魯地。〔一五〕**城爲保民爲之也，**建國立城邑有定所，高下、大小存乎王制，刺公不脩勤德政，更造城以安民。○爲，于僞反，下「爲其」同。刺，七賜反。

【疏】注「建國」至「安民」　釋曰：禮記王制無此文，言「存乎王制」者，謂王者之法制也。「高下」者，考工記云「王宫門阿之制五雉，宫隅之制七雉，城隅之制九雉。門阿之制以爲都城之制，宫隅之制以爲諸侯之城制」是也。「大小」者，即左傳云「大都不過參國之一，中五之一，小九之一」是也。此「城中丘」與九年夏「城郎」例時者，功役之事，總指天象故也。

民衆城小則益城，益城無極。凡城之志皆譏也。夫保民以德不以城也，如民衆而城小輒益城，是無限極也。此發凡例，施之於城内邑。

○齊侯使其弟年來聘。聘例時。凡聘皆使卿，執玉帛以相存問。

【疏】注「聘例」至「存問」　釋曰：此齊侯使弟年、下冬天王使凡伯皆不書月，故例時也。禮，小聘曰「問」，使大夫，大聘使卿。此既名見於經，明是卿也。案禮，聘則執玉以致命，執帛以致享，故云「執玉帛以相存問」。

諸侯之尊，弟兄不得以屬通，禮，非始封之君則臣諸父，昆弟匹敵之稱，人臣不可以敵君，故不得以屬通，所以遠別貴賤，尊君卑臣之義。○稱，尺證反。別，彼列反，下同。「其弟」云者，以其來接於我，舉其貴者也。弟是臣之親貴者，殊別於凡庶。

【疏】「舉其貴者也」　釋曰：叔肸稱「弟」，傳云「賢也」；此年稱「弟」，傳云「舉其貴者」，則稱「弟」有二義也。

○秋，公伐邾。

○冬，天王使凡伯來聘。凡，氏；伯，字，上大夫也。戎伐凡伯于楚丘，以歸。「凡伯」者何也？天子之大夫也。國而曰「伐」，此一人而曰「伐」何也？大天子之命也。伐一人而同一國，尊天子之命。「戎」者衛也，戎衛者爲其伐天子之使，貶而戎之也。楚丘，衛之邑也。以歸猶愈乎執也。夫天子之使過諸侯，〔一六〕諸侯當候在疆埸，〔一七〕

膳宰致飧，司里授館，猶懼不敬，今乃執天子之使，無禮莫大焉。昭十二年「晉伐鮮虞」，傳「曰晉，狄之也」，今不曰「衛伐凡伯」，乃變「衛」爲「戎」者，伐中國之罪輕，故稱國以狄晉，執天子之使罪重，故變「衛」以戎之。以一人當一國、諱執言「以歸」，皆尊尊之正義，春秋之微旨。○之使，所吏反，注同。愈，羊主反。過，古卧反，又古禾反。〔一八〕 疆，本又作「壃」，亦作「强」，音姜。埸，音亦。飧，許氣反，牲腥曰飧。伐鮮，音仙。

【疏】「戎者衛也」 釋曰：麋信云「不言夷狄獨言『戎』者，因衛有戎邑故也」，范意或然。

注「夫天子」至「不敬」 釋曰：國語云「定王使單襄公聘于宋，遂假道于陳，以聘于楚。陳人候不在强，膳宰不致飧，司里不授館。單子歸，以告王曰：『陳侯不有大咎，國必亡。』王曰：『何故？』對曰云云『是棄先王之法制也。周之秩官有之，敵國賓至，司里授館，甸人積薪，膳宰致飧，廩人獻餼，賓入如歸。今臣承王命以過陳，司事莫至，是蔑先王之官也』」，是文出於彼。

八年春，宋公、衛侯遇于垂。垂，衛地。不期而會曰「遇」，「遇」者志相得也。

○三月，鄭伯使宛來歸邴。凡有所歸例時。〔一九〕 邴，鄭邑。○宛，於阮反。邴，彼病反，一音丙，左氏作「祊」。

【疏】注「凡有所歸例時」 釋曰：宣十年「春，齊人歸我濟西田」、定十年「夏，齊人來歸鄆、讙、龜陰之田」並不書月，故知例時也，此月者爲下「入邴」月也。一解以擅易天子之田，故謹而月之也。

名宛所以貶鄭伯，惡與地也。去其族，惡擅易天子邑。○惡與，烏路反，注及下同。去，起吕反。擅，市戰反。

○庚寅，我入邴。徐邈曰：「入承鄭歸邴下，嫌內外文不別，故著我以明之。」○別，彼列反。「入」者內弗受也。日入，惡入者也。「邴」者鄭伯所受命於天子而祭泰山之邑也。王室微弱，無復方岳之會，諸侯驕慢，亦廢朝覲之事，故鄭以湯沐之邑易魯朝宿之田也。諸侯有大功盛德於王室者，京師有朝宿之邑，泰山有沐浴之邑，所以供祭祀也。魯周公之後，鄭宣王母弟，若此有賜邑，其餘則否，許慎曰：「若令諸侯京師之地，〔二〇〕皆有朝宿之邑，周有千八百諸侯，盡京師之地不足以容，不合事理。」○復，扶又反。廢朝，直遙反，下同。覲，巨靳反，諸侯春見天子曰「朝」，秋見曰「覲」。令，力呈反。

【疏】「『入』者內弗受也」釋曰：重發傳者，嫌易田與兵入異，故重發以明之。

注「周有」至「事理」釋曰：孝經說文。

○夏，六月己亥，蔡侯考父卒。諸侯日卒，正也。

【疏】「日卒正也」釋曰：重發之者，宋公起例之始，蔡侯嫌爵異，故重發以明之。舉此二者足以包宿男，故宿男不復發傳也。

○辛亥，宿男卒。宿，微國也，未能同盟，故男卒也。

【疏】「未能同盟」釋曰：杜預以元年「盟於宿」，宿亦與盟，則以宿爲宿男之國，此傳云「未能同盟」，則以彼宿爲地名，與杜異也。

○秋，七月庚午，宋公、齊侯、衛侯盟于瓦屋。宋序齊上，王爵也。瓦屋，周地。外盟不日，此其日何也？據僖十九年「夏六月，宋公、曹人、邾人盟于曹南」不日。

【疏】注「據僖」至「不日」 釋曰：不據石門而引曹南者，以曹南三國與此相合，故引之也。

諸侯之參盟於是始，故謹而日之也。世道交喪，盟詛滋彰，非可以經世軌訓，故存日以記惡，蓋春秋之始也。○參，七南反。喪，息浪反。詛，莊慮反，下文同。

誥誓不及五帝，「五帝」謂黃帝、顓頊、帝嚳、帝堯、帝舜也。〔二二〕誥誓，尚書六誓七誥是其遺文。五帝之世，道化淳備，不須誥誓而信自著。○誥，古報反。誓，市制反。五帝，孔安國云少昊、顓頊、高辛、唐、虞，鄭玄有黃帝無少昊，餘同，范依鄭。顓頊，上音專，下音許玉反。帝嚳，苦篤反，高辛名。〔二三〕

【疏】注「五帝」至「自著」 釋曰：五帝雖有軍旅會同，不須誥誓而信自著也。「六誓」者，即尚書甘誓、湯誓、牧誓、泰誓、費誓、秦誓也。「七誥」者，即湯誥、大誥、康誥、酒誥、召誥、洛誥、康王之誥是也。

盟詛不及三王，「三王」謂夏、殷、周也。夏后有鈞臺之享，〔二三〕商湯有景亳之命，周武有盟津之會，〔二四〕衆所歸信，不盟詛也。○夏，户雅反。鈞，音均。亳，〔二五〕步各反。盟津，音孟，本亦作「孟」。

【疏】注「三王」至「詛也」 釋曰：經史通以王爲夏、殷、周也。〔二六〕盟津之會〔二七〕，昭四年左傳文。三王衆所歸信，故不設盟詛也。尚書舜命禹征有苗而戒於衆則亦誓之類，周禮秋官司盟官〔二八〕「掌盟載之約」〔二九〕則是盟事，而云「誥誓不及五帝，盟詛不及三王」者，舜是五帝之末，〔三〇〕命禹徂征是禹之事，故云「不及五帝」。周公制盟載之法者，謂方岳及有疑，〔三一〕會同始爲之耳，不如春秋之世屢盟，故云「不及三王」也。

交質子不及二伯。〔三二〕「二伯」謂齊桓、晉文。齊桓有召陵之師，晉文有踐土之盟，諸侯率服，不質任也。○交質，音置，注同。二伯，如字，又音霸。召，上照反。

【疏】注「二伯」至「任也」　釋曰：經典言「五伯」者，皆謂夏伯昆吾、〔三三〕商伯大彭、豕韋，周伯齊桓、晉文，今此傳以周末言之，故知謂齊桓、晉文也。其召陵之師、踐土之盟，亦昭四年左傳文也。

○八月，葬蔡宣公。月葬，故也。

○九月辛卯，公及莒人盟于包來。包來，宋邑。○包，音苞，一音浮，左氏作「浮來」。可言「公及人」，不可言「公及大夫」。稱「人」，衆辭。可言「公及人」，若舉國之人皆盟也；不可言「公及大夫」，如以大夫敵公故也。

○螟。○螟，亡丁反。

○冬，十有二月，無侅卒。無侅之名，未有聞焉。「未聞」者，不知爲是隱之不爵大夫，爲是有罪貶去氏族，穀梁子不受之於師，故曰「未有聞焉」。○去，〔三四〕起呂反。或曰隱不爵大夫也，若「俠卒」是。○若俠，音協，九年經同。或說曰故貶之也。〔三五〕若「無侅帥師入極」是。

【疏】「或曰」至「貶之也」　釋曰：若是不爵命大夫，二年傳不得云「貶」，彼「入極」爲貶去氏，則此亦爲貶去氏，就二説之中，後「或曰」是也。「公子益師卒」傳曰「不日，惡也」，則此不日亦惡可知矣。

九年春，天王使南季來聘。南，氏姓也；〔三六〕**季，字也。**南季，天子之上大夫，氏以爲姓也。所以別姓者，經有「王季子來聘」、「祭伯來」，王、祭皆非姓也，嫌與同，故別之也。季云「字」者，明命爲大夫不以名通也。○別，彼列反。祭伯，側界反，下同。凡國名、邑名及人名氏皆於始音，後不復出，若假借之字時復重音，後放此。

聘，問也。聘諸侯，非正也。周禮天子「時聘以結諸侯之好，殷覜以除邦國之慝，間問以諭諸侯之志，歸脤以交諸侯之福，賀慶以贊諸侯之喜，致禬以補諸侯之災」。許慎曰「禮，臣病，君親問之。天子有下聘之義」，傳曰「聘諸侯，非正」，甯所未詳。○好，呼報反。覜，他弔反。慝，他得反，惡也。間問，間厠之間。脤，市軫反，祭肉也。禬，户外反，或古外反。

【疏】注「周禮」至「未詳」　釋曰：范所引者，周禮大行人文也，鄭玄云「『時聘』者，亦無常期，天子有事，諸侯使大夫來聘，親以禮見之，禮而遣之，所以結其恩好也。『殷覜』謂一服朝之歲也。慝，惡也。一服朝之歲，五服諸侯皆使卿以聘禮來覜天子，天子以禮見之，命以禮政禁之事，〔三七〕所以除其惡行。『間問』者，間歲一問諸侯，而有省之屬。〔三八〕諭諸侯之志者，諭言語、諭書名其類也。『歸脤以交諸侯之福』者，交，或往或來者也。『賀慶以贊諸侯之喜』者，贊，助也。致禬，凶禮之弔禮、禬禮也。『補諸侯之災』者，若春秋澶淵之會謀歸宋財」。然時聘、殷覜二者是諸侯臣使於王也，其間問、歸脤、賀慶、致禬四者，王使臣使於諸侯也。范此注引周禮者，證有下聘之義也，而傳云「非正也」，故云「甯所未詳」，然則答鄭玄之駁，〔三九〕則云叔服「重天子之禮」者，以此傳既非，故別爲之説。

○三月癸酉，大雨震電。震，雷也；電，霆也。○電，徒練反。霆，徒丁反，又徒頂反。

【疏】「震雷也電霆也」　釋曰：説文云「震，霹靂也」，「陰擊陽爲電」，〔四〇〕電者即雷之光，與此傳異者，易説卦「震爲雷」，故何休亦以震爲雷。霆者霹靂之別名，有霆必有電，故傳云「電，霆也」，或當電、霆爲一也。

○庚辰，大雨雪。志疏數也。八日之間，再有大變，陰陽錯行，故謹而日之也。劉向云：〔四一〕「雷未可以出，電未可以見，雷電既以出見，則雪不當復降，皆失節也。雷電陽也，雨雪陰也，雷出非其時者，是陽不能閉陰，陰氣縱逸而將爲害也。」○雨，于付反。數，色角反。向，舒亮反。見，賢偏反。復，扶又反。

【疏】「志疏數也」　釋曰：謂災有遠近，遠者爲疏，近者爲數也。

注「劉向」至「害也」　釋曰：何休云夏之正月未可大雨震電，「此陽氣大失其節，猶隱公久居其位不反於桓，失其宜也。異發於九年者，陽數可以極而不還國於桓之所致」，「大雨雪」者「盛陰之氣大怒，此桓將怒而弒隱公之象」，劉向之言與何休意不甚異，但取變異之象少差耳。

雨月，志正也。雨得其時則月。

【疏】注「雨得其時則月」　釋曰：「雨得其時則月」者，若僖三年「夏六月，雨」是也。

○俠卒。「俠」者所俠也。俠，名也，所其氏。

【疏】「俠者所俠也」 釋曰：徐邈引尹更始云「所者俠之氏」，今范亦云「所其氏」，則「所」者是俠之氏族，但未備爵命，故略名耳。麋信以爲「所」非氏，「所」謂斥也。

弗大夫者，隱不爵大夫也。俠不命爲大夫，故不氏。隱之不爵大夫何也？曰不成爲君也。明將立桓。

○夏，城郎。郎，魯邑。

○秋，七月。無事焉何以書？不遺時也。四時不具不成年也。

○冬，公會齊侯于防。防，魯地也。會者外爲主焉爾。

【疏】「會者」至「焉爾」 釋曰：重發傳者，嫌華戎異故也。

十年春，王二月，公會齊侯、鄭伯于中丘。隱行自此皆月者，天告雷雨之異，以見篡弑之禍，而不知戒懼，反更數會，故危之。

○見，賢徧反。數，色角反。

○夏，翬帥師會齊人、鄭人伐宋。翬，隱之罪人也，故終隱之世貶之。

○六月壬戌，公敗宋師于菅。敗例日與不日皆與戰同。菅，宋地。○公敗，必邁反，又皮邁反，後亦同。〔四二〕于菅，古顏反。

【疏】注「敗例」至「宋地」　釋曰：莊十年傳例曰「不日，疑戰也」者，「言不克日而戰，以詐相襲」，則不疑當書日，故桓十年「冬十有二月丙午，齊侯、衛侯、鄭伯來戰于郎」，范云「結日列陳則日」是也，今注云「與戰同」，則此敗宋師是克日而戰也。

內不言「戰」，舉其大者也。戰然後敗，故敗大於戰。辛未，取郜。○郜，古報反，字林工竺反。辛巳，取防。取邑不日，此其日何也？據僖三十三年「伐邾，取訾婁」不日。〔四三〕○訾，子斯反。不正其乘敗人而深爲利，取二邑，〔四四〕故謹而日之也。禮，不重傷，戰不逐北。〔四五〕公敗宋師于菅，復取其二邑，貪利不仁，故謹其日。○重，直用反。逐北，如字，又音佩，本又作「逐奔」。復，扶又反。

【疏】注「禮不」至「逐奔」　釋曰：「不重傷」，僖二十二年左傳文也。「不逐奔」，上五年傳文。

○秋，宋人、衛人入鄭。

○宋人、蔡人、衛人伐載，鄭伯伐取之。〔四六〕凡書取國皆滅也，變「滅」言「取」，明其易。○載，如字，本或作「戴」。易，以豉反，下文同。不正其因人之力而易取之，故主其事也。三國伐載自足以制之，鄭伯不能矜人之危，而反與共伐，故獨書「鄭伯伐取之」以首其惡，其實四國共取之。○惡，烏各反。

○冬，十月壬午，齊人、鄭人入郕。「入」者內弗受也。日入，惡入者也。郕，國也。○惡，烏路反。

十有一年春，滕侯、薛侯來朝。天子無事，諸侯相朝，正也。「事」謂巡守、崩葬、兵革之事。○薛，息列反。守，音狩，本亦作「狩」。

【疏】「十有一年」　釋曰：言「有」者，十是盈數，更以奇從盈，故言「有」，欲見一者非十中之物也。

注「事謂」至「之事」　釋曰：書云「肆覲東后」，是天子巡守，當方諸侯有事。許慎、鄭玄皆以爲天子喪葬，諸侯親奔，故范亦以爲天子崩葬爲諸侯之事也。桓五年諸侯從王伐鄭，是天子舉兵革，諸侯亦有事也。言無此等事，諸侯得相朝，若有即不得也。

考禮脩德，所以尊天子也。諸侯來朝時，正也。朝宜以時，故書時則正也。

【疏】「考禮脩德」 釋曰：諸侯相朝，所以正班爵，奉王命，故云「考禮脩德」也。

犆言同時也，「犆言」謂別言也，若「穀伯綏來朝，鄧侯吾離來朝」，同時來，不俱至。○犆，音特，獨也，本或作「特」。累數皆至也。累數，總言之也，若「滕侯、薛侯來朝」，同時俱至。○數，所主反。

○夏，五月，公會鄭伯于時來。時來，鄭地。

○秋，七月壬午，公及齊侯、鄭伯入許。

○冬，十有一月壬辰，公薨。公薨不地，故也，不地，不書路寢之比。○比，必利反。隱之不忍地也。隱猶痛也。其不言「葬」何也？君弑賊不討不書葬，以罪下也。責臣子也。

隱十年無正，隱不自正也。「無正」謂不書正月。元年有正，所以正隱也。明隱宜立。

校勘記

〔一〕扶又反　「扶」上原有「音」字，據單行釋文删。

〔二〕曰遇　「曰」字原無，余本、閩本有，與隱八年傳文合，據補。

〔三〕故云有二義　此下原有「傳祝吁之挈者」云云一節，乃下文「衛人殺祝吁于濮」傳「祝吁之挈，失嫌也」之疏，蓋經疏拚合時誤隸，故移置於彼。

〔四〕故貶也　唐石經「貶」下有「之」字，述聞、正字皆謂今本脱，而楊考則以唐石經衍。今按，楊説是，唐石經「之」蓋涉上文而衍。

〔五〕本又作挈　單行釋文同，黄校：「注文作『挈』，與正文同，盧本改作『契』，段云當爲『絜』。」今按，盧改是，毛詩、儀禮、禮記、爾雅及莊子釋文唯見挈、契互作，穀梁多用「挈」字，則釋文之「本又作」以「契」字爲妥。

〔六〕王子猛不月者　此指昭二十二年秋「劉子、單子以王猛入于王城」而言，按經於其卒一稱「王子猛」外，傳、注與疏皆稱「王猛」，則此處之「子」字疑衍。

〔七〕此公　疑「此」乃「也」或「耳」之訛，屬上讀。

〔八〕傳入者至受也　此節疏原隸下節，蓋經疏拚合時誤隸，閩本依所疏内容移置於此，今從之。

〔九〕是其證也　「其」原作「共」，據閩本改。

〔一〇〕同圍之起也　阮校：「閩、監、毛本『起』作『地』，是也。」今按，阮説不恰，作「起」是。

〔一一〕苞人民毆牛馬曰侵　詩采薇正義引作「拘人民、驅牛馬曰侵」，毆、驅可通，而苞、拘則爲異文，此注云「制其人民」，似以「拘」爲是，後文僖四年疏「侵者拘人民」、「此傳稱拘人民」亦可證，然釋癈疾何、鄭所引，及本節疏標起迄又顯是「苞」字，則疏所本亦不同，存異可也。

〔一二〕一户怪反　單行釋文同，然其隱三年出「壞宫」、隱六年出「壞前」皆云「音怪，又户怪反」，則「一」疑「又」之訛。

〔一三〕其爲　阮校：「閩、監、毛本同，何校本下有『害輕』二字，是也。」

〔一四〕遲歸有時　余本、閩本「時」作「待」。

〔一五〕魯地　范注凡於所城之地皆注爲邑，惟此作「地」，疑誤。

〔一六〕夫天子　「夫」原作「大」，余本及本節疏標起迄作「夫」，阮校云「作『夫』是」，據改。

〔一七〕候在疆埸　釋文云「疆，本又作『壃』，亦作『强』」，疏引國語「陳人候不在强」，傳本國語「强」作「疆」，則疏所本似作「强」也。

〔一八〕又古禾反　「又」原作「上」，正字：「『又』誤『上』。」據單行釋文改。

〔一九〕例時　「時」原作「昭」，據余本及本節疏之標起迄改。

〔二〇〕若令　「令」原作「今」，余本作「令」，阮校謂釋文出「若令」注音，作「令」是，據改。

〔二一〕帝舜　「舜」原作「受」，據釋文及余本、閩本改。

〔二二〕高辛名　單行釋文「名」上有「帝」字，正字：「脱『帝』字。」

〔二三〕夏后有鈞臺之享　左傳昭公四年作「夏啓有鈞臺之享」，此處景亳之命、盟津之會皆舉王名，疏又以此三句出左傳，疑「后」乃「启」之訛，蓋形近而誤也。

〔二四〕周武有盟津之會　左傳昭公四年「會」作「誓」，按「會」乃「誓」之訛，疏云「亦誓之類」即亦此可證。

〔二五〕毫　原作「亳」，據余本、閩本及單行釋文改。

〔二六〕通以王爲夏殷周也　正字謂「王」上脱「三」字，是也。又，依注文「爲」似應作「謂」，下疏「經典言五伯者，皆謂夏伯昆吾」云云亦可證。

〔二七〕盟津之會　正字謂此上當脱「鈞臺之享至」五字。

〔二八〕司盟官　正字謂「官」上脱「之」字，然亦有可能「官」字乃衍文。

〔二九〕掌盟載之約　周禮司盟「約」作「法」，此節疏下文復述亦稱「周公制盟載之法者」，疑「約」乃「法」之訛。

〔三〇〕五帝之末　「帝」原作「常」，據閩本改。

〔三一〕謂方岳及有疑　殿本考證：「『凡邦國』三字，監本誤作『方岳及』三字。」

〔三二〕交質子　尚書大禹謨正義、史記吕不韋列傳索隱、後漢書班固傳注引皆無「子」字。

〔三三〕昆吾　「昆」原作「者」，據閩本改。

〔三四〕去　原作「者」，據余本、閩本及單行釋文改。

〔三五〕或説曰故貶之也　述聞：「上云『或曰』，則下亦當然，不得又稱『或説曰』也。『説』蓋衍文。疏舉『或曰至貶之也』，釋曰『就二説之中，後或曰是也』，則『或』下無『説』字明矣」，「『故』亦衍文，『故』者承上之辭，未有不言所以貶之故，而但言『故貶之』者也」。

〔三六〕氏姓也　日知録卷二七姓氏之誤謂「南非姓，『姓』字衍文」。

〔三七〕命以禮　周禮鄭注無「禮」字，正字、孫校皆謂「禮」字衍。

〔三八〕而有省之屬　周禮鄭注作「謂存省之屬」，正字：「『謂存』誤『而有』。」

〔三九〕答鄭玄之駁　柳興恩大義述：「『鄭玄』當作『薄氏』，見桓十年疏。」

〔四〇〕陰擊陽爲雹　「擊」疑「激」之訛，左傳隱九年正義云「説文云『震，劈歷，震物者』，『雹，陰陽激曜也』，河圖云『陰陽相薄爲雷，陰激陽爲雹』，然則震是雷之劈歷，雹是雷光」，對比本節疏「説文云『震，霹靂也』，『陰擊陽爲雹』，雹者即雷之光」，後者因襲之迹明顯，則「擊」乃音近而訛也。

〔四一〕劉向云　范引劉向説皆稱「劉向曰」，疑「云」乃「曰」之訛。

〔四二〕後亦同　單行釋文「後亦」作「注」，正字：「『注同』誤『後亦同』。」

〔四三〕訾婁　僖三十三年經文作「訾樓」，公羊釋文云「二傳作『取訾樓』」可證，「婁」疑「樓」之訛。

〔四四〕取二邑　錢考謂唐石經「取」上有「又」字，依注云「復取其二邑」，似「又」字當有。

〔四五〕逐北　釋文出「逐北」，云「本又作『逐奔』」，本節疏文及標起迄皆稱「逐奔」，阮校謂疏所本作「逐奔」。

〔四六〕鄭伯伐取之　隱四年「莒人伐杞，取牟婁」，注「傳例曰『取，易辭也』」，疏云「『取，易辭也』，十年傳文」，對照經注，似疏所本此句下有「取，易辭也」之傳，而「凡書取國皆滅也，變『滅』言『取』，明其易」則是該傳文之注。

春秋穀梁注疏桓公卷第三起元年，盡七年

桓公

【疏】魯世家：「桓公名允，惠公之子、隱公之弟，以桓王九年即位。」世本作「軌」。謚法：「辟土服遠曰桓。」

元年春，王。桓無王，其曰「王」何也？謹始也。諸侯無專立之道，必受國於王，若桓初立便以見治，故詳其即位之始，以明王者之義。

【疏】「桓無」至「始也」釋曰：徐邈云：「桓公篡立，不顧王命，王不能討，故無王。又且桓公終始十八年，唯元年、二年、十年、十八年有王，自外皆無王，故傳據以發問而曰『桓無王』。」又范氏例云：「春秋上下無『王』者凡一百有八，桓無『王』者，見不奉王法；餘公無『王』者，爲不書正月，不得書『王』。桓初即位若已見治，故書『王』以示義。二年書『王』，痛與夷之卒，正宋督之弒，宜加誅也。十年有『王』，正曹伯之卒，使世子來朝，王法所宜治也。十八年有『王』，取終始治桓也。」是解元年有「王」爲謹始也，餘年無「王」爲不奉王法也。若然，桓爲弒君而立，故十四年没其「王」文。宣公亦篡位而立，不去「王」者，桓弒賢兄讓國之主，害成立之君，宣篡未踰年之子，又無爲臣之義，以輕重既異，故去「王」亦殊也。杜預注左氏桓十四年無「王」者「失不

班歷」也，何休注公羊意與穀梁同，唯解有「王」者别，云：「二年有『王』者，見始也；十年有『王』，數之終也；十八年有『王』，桓之終也，明終始有『王』，桓公無之耳。」

其曰「無王」何也？桓弟弑兄、臣弑君，天子不能定，諸侯不能救，百姓不能去，以爲無王之道，遂可以至焉爾。元年有王，所以治桓也。

正月，公即位。杜預曰：「嗣子位定於初喪，而改元必須踰年者，繼父之業，成父之志，不忍有變於中年也。諸侯每首歲必有禮於廟，諸遭喪繼位者，因此而改元即位，百官以序，故國史亦書即位之事於策。」○去，上聲。

【疏】注「杜預」至「於策」　釋曰：尚書顧命云乙丑成王崩，「俾爰齊侯吕伋，以二干戈、虎賁百人，逆子釗于南門之外，延入翼室，[一]恤宅宗」，孔安國云「明室，路寢。外之使居憂，[二]爲天下宗主」，天子初崩，嗣子定位，則諸侯亦當然也。其「改元必須踰年者」，孝子之情不忍有變於中年也。然嗣子不忍變於中年，故踰年即位，[三]桓公既無惻痛之情，朝死夕忘，亦於踰年即位者，聖人立法，即位必待踰年，桓雖不仁，未可獨當年即位，即位既是踰年，故史官從其實而書之。

繼故不言「即位」，正也。「故」謂弑也。繼故不言「即位」之爲正何也？曰先君不以其道終，則子弟不忍即位也。哀痛之至，故不忍行即位之禮。繼故而言「即位」，則是與聞乎弑也。繼故而言「即位」是爲與聞乎弑何也？曰先君不以其道終，己正即位之道而即位，是無恩於先君也。推其無恩，則知與弒也。此明統例耳，與弒尚然，况親弒者。○與聞，音豫，下文及注「與弒」皆同。

【疏】注「推其」至「弒者」　釋曰：桓是親弒之主，而傳論與弒之事，故知傳意本明統例爾，故云「與弒尚然，况親弒者」。

○三月，公會鄭伯于垂。垂，衛地也。傳例曰「往月，危往也」，桓大惡之人，故會皆月以危之。

【疏】注「垂衛」至「危之」　釋曰：「傳例」者，定八年傳文也。此「三月，公會鄭伯于垂」、二年「三月，公會齊侯、陳侯、鄭伯于稷」，是會皆月以危之。

會者外爲主焉爾。鄭伯所以欲爲此會者，爲易田故。○爲易，于僞反。

【疏】「會者」至「焉爾」　釋曰：重發傳者，嫌易田與直會異故也。

○鄭伯以璧假許田。假不言「以」，言「以」非假也。實假則不應言「以璧」。非假而曰假，諱易地也。禮，天子在上，諸侯不得以地相與也。諸侯受地於天子，不得自專。無田則無許可知矣。不言「許」，不與許也。但言「以璧假許」而不繼田，則許屬鄭也，今言「許田」，明以許之田與鄭，不與許邑也。諸侯有功則賜田以禄之，若可以借人，此蓋不欲以實言。○借，子夜反。許田者，魯朝宿之邑也；邴者，鄭伯之所受命而祭泰山之邑也。用見魯之不朝於周，而鄭之不祭泰山也。朝天子所宿之邑謂之「朝宿」。泰山非鄭竟内，從天王巡守，受命而祭也。擅相换易，則知朝、祭並廢。○魯朝，直遥反，下皆同。邴，彼病反，又音丙。見，賢徧反。竟，音境。從，在用反。守，音狩。擅，市戰反。换，一本亦作「追」，胡喚反。

【疏】「許田」至「山也」　釋曰：經文無邴而傳言之者，經諱易天子之地，故以「璧假」爲文，若以地易地，不得云「假」，故經無邴文，傳本魯、鄭易田之由，不得不言邴也。〔四〕先儒解左氏者皆以爲鄭受天子祊田，爲湯沐之邑，後世因立桓公、武公之廟，故謂之泰山之祀。案此傳及注意，則以爲「祭泰山之邑」謂從王巡守，受命而祭泰山也。公羊以爲〔五〕「田多邑少稱田，邑多田少稱邑」；左氏無傳，或當史異辭；穀梁以爲言「田」者則不得其邑，〔六〕是三傳之説各異也。

○夏，四月丁未，公及鄭伯盟于越。越，衛地也。「及」者内爲志焉爾。越，盟地之名也。

○秋，大水。禮月令曰：「季秋行夏令，則其國大水。」大水例時。

【疏】注「大水例時」　釋曰：莊七年與此皆云「秋，大水」，不書月，是例時也。

高下有水災曰「大水」。無事焉何以書？不遺時也。春秋編年，四時具而後爲年。編，録。○編，必連反，字林、聲類、韻集皆布千反，史記音義甫連反。○冬，十月。

二年春，王正月戊申，宋督弑其君與夷。宋督，宋之卑者，卑者以國氏。○督，丁毒反。與，如字，又音餘。

【疏】注「宋督」至「國氏」 釋曰：知是卑者，祝吁弑其君取國，傳以「失嫌」言之，〔七〕履緰來逆，傳稱「進之也」，此督與宋萬既不取國，又無可進，明卑者可知也。

桓無王，其曰「王」何也？正與夷之卒也。諸侯之卒，天子所隱痛；姦逆之人，王法所宜誅，故書「王」以正之。及其大夫孔父。孔父先死，其曰「及」何也？書尊及卑，春秋之義也。邵曰：「會盟言『及』，別内外也；尊卑言『及』，上下序也。」○別，彼列反。

【疏】注「邵曰」至「序也」 釋曰：「及」有二義，故范引邵云「會盟言『及』，別内外也；尊卑言『及』，上下序也」，「別内外」者，謂魯與他人會盟，皆先魯以及他，若隱元年「公及邾儀父盟于眛」、「及宋人盟于宿」是也；「上下序」者，此孔父、荀息、仇牧皆先言君、後言臣是也。

孔父之先死何也？督欲弒君而恐不立，於是乎先殺孔父，孔父閑也。「閑」謂扞禦。○殺，並如字。扞，下旦反。何以知其先殺孔父也？曰子既死，父不忍稱其名；臣既死，君不忍稱其名，以是知君之累之也。「累」謂從也。

【疏】「知君之累之也」　釋曰：糜信云：〔八〕「累者從也，謂孔父先死，殤公從後被弒。」范注雖不明，理亦當然也。

孔，氏；父，字諡也。〔九〕孔父有死難之勳，故其君以字爲諡。○難，乃旦反。

【疏】「孔氏父字諡也」　釋曰：孔父新死未葬而得有諡者，舊解謂三月既葬之後，嗣君諡之，但赴者以正月者亂，〔一○〕故書弒在前，使者以葬後始來，故得稱諡。或當孔父以字爲諡，得據後言之，故云「字諡也」。

注「孔父」至「爲諡」　釋曰：諡者大夫之常事，而云「死難之勳」者，字者褒德，非可虛加，若使孔父無死難之勳，唯有凡平之諡，焉得以字爲之？又傳特言「字諡也」，明知有義，故注者原之。

或曰其不稱名，蓋爲祖諱也，孔子故宋也。孔子舊是宋人孔父之玄孫。○爲，于僞反。

【疏】注「孔子」至「玄孫」　釋曰：案世本「孔父嘉生木金父，木金父生祁父，其子奔魯爲防叔，生伯夏，伯夏生叔梁紇，叔梁紇生仲尼」，是孔父嘉爲孔子六世祖。范云「玄孫」者，以玄者親之極，至來孫、昆孫之等亦得通稱之，亦如左傳蒯聵禱文王稱「曾孫」之類是也。

○滕子來朝。隱十一年稱「侯」，今稱「子」，蓋時王所黜。

【疏】注「隱十」至「所黜」 釋曰：周公之制爵有五等，所以擬其黜陟，今傳無貶爵之文，明降爵非春秋之義，又且此時周德雖衰，尚爲天下宗主，滕今降爵，〔一一〕明是時王所黜也。

○三月，公會齊侯、陳侯、鄭伯于稷，以成宋亂。稷，宋地也。「以」者內爲志焉爾。公爲志乎成是亂也。欲會者外也，欲受賂者公也。

【疏】「『以』者」至「焉爾」 釋曰：十四年傳云「『以』者不以者也」，僖二十一年傳云「以，重辭也」，此傳云「『以』者內爲志焉爾」，則「以」有三種之義，范於僖二十一年注云「『以』有二義矣」者，以「內爲志焉與」、「不以者」正是一事耳，以成宋亂者公也，非諸侯故也，是以云「內爲志焉爾」，其實「以」者仍是不以之例，故注彼爲二事焉。

注「欲會」至「公也」 釋曰：以經言「會」，故知欲會者外也；「以」者內爲志，故知欲受賂者公也。

此成矣，取不成事之辭而加之焉，於內之惡而君子無遺焉爾。「取不成事之辭」謂以成宋亂也。桓，姦逆之人，故極言其惡，無所遺漏也。江熙曰：「春秋親、尊皆諱，〔一二〕蓋患惡之不可掩，豈當取不成事之辭，以加君父之惡乎？案宣四年『公及齊侯平莒及郯』，傳曰『平者成也』，然則成亦平也。公與齊、陳、鄭欲平宋亂，而取其賂鼎，不能平亂，故書『成宋亂』，『取郜大鼎，納于大廟』，微旨見矣。尋理推經，傳似失之。」徐邈曰：「宋雖已亂，治之則治，治亂成不繫此一會，若諸侯討之則有撥亂之功，不討則受成亂之責辭，豈虛加也哉？春秋雖爲親、〔一三〕尊者諱，然亦不没其實，故納鼎于廟、躋僖逆祀及王室之亂、昭公之孫皆指事而書，哀七年傳所謂有一國之道者、有天下之道者也，君失社稷猶書而不隱，況今四國羣會，非一人之過，以義致譏，輕於自己兆亂，以此方彼，無所多怪。」○郯，音談。大廟，音泰，下文及注同。見，賢徧反。躋，子兮反。

【疏】注「取不」至「多怪」　釋曰：江熙云「微旨見矣」者，傳意「成宋亂」者謂成就宋亂，〔一四〕江熙以爲加君父之惡大切，〔一五〕故以成爲平，直書「取郜大鼎，納于大廟」足以示譏，是微旨見矣。言此傳成亂之辭爲微旨。徐邈引「傳所謂有一國之道」云云者，言諸侯專一國，〔一六〕猶似天子專天下，其有失社稷猶得書之，故此亦得云「成宋亂」也。

○夏，四月，取郜大鼎于宋。戊申，納于太廟。傳例曰：「『納』者內不受也。」〔一七〕日之，明惡甚也。太廟，周公廟。○郜，古報反。

【疏】注「傳例」至「公廟」　釋曰：宣十一年傳文也，然此傳亦有「弗受」之文，而引傳例者，凡傳言「内弗受」者，指説諸侯相入之例，今此言「不受」者謂周公也，恐其不合，故引例以明之。

桓内弑其君，外成人之亂，受賂而退，以事其祖，非禮也，其道以周公爲弗受也。「郜鼎」者，郜之所爲也，曰「宋」，取之宋也，此鼎本郜國所作，宋後得之。以是爲討之鼎也。討宋亂而更受其賂鼎。○爲討之鼎，如字，麋氏云「討」或作「糾」。〔一八〕孔子曰「名從主人，物從中國」，故曰「郜大鼎」也。「主人」謂作鼎之主人也，故繫之郜。「物從中國」謂是大鼎。

【疏】「名從」至「大鼎也」　釋曰：「名從主人」者，謂本是郜作，繫之於郜。「物從中國」者，謂鼎在宋，從宋號也。言「物從中國」者，廣例耳，通夷狄亦然。其意謂鼎名從作者之主人，不問華戎皆得繫之，若左傳稱「甲父之鼎」是也。「物從中國」者，謂中國號之大鼎，縱夷狄亦從中國之號，不得改之，若傳稱吴謂「善稻」爲伊緩，〔一九〕夷狄謂「太原」爲大鹵，以地形、物類須從中國之號，故不得謂之「伊緩」、「大鹵」也。何休云「周家以世孝，天瑞之鼎，諸侯有世孝者，天子亦作鼎以賜之。禮，祭天子九鼎，諸侯七，卿大夫五，元士三也」，故郜國有之。

○秋，七月，紀侯來朝。隱二年稱「子」，今稱「侯」，蓋時王所進。○紀侯，左氏作「杞侯」。朝時，此其月何也？據隱十一年「春，滕侯、薛侯來朝」稱時。桓内弒其君，外成人之亂，於是爲齊侯、陳侯、鄭伯計數日以賂。桓既罪深責大，乃復爲三國計數至日，以責宋賂。○爲齊，于僞反，下同。數，色主反，注同。復，扶又反。○己即是事而朝之，惡之，故謹而月之也。己，紀也。桓與諸侯校數功勞，以取宋賂，不知非之爲非，貪愚之甚，紀不擇其不肖而就朝之。○惡，烏路反。

【疏】「謹而月之也」　釋曰：桓雖不君，臣不得不臣，所以極言君父之惡，以示來世者，桓既罪深責大，若爲隱諱，便是長無道之君，使縱以爲暴，故春秋極其辭以勸善懲惡也。

注「己紀也」　釋曰：桓十三年注云「『紀』當爲『己』」，與此異者，觀經而説，故兩注不同。

○蔡侯、鄭伯會于鄧。鄧，某地。○某地，不知其國，故云「某」，後放此。

○九月，入杞。我入之也。不稱主名，内之卑者。

【疏】「我入之也」　釋曰：何嫌非我而發傳者，以隱八年云「我入邴」，此直云「入杞」，恐非我，故發之。

○公及戎盟于唐。

○冬，公至自唐。告廟曰「至」，傳例曰：「致君者，殆其往而喜其反，此致君之意義也。」離不言會，故以地致。

【疏】注「告廟」至「地致」　釋曰：「傳例」者，襄二十九年傳文也。「離不言會」者，即左傳所云「特相會往來稱地」，亦此類也。

桓無會而其致何也？遠之也。桓會甚衆而曰「無會」，蓋無致會也。〔二〇〕弒逆之罪，非可以致宗廟，而今致者，危其遠會戎狄，喜其得反。

【疏】注「桓會甚衆」　釋曰：謂元年會于垂、二年會于稷是也。

三年春，正月，公會齊侯于嬴。嬴，齊地。○嬴，音盈。

○夏，齊侯、衛侯胥命于蒲。蒲，衛地。「胥」之爲言猶相也。相命而信諭，謹言而退，以是爲近古也。申約言以相達，不歃血而誓盟。「古」謂五帝時。○近，附近之近。約，如字，又於妙反。歃，本又作「喢」，所洽反。

【疏】注「古謂五帝時」 釋曰：知「古」非三王者，以傳云「誥誓不及五帝，盟詛不及三王」，〔一一〕今謹言而退，非誥誓之辭，相命而信諭，無盟詛之事，二國能行三王五帝之法，而傳云「近古」，明知謂五帝也。

是必一人先，其以相言之何也？不以齊侯命衛侯也。江熙曰：「夫相與親比非一人之德，是以同聲相應、同氣相求。齊、衛胥盟雖有先倡，倡和理均，若以齊命衛則功歸于齊，以衛命齊則齊僅隨從，言其相命則泯然無際矣。」○比，毗志反。應，應對之應。僅，巨靳反。泯，亡忍反。

【疏】注「同聲」至「相求」 釋曰：易文言文也。今二國相命，則大者宜倡，小者宜和，大則齊也，小則衛也，故傳云「不以齊侯命衛侯也」，明齊大也，但倡和理均，故直以「相命」言之，倡則同聲相應，和則同氣相求，聲氣相通，而相命之情見矣。

○六月，公會杞侯于郕。〔一二〕郕，魯地。○郕，音成。

○秋，七月壬辰朔，日有食之既。言日言「朔」，食正朔也。朔日食也。既者盡也，有繼之辭也。盡而復生謂之「既」。○復，扶又反。〔一三〕

【疏】「既者盡也」　釋曰：其日食或盡或不盡者，曆家之説，以爲交正在朔則日食既，前後望月不食；交正在望則月食既，前後朔日不食。

○公子翬如齊逆女。翬稱「公子」者，桓不以爲罪人也。逆女，親者也，使大夫，非正也。

【疏】「使大夫非正也」〔二四〕　釋曰：重發傳者，履緰外之始，翬是内之初，故重發以明外内不異也。

九月，齊侯送姜氏于讙。〔二五〕已去齊國，故不言女；未至于魯，故不稱夫人。讙，魯地。月者，重録之。○于讙，音歡。禮，送女父不下堂，母不出祭門，諸母兄弟不出闕門。祭門，廟門也。闕，兩觀也，在祭門之外。○觀，古亂反。父戒之曰：「謹慎從爾舅之言。」母戒之曰：「謹慎從爾姑之言。」諸母般，申之曰：「謹慎從爾父母之言。」般，囊也，所以盛朝夕所須，以備舅姑之用。○般，步干反，一本作「鞶」，音同。盛，音成。

【疏】注「般囊」至「之用」　釋曰：士婚禮云「父送女，命之曰：『戒之敬之，夙夜，無違命。』母施衿結帨，曰：『勉之敬之，夙夜，無違宫事。』庶母及門内施般，申之以父母之命，曰：『敬恭聽，宗爾父母之言，夙夜無愆，示諸衿般』」，鄭玄云「般，囊也，男子般革，婦人般絲，所以盛帨巾之屬，爲謹敬也」，後戒辭與此不同，〔二六〕此注又與鄭異者，彼是士禮，此即是諸侯之禮，〔二七〕故異辭也。般盛帨巾亦得備舅姑之用，則范、鄭二注不有違也。或以爲傳并釋禮意，故與本文不同也。引此戒辭及上父母不出祭門、諸母兄弟不出闕門者，並證送女踰竟非禮之事也。凡親迎之禮必在廟也，故云「不出祭門」，言「不出闕門」者則已出廟門之外矣。

送女踰竟，非禮也。〇踰竟，音境。公會齊侯于讙。無譏乎？齊侯送女踰竟，遠至于讙，嫌會非禮之人，當有譏。曰爲禮也，齊侯來也，公之逆而會之可也。爲親逆之禮。夫人姜氏至自齊。其不言翬之以來何也？據宣元年「遂以夫人婦姜至自齊」。公親受之于齊侯也。重在公。子貢曰：「冕而親迎，不已重乎？」冕，祭服。〇迎，魚敬反，一本作「逆」。孔子曰：「合二姓之好，以繼萬世之後，何謂已重乎？」〇好，呼報反。

【疏】「子貢」至「重乎」〔二八〕 釋曰：引之者，以齊侯送女，公親受之，於禮爲可，故發「冕而親迎」之問。

〇冬，齊侯使其弟年來聘。

〇有年。有年例時。

【疏】注「有年例時」 釋曰：凡書「有年」者，冬五穀畢入，〔二九〕計用豐足，然後書之，不可繫以日月，故例時也，宣十六年「冬大有年」亦時，是其證也。

五穀皆熟爲有年也。

四年春，正月，公狩于郎。 春而言「狩」，蓋用冬狩之禮。蒐狩例時，而此月者，重公失禮也。莊四年「冬，公及齊人狩于郜」，傳曰「『齊人』者齊侯也，其曰『人』何也？卑公之敵，所以卑公也」，然則言「齊人」者，所以人公，則譏已明矣。狩得其時，故不月。

【疏】**注「春而」至「不月」** 釋曰：周禮有四時之田，春蒐、夏苗、秋獮、冬狩，皆用夏之四仲之月，然周正月則是夏之十一月，故左氏以此狩爲得時，今范云「春而言『狩』，蓋用冬狩之禮」，以爲失時者，蓋周公未制禮之時權用此法，故得時節不同，其名亦異，仲尼脩春秋，改周之文，從殷之質，因以爲春秋制也，故何休注公羊亦云夏時不田「春秋制也」。范以春狩爲失時，又云「蒐狩例時」者，昭八年「秋蒐于紅」，又莊四年冬狩得其時，雖譏公而不月，是例時也。左傳、周禮、爾雅並云「春曰『蒐』，夏曰『苗』，秋曰『獮』，冬曰『狩』」，公羊之文則「春曰『苗』，秋曰『蒐』，冬曰『狩』」，此傳之文則「春曰『田』，夏曰『苗』，〔三〇〕秋曰『蒐』，〔三一〕冬曰『狩』」，所以文不同者，左氏之文是周公制禮之名，二傳之文或春秋取異代之法，〔三二〕或當天子、諸侯別法，經典散亡，無以取正也。

四時之田，皆爲宗廟之事也，春曰「田」， 取獸於田。○爲，于僞反。 **夏曰「苗」，** 因爲苗除害，故曰「苗」。 **秋曰「蒐」，** 蒐擇之，舍小取大。○蒐，所由反，麋氏本又作「搜」，音同。舍，音捨。 **冬曰「狩」。** 狩，圍狩也。冬物畢成，獲則取之，無所擇。

【疏】**注「冬物」至「所擇」** 釋曰：四時田獵若用時王之正，則周之冬是夏之秋，而云「畢成」者，冬是一總名，〔三三〕周之十二月，夏之十月，萬物已收，故得以「畢成」言之。

四時之田用三焉，唯其所先得，一爲乾豆， 上殺中心，死速，乾之以爲豆實，可以祭祀。○中，丁仲反，下同。

【疏】注「上殺」至「祭祀」　釋曰：何休云「自左膘射之達于右腢，中心死疾，故乾而豆之，以薦宗廟。豆，祭器名，狀如鐙，天子二十有六，諸公十有六，諸侯十有二，卿上大夫八、下大夫六、士三也」，大夫以上禮器之文，「士三」者相傳爲說。

二爲賓客，次殺射髀髂，死差遲。○射，食亦反。髀，步啓反，又必邇反。髂，苦嫁反。差，初賣反。

【疏】注「次殺」至「差遲」　釋曰：何休云「自左膘射之達於右脾，遠心死難」，故爲次殺，毛傳云次殺者「射右耳本次之」，今注云「射髀髂」，則與彼異也。「髀髂」者，案儀禮，髀骨，〔三四〕膝以上者是也。〔三五〕

三爲充君之庖。下殺中腸污泡，死最遲。先宗廟，次賓客，後庖廚，尊神敬客之義。○庖，步交反。污，污穢之污。〔三六〕泡，普交反，又百交反。

【疏】注「下殺」至「之義」　釋曰：何休云「自左膘射之達於右髃」，毛傳云「左髀達於右髃爲下殺」，此云「中腸」，同彼二說，並無妨也。

○夏，天王使宰渠伯糾來聘。宰，官也；渠，氏也。天子下大夫，老故稱字。下無秋、冬二時，甯所未詳。

【疏】注「宰官」至「未詳」　釋曰：公羊傳曰「伯糾者何？下大夫也」，何休云「稱『伯』者，上敬老也」，今范亦同之矣。何休之意，又以爲伯、仲、叔、季之字配采地及氏者皆爲上大夫，則祭伯、南季之類是也；兼名及字配官氏者則爲下大夫，即此宰渠伯糾、叔服之類是也。范雖直以叔服爲字，觀上下之注，義亦似然，故此注云伯糾「下大夫」，文元年注毛伯「天子上大夫也」，隱九年注南季「天子上大夫」，是其說耳。何休又云「桓無王而行，天子不能誅，反下聘之」，故去二時以見貶。范以五年亦使臣聘，何以四時皆具？〔三七〕七年不遣臣聘，何因亦無二時？

故直云「甯所未詳」也。

五年春，正月甲戌、己丑，陳侯鮑卒。鮑卒何爲以二日卒之？春秋之義，信以傳信，疑以傳疑。明實録也。○傳，直專反。陳侯以甲戌之日出，己丑之日得，不知死之日，故舉二日以包也。國君獨出，必辟病潛行。○必辟，音避，本又作「避」。

【疏】「甲戌」至「鮑卒」 釋曰：公羊以爲鮑之狂，故甲戌日亡，己丑日死，孔子疑之，故以二日卒之；〔三八〕此傳之意，言陳侯辟病以甲戌日出，己丑之日得之，不知死之日，故舉二日以包之；左傳以爲再赴，故兩日並書，是三傳異説。

「信以」至「包也」 釋曰：既云「信以傳信，〔三九〕疑以傳疑」，則是告以虚事，而注云「實録」者，告以實則以一日卒之，告以虚則以二日卒之，二者皆是據告而書，即是實録之事。

○夏，齊侯、鄭伯如紀。外相如不書，過我則書例時。○過我，古禾反，下文及注同。

【疏】注「外相」至「例時」 釋曰：「過我」者，約州公之傳得知也。然紀國在齊之東，鄭在魯之西北，〔四〇〕鄭欲如紀則直過齊，何以二君並得過魯者，蓋齊侯出竟西行而逢鄭伯，遂與至紀，途過於魯，故得記之。知例時者，此與州公皆不書月，故知之。

○天王使任叔之子來聘。任叔，天子之大夫。○任叔，音王，左氏作「仍叔」。「任叔之子」者，録父以使子也，故微其君臣而著其父子，不正父在子代仕之辭也。「録父使子」謂不氏名其人，稱父言子也。君闇劣於上，臣苟進於下，蓋參譏之。

【疏】注「參譏之」 釋曰：「君闇劣於上，臣苟進於下」，止是二譏，而言「參」者，舊解傳言「微其君臣而著其父子」，是刺其父之不肖，而令苟進，更又刺其君臣，故曰「參譏之」。或以爲參者交互之義，不讀爲三，理亦得通。〔四二〕

○葬陳桓公。

○城祝丘。譏公不脩德政，恃城以安民。

【疏】「城祝丘」者，左氏之例，凡城邑則有時與不時之例，此傳則不然，但書之者即是譏責，故注云「譏公不脩德政，恃城以安民」。

○秋，蔡人、衛人、陳人從王伐鄭。王親自伐鄭。○從，才用反，又如字，下同。

【疏】注「王親自伐鄭」釋云：〔四二〕以舉從者之辭，嫌非自伐，故云「親自伐鄭」。

舉從者之辭也。使若王命諸侯伐鄭，書從王命者三國也。

【疏】「舉從者之辭也」釋曰：麋信曰：「『舉從者之辭』謂解經稱『人』也。」徐邈云：「『舉從者之辭』謂王不能以威致三國，三國自以義從耳。」范以二者不通，故爲別解，言「舉從者之辭」謂若王不親伐，直舉三國從王命之辭也，故下句云「其舉從者之辭何也？爲天王諱伐鄭也」是也。

其舉從者之辭何也？爲天王諱伐鄭也。諱自伐鄭。○爲，于僞反。鄭同姓之國也，在乎冀州，於是不服，爲天子病矣。鄭姬姓之國，冀州則近京師，親近猶不能服，則疏遠者可知。○冀州，案鄭本京兆鄭縣，是雍州之域，後徙河南新鄭，爲豫州之境，冀在兩河之間，非鄭都也。「冀州」言去京師近也，麋氏云：「韓侯滅鄭，韓都冀州，〔四三〕故以目鄭。」近，附近之近。

【疏】「在乎冀州」釋曰：徐邈云「新鄭屬冀州」，案爾雅「兩河間曰冀州」，新鄭在河南，不得屬冀州，是徐之妄也。麋信云「鄭在冀州者，韓哀侯滅鄭，遂都之，韓故晉也，傳以當時言之，遂云冀州」，然則王伐鄭之時本未有韓國，何得將後代之事以爲周世之名？若以韓侯從冀州都鄭，則曰冀州，大伯從雍州適吴，豈得謂吴爲雍州也？是麋信之謬矣。蓋冀州者天下之中州，自唐、虞及夏、殷皆都焉，則冀州是天子之常居，以鄭近王畿，故舉冀州以爲説，故鄒衍著書云「九州之內，名曰赤縣」，赤縣之畿從冀州而起，故後王雖不都冀州，亦得以冀州言之。

○大雩。「雩」者旱祭請雨之名，傳例曰「雩得雨曰『雩』，不得雨曰『旱』」，「月雩，正也；時雩，不正也」。禮月令曰：「仲冬行夏令，則其國乃旱。」○雩，音于，祭名。

【疏】注「雩者」至「乃旱」 釋曰：何休云「祭言『大雩』，大旱可知也。君親之南郊，以六事謝過自責，曰『政不一與，民失職與，宫室榮與，婦謁盛與，苞苴行與，讒夫倡與』，使童男女各八人舞而呼雩，故謂之『雩』」，賈逵云「言『大雩』者，别於山川之雩」，左氏説不爲旱者亦稱「大雩」，則雩稱「大」者或如賈言也。名之爲「雩」者，鄭玄云「雩之言吁也，吁嗟以求雨」，服虔、杜預以爲「雩之言遠也，遠爲百穀祈膏雨也」，未知二説誰當范言。〔四四〕天爲大旱，〔四五〕以六事謝過，或如何説，舞而呼雩，〔四六〕理恐不然。云「傳例曰」者，僖十一年傳文也。云「月雩，正也；時雩，不正也」，定元年傳文。此雩不月者，何休云譏公驕溢也，案穀梁傳意月雩則正，時雩則非正，不論驕溢之事，則何休之言不可通於此也。

○螽。螽，蟲災也，甚則月，不甚則時。蜙蝑之屬，禮月令曰：「仲冬行春令，則蟲蝗爲敗。」○螽，音終。蜙，相容反。蝑，音壻。蝗，華盲反。

【疏】「甚則月」 釋曰：重發傳者，經書時雩非正，故不月，螽災與之同不月，嫌其甚而不月，故發以明之。

○冬，州公如曹。外相如不書，此其書何也？過我也。過我，六年「寔來」是也。將有其末，故先録其本。

【疏】注「過我」至「其本」 釋曰：齊侯、鄭伯如紀無寔來，亦言「過我」者，不必悉有下事，此因有下事，故以相發明，其齊侯、鄭伯直途過於魯，不入國都，故不言「寔來」也。

六年春，正月，寔來。來朝例時，月者謹其無禮。○寔，常式反。朝，直遥反，下七年同。

【疏】注「來朝」至「無禮」 釋曰：二年「紀侯來朝」，傳曰「朝時，此其月何也？惡之，故謹而月之也」，彼書月是惡，則此月亦惡也。今州公不以禮朝，又至魯不反，是無禮之事，故云「謹其無禮」也。

「寔來」者是來也。何謂「是來」？謂州公也。其謂之「是來」何也？以其畫我，故簡言之也。諸侯不以過相朝也。「畫」是相過去朝遠。○畫，音獲，注同。以過，古禾反，注同。

○夏，四月，公會紀侯于郕。○紀侯，左氏作「杞侯」。

○秋，八月壬午，大閱。蒐、閱例時。○閱，音悦。

【疏】注「蒐閱例時」 釋曰：傳云「謹而日之」，知不以月爲正，而云「例時」者，以四年「公狩于郎」書月以刺不正，故知蒐、閱例時也。

「大閱」者何？閱兵車也。閱爲簡練。脩教明諭，國道也。脩先王之教，以明達於民，治國之道。平而脩戎事，非正也。邵曰：「禮因四時田獵以習用戎事，存不忘亡、安不忘危之道。『平』謂不因田獵，無事而脩之。」其日，以爲崇武，故謹而日之，蓋以觀婦人也。○觀，古亂反，視也。

○蔡人殺陳佗。陳佗者陳君也，其曰「陳佗」何也？匹夫行，故匹夫稱之也。其「匹夫行」奈何？陳侯憙獵，淫獵于蔡，與蔡人爭禽，蔡人不知其是陳君也而殺之。「淫獵」謂自放恣，遺失徒衆。○陳佗，徒河反。行，下孟反。憙，虚記反。何以知其是陳君也？兩下相殺不道。兩大夫相殺不書春秋。其不地，於蔡也。

【疏】「其不地於蔡也」 釋曰：宣十八年「邾人戕繒子于繒」書地，今不地，故決之云「其不地，於蔡也」，言在蔡故不地耳。

○九月丁卯，子同生。子同，桓公嫡子莊公。○嫡，丁歷反，或作「適」。疑，故志之。莊公母文姜淫于齊襄，疑非公之子。

【疏】「疑故志之」 釋曰：文姜以桓三年入，至今四年矣，未有適齊之文，而云「疑」者，蓋文姜未嫁之時已與襄公通，後桓公終爲妻淫見殺，則其間雖則適魯，襄公仍尚往來，故疑之也。「子同生」，公羊以爲久無嫡子，「喜國有正」故書之，左傳以爲「備用太子之禮」故書，此傳云「疑，故志之」，是三傳異也。

時曰：「同乎人也。」時人僉曰：「齊侯之子同於他人。」○僉，七廉反。

○冬，紀侯來朝。

七年春，二月己亥，焚咸丘。日之，謹其惡。○惡，烏各反。

【疏】注「日之謹其惡」　釋曰：侵、伐、圍例時，故知書日謹其惡也。

其不言「邾咸丘」何也？據襄元年「圍宋彭城」言「宋」。疾其以火攻也。不繫於國者，欲使焚邑之罪與焚國同。

○夏，穀伯綏來朝。鄧侯吾離來朝。〔四七〕其名何也？據隱十一年滕、薛來朝不名。失國也。禮，諸侯不生名，失地則名。

【疏】注「禮諸」至「則名」　釋曰：曲禮云「諸侯不生名，失地名，滅同姓名」是也。

失國則其以「朝」言之何也？據文十二年「郕伯來奔」不言「朝」。〔四八〕

【疏】注「據文」至「不名」　釋曰：哀十年「邾子益來奔」、昭二十三年「莒子庚輿來奔」，彼來奔書名，彰其失地，則與此穀、鄧書名同，而范不據之，文十二年「郕伯來奔」無名而反據之者，以邾、莒二國更無所見，故依常書名，言「奔」表其失地，其郕伯與穀、鄧別有所見，與常例違，故據之以相決，何則？郕伯不言名而云「來奔」，穀、鄧書名而稱「朝」，二者相反，故特據之。郕伯與魯同姓，故不名以表其親，言「奔」以明失國；穀、鄧與魯有好，故言名以彰失國，稱「朝」以見和親。但入春秋以來雖無同好之事，蓋春秋前有之。

嘗以諸侯與之接矣，雖失國，弗損吾異日也。待之以初也。下無秋、冬二時，甯所未詳。

校勘記

〔一〕延入翼室　「延」原作「廷」，「翼」原作「翬」，據閩本及尚書孔傳改。

〔二〕外之　尚書孔傳作「延之」，殿本考證、正字皆謂作「外」誤。

〔三〕踰年　「踰」原作「嗣」，本節疏下文云「即位既是踰年」，阮校：「閩、監、毛本『嗣』改『踰』，是也。」據改。

〔四〕不得不　上「不」字原作「五」，阮校：「閩、監、毛本『五』改『不』，是也。」據改。

〔五〕公羊以爲　「公」字原無，阮校：「『羊』上脱『公』字，閩、監、毛本不脱。」據補。

〔六〕不得其邑　「得」原作「德」，儀禮經傳通解續卷二十六上引作「得」，正字謂作「德」誤，阮校録並是之，據改。

〔七〕失嫌　「嫌」原作「如」，阮校：「閩、監、毛本『如』改『嫌』，是也。」按隱四年傳云「祝吁之挈，失嫌也」，阮説是，據閩本及隱四年傳文改。

〔八〕麋信　「信」原作「言」，據閩本改。

〔九〕孔氏父字謚也　日知録卷二十七左傳注云「鄭康成注士喪禮曰『某甫，字也，若言山甫、孔甫』，是亦以孔父爲字」，同卷姓氏之誤又就此云「父非謚，『謚』字衍文」。阮校：「段玉裁云：『氏』字衍，『孔父者字謚也，字謚者以字爲謚也。』」松崎校訛：「嘉字孔父，子孫以字爲謚，因以爲氏，於是有孔氏。是時未以孔爲氏也，『氏』字爲衍無疑。」

〔一〇〕以正月者亂　殿本考證謂「告」字誤作「者」，阮校録之。

〔一一〕滕今降爵　「滕」原作「勝」，據閩本改。

〔一二〕皆諱　「諱」原作「謂」，余本、閩本作「諱」，阮校：「作『諱』是也。」據改。
〔一三〕雖爲　「爲」原作「受」，據余本、閩本改。
〔一四〕成宋亂　此與下文「成宋亂也」之「亂」原作「辭」，閩本作「亂」，阮校謂作「亂」是，據改。
〔一五〕大切　「切」原作「初」，閩本作「切」，阮校：「作『切』是也。」據改。
〔一六〕言諸侯　「諸」原作「謂」，據閩本改。
〔一七〕内不受也　「受」原作「爲」，余本、閩本作「受」，阮校：「作『受』是。」據改。
〔一八〕討或作糾　「糾」原作「紂」，據余本及單行釋文改。
〔一九〕善稻　「善」原作「義」，據閩本及襄五年傳文改。
〔二〇〕蓋無致會也　「蓋」原作「善」，據余本改。
〔二一〕不及　「不」原作「之」，據閩本及隱八年傳文改。
〔二二〕杞侯　桓公時紀、杞異文，左氏有事迹相輔，故不與公、穀同，如二年七月之來朝者、六年四月公于郕所會者，公、穀皆作「紀侯」，左氏作「杞侯」。此處于郕所會者，亦左氏作「杞侯」、公羊作「紀侯」，穀梁當與公羊同，作「杞侯」，似誤。
〔二三〕扶又反　「扶」上原有「音」字，據單行釋文删。
〔二四〕使大夫非正也　此節疏原隸下節「齊侯送姜氏于讙」，蓋經疏拚合時誤隸，依所疏内容移置於此。
〔二五〕于讙　「讙」原作「謹」，據余本、閩本及本節注文、釋文改。
〔二六〕後戒辭　依文義「後」當作「彼」，下文此、彼對舉可證。
〔二七〕諸侯之禮　「諸」原作「謹」，據閩本改。

〔二八〕重乎　「乎」下原有「已」字，疑誤倒，閩本無，據删。

〔二九〕五穀　「五」原作「下」，閩本及趙汸春秋集傳卷二引作「五」，阮校：「作『五』是也。」據改。

〔三〇〕夏曰苗　「曰」原作「田」，據閩本及下節傳文改。

〔三一〕秋曰蒐　「蒐」原作「苗」，據閩本及下節傳文改。

〔三二〕異代之法　「代」原作「伐」，據閩本改。

〔三三〕一總名　正字據儀禮經傳通解續引，謂「一」下脱「時」字。

〔三四〕髀骨　儀禮少牢饋食禮鄭注云「膞骼，股骨」，與疏文所稱「膝以上者」合，蓋疏以「髀骼」即膞骼，則「髀骨」乃「股骨」之訛也。

〔三五〕膝以上　「膝」原作「滕」，閩本作「膝」，阮校：「『膝』是也。」據改。

〔三六〕污穢之污　下「污」字原無，據余本及單行釋文補。

〔三七〕四時　「四」原作「曰」，據閩本改。

〔三八〕二日卒之　「二」原作「三」，據閩本改。

〔三九〕信以傳信　「傳信」原作「信傳」，據閩本及傳文乙。

〔四〇〕魯之西北　殿本考證謂「西北」當作「西南」。

〔四一〕理亦得通　此下原有「城祝丘者」云云一節，乃下文「城祝丘」之疏，盧補校謂錯簡，蓋經疏拼合時誤隸，故閩本移置於彼，今從之。

〔四二〕釋云　依述例，「云」乃「曰」之訛。

〔四三〕韓都冀州　余本及單行釋文「韓」下有「本」字。

〔四四〕誰當范言　依述例當稱「范意」，「言」字疑訛。

〔四五〕天爲大旱　「天」原作「夫」，據閩本改。

〔四六〕呼雩　「呼」原作「吁」，據閩本及公羊傳何注改。

〔四七〕鄧侯吾離來朝　「鄧」上原有經文分節符「○」，傳、注與「穀伯綏來朝」共釋，則兩條共節也，故去分節符并爲一節。

〔四八〕不言朝　「言朝」原作「名」，依標起迄，疏所本作「不名」，楊考：「各本皆誤讀疏文以改注文，不知范正以釋傳『朝』字，故引郕伯之奔以相決，非以郕伯不名之謂也。」據余本改。

春秋穀梁注疏桓公卷第四 起八年，盡十八年

八年春，正月己卯，烝。

春祭曰「祠」，薦尚韭、卵；夏祭曰「禴」，薦尚麥、魚；秋祭曰「嘗」，薦尚黍、肫；冬祭曰「烝」，薦尚稻、鴈。無牲而祭曰「薦」，薦而加牲曰「祭」，禮各異也。失禮祭祀例日，得禮者時，定八年「冬，從祀先公」是也。僖八年「秋七月，禘于大廟」月者，謹用致夫人耳，禘無違禮。○烝，之承反。曰禴，餘若反，又作「礿」。黍肫，本又作「豚」，徒門反。大廟，音泰，下同。

【疏】注「春祭」至「違禮」 釋曰：所言四時祭名者，周禮大宗伯及爾雅並有其事。「薦尚韭、卵」之等，禮記王制之文。何休云：「祠猶食也，猶繼嗣也。春物始生，孝子思親，繼嗣而食之也。礿者，麥始熟可礿也。[一]嘗者，黍先熟可得薦，故曰『嘗』。烝，衆也，所薦衆多，芬芳備具，故曰『烝』。」郭璞等注爾雅與何解四時祭名少異，但范之所引者並與何氏同，故從何說。又云：「天子四祭四薦，諸侯三祭三薦，大夫、士再祭再薦。天子、諸侯、卿大夫牲用太牢，天子元士、諸侯卿大夫少牢，諸侯之士特豕。天子之牲角握，諸侯角尺，卿大夫索牛。」此記異聞耳，未知范意與之同否。定八年「冬，衛侯、鄭伯盟于曲濮」，下即云「從祀先公」，是時而不月也。得禮例時引定八年爲證，失禮例日不引其文者，凡烝合在夏之十月，故何休云「祭必於夏之孟月者，取其見新物之月」是也，今正月爲之，違月隔年，故傳曰「春興之，志不時也」。下文夏「五月丁丑，烝」，傳曰「志不敬也」，二烝並書日以見非禮，此文即是非禮例日之證，故不復更引他文。其文二年「丁卯，[二]大事于太廟」亦是失禮書日也。正月烝傳云「不時」，五月烝傳云「不敬也」者，一失禮尚可，故以「不時」言之，再失禮重，故以「不敬」釋之。又注云「禘無違禮」，案明堂位「季夏六月，以禘禮祀周公於大廟」，僖公七月而禘，則是不時，而云「無違」者，周之七月，夏

之五月，若值月前節卻，則與四月相校不多，比之隔年再烝失禮尚可，故曰「無違」也。文二年八月則是夏之六月，而祫嘗者亦是失禮，故書日表逆祀及失時也。宣八年六月「有事于太廟」，〔三〕是得時而書日者，譏宣公卿死不廢繹也。

烝冬事也，春興之，志不時也。

○天王使家父來聘。家父，天子大夫，家，氏；父，字。

【疏】注「家父」至「父字」釋曰：何休云「中大夫，故不稱『伯』、『仲』」，范意或然。

○夏，五月丁丑，烝。烝冬事也，春、夏興之，黷祀也，志不敬也。○黷，徒木反。

○秋，伐邾。

○冬，十月，雨雪。禮月令曰：「孟冬行秋令，則霜雪不時。」○雨，于付反。

〇祭公來，遂逆王后于紀。祭公，寰內諸侯爲天子三公者。親逆例時，不親逆例月，故春秋左氏說曰：「王者至尊無敵，無親逆之禮。祭公逆王后，未致京師而稱『后』，知天子不行而禮成也。」鄭君釋之曰：「大姒之家在郃之陽，〔四〕在渭之涘，文王親迎于渭，即天子親迎之明文矣。天子雖尊，其于后猶夫婦，夫婦判合，〔五〕禮同一體，所謂無敵，豈施此哉？禮記哀公問曰『冕而親迎，不已重乎』，孔子愀然作色而對曰：『合二姓之好，以繼先聖之後，以爲天地、宗廟、社稷之主，君何謂已重焉？』此言親迎，繼先聖之後，爲天地、宗廟、社稷之主，非天子則誰乎？」〇祭公，側界反。寰，音縣，又音環。親迎，魚敬反，注皆同。〔六〕大姒，音似。〔七〕大姒，文王妃也。郃，音洽，本又作「洽」。涘，音仕。愀，在九反，又親小反。之好，呼報反。

【疏】注「祭公」至「誰乎」 釋曰：此注之意，言左氏天子不合親迎，故引鄭君之釋，以明天子合親迎也。然文王之逆大姒時爲世子耳，得證天子之禮者，文王之爲世子而聖賢相配，宜爲後王之法，故有造舟爲梁，又入大雅，明天子之法，又且魯不祭地而云「天地之主」，是王者親逆之明文也。案士昏禮士衣爵弁，是助祭之服，則大夫以上及五等諸侯「冕而親迎」，亦當用助祭之服也。

其不言「使」焉何也？據四年「天王使宰渠伯糾」稱「使」。

【疏】注「據四」至「稱『使』」 釋曰：此年「天王使家父來聘」，〔八〕五年「天王使任叔之子來聘」，范不據之，而遠據四年「宰渠伯糾」者，彼宰是官，此公亦是官故也。或亦隨便□而言，無例矣。

不正其以宗廟之大事即謀於我，故弗與使也。時天子命祭公就魯，〔九〕共卜擇紀女可中后者便逆之，不復反命。〇復，扶又反。

遂，繼事之辭也，其曰「遂逆王后」，故略之也。〔一〇〕以其遂逆無禮，故不書逆女而曰「王后」，「略」謂不以禮稱之。

【疏】「遂繼事之辭也」　釋曰：依范氏略例凡有十九「遂」事，〔一二〕傳亦有釋之者，亦有不釋者，此是例之首，又天子大夫嫌與諸侯臣異，故發繼事之辭。莊十九年公子結言「遂」，傳云「以輕事遂乎國重」，辟要盟也，理在可知，故省文也。僖二十八年「諸侯遂圍許」，〔一三〕會温已訖，中間有事，必恐不相繼，故發傳以明之。曹伯襄「遂會諸侯圍許」，恐彼釋而遂與常例異，故重發之。僖四年「遂伐楚」，恐華戎異，故重發以同之。宣元年「楚子、鄭人侵陳，遂侵宋」，嫌尊卑異，故亦發之。宣十八年歸父「遂奔齊」，嫌出奔不得同於繼事，故發之。襄十二年季孫宿「遂入鄆」，嫌不受命與常例不同，故發之。自餘不發者，並可知故也。

或曰天子無外，王命之則成矣。四海之濱，莫非王臣，王命紀女爲后則已成王后，不如諸侯入國乃稱「夫人」。或説是。

九年春，紀季姜歸于京師。季姜，桓王后，書字者，申父母之尊。姜，紀姓。爲之中者歸之也。「中」謂關與婚事。○之中，丁仲反，又如字，注同。與，音豫。

【疏】「爲之」至「之也」　釋曰：「劉夏逆王后」經不言「歸」，則是魯不關與婚事，而范氏略例云「『逆王后』有二」者，以書「逆王后」皆由過魯，若魯主婚而過我則言「歸」，若不主婚而過我則直言「逆」，雖詳略有異，俱是過魯，故范以二例總之。

○夏，四月。

○秋，七月。

○冬，曹伯使其世子射姑來朝。朝不言「使」，言「使」非正也。使世子伉諸侯之禮而來朝，〔一三〕曹伯失正矣。諸侯相見曰「朝」，以待人父之道待人之子，以内爲失正矣。内失正、曹伯失正，世子可以已矣，則是放命也。〔一四〕父有争子，則身不陷於不義，射姑廢曹伯之命可。○射，音亦，麋氏本即作「亦」。朝，直遥反。伉，苦浪反，本又作「亢」。争，諫争之争。

【疏】「言『使』非正也」釋曰：季姬「使鄫子來朝」復云「非正」者，嫌婦人所使與父命子異，故兩見之。使世子朝言「非正」者，禮，諸侯世子誓於天子攝其君，則下其君一等，未誓則以皮帛繼子、男，此謂會同，急趨王命者也。今曹伯或有疾，朝雖闕，〔一五〕朝魯未是急事，而使世子攝位來朝，故云「非正也」。公羊以爲世子不合朝，惟左氏以爲得行朝禮。

尸子曰：「夫已多乎道。」邵曰：「已，止也。止曹伯使朝之命，則曹伯不陷非禮之愆，世子無苟從之咎，魯無失正之譏，三者正則合道多矣。」○愆，去虔反。

十年春，王正月庚申，曹伯終生卒。桓無王，其曰「王」何也？正終生之卒也。徐乾曰：「與夷見弑，恐正卒不明，故復明之。」○復，扶富反。

【疏】注「徐乾」至「明之」　釋曰：案范答薄氏之駮云「曹伯亢諸侯之禮，使世子行朝，故於卒示譏」，則傳云「正」者謂正治其罪，則與徐解不同，而引其説者，以徐乾之説得通一家，故引之，范意仍與徐異。或以范意權答薄氏，故云譏曹伯，若正説仍與徐同。

○夏，五月，葬曹桓公。

○秋，公會衛侯于桃丘，弗遇。桃丘，衛地。桓弑逆之人，出則有危，故會皆月之，衛侯不來無危，故時。「弗遇」者志不相得也，弗内辭也。倡會者衛，魯至桃丘而衛不來，故書「弗遇」以殺恥。

【疏】「弗遇」至「辭也」　釋曰：「遇」者志相得之名，故此「弗遇」志不相得也。「弗内辭也」者，其實魯公弗被遇，託言衛侯不遇，故云「弗内辭也」。

注「倡會」至「殺恥」　釋曰：以經書「會」，故知倡會者衛，託言衛侯不遇，則若衛侯不蒙魯公之接，故云「殺恥」也。

○冬，十有二月丙午，齊侯、衛侯、鄭伯來戰于郎。結日列陳則日，傳例曰「不日，疑戰也」。○陳，直覲反。「來戰」者前定之戰也。先已結期戰。○先，蘇薦反。內不言「戰」，言「戰」則敗也。

兩敵故言「戰」，春秋不以外敵內，書「戰」則敗。不言其人，以吾敗也。不言「及」者，爲内諱也。○爲，于僞反。

【疏】「來戰」至「諱也」 釋曰：「內不言『戰』」又發傳者，「公敗宋師」起例之始，此戰没公，故重發例以明之也。「不言其人」者謂不稱「公」也，「不言及」者謂不云「及齊侯、衛侯、鄭伯」也，傳與下十七年傳文同，但觀經立説，故二處有異耳。

十有一年春，正月，齊人、衛人、鄭人盟于惡曹。惡曹，地闕。

○夏，五月癸未，鄭伯寤生卒。○寤，吾故反。

○秋，七月，葬鄭莊公。莊公殺段，失德不葬，而書葬者，段不弟，於王法當討，故不以殺親親貶之。○弟，下並音悌，又如字。

【疏】注「不以」至「貶之」 釋曰：此據晉侯殺世子申生不言「葬」而發。

○九月，宋人執鄭祭仲。祭，氏；仲，名。執大夫有罪者例時，無罪者月，此月者爲下盟。○祭，側界反。

【疏】注「祭氏」至「下盟」 釋曰：知仲名者，以仲立惡黜正，無善可褒，故知仲名也。云「有罪者例時」者，莊十七年「春，齊人執鄭詹」經不書月，傳曰「以人執與之辭也」，是執有罪書時之文也。言「無罪者月」者，成十六年「九月，晉人執季孫行父舍之於苕丘」，彼雖爲危書月，亦是無罪之例也，今祭仲有罪而經書月，故注解之書月者爲下盟耳。案襄二十七年「秋七月辛巳，豹及諸侯之大夫盟於宋」，書日，下云「柔會宋公、陳侯、蔡叔盟于折」不日者，柔是大夫之未命者也，不得同正大夫，又下貴於士，故雖得書名，仍從卑者之盟不日之例也。

「宋人」者宋公也，其曰「人」何也？貶之也。惡其執人權臣，廢嫡立庶。○惡，烏路反。嫡，丁歷反。

○突歸于鄭。突，鄭厲公，昭公之弟，莊公之子。曰「突」，賤之也；曰「歸」，易辭也。傳例曰「歸爲善，自某歸次之」，此傳曰「歸，易辭也」，然則「歸」有二義，不皆善矣。突篡兄之位，制命權臣，則歸無善。○易，以豉反，下文及注同。篡，初患反。

【疏】注「傳例」至「無善」　釋曰：成十六年「曹伯歸自京師」，傳云「歸爲善」，注云「謂直言『歸』而不言其國，即『曹伯歸自京師』不言于曹是」，「自某歸次之」，（二六）注云「若『蔡季自陳歸于蔡』、『衛侯鄭自楚復歸于衛』是」，（二七）據彼傳文則歸爲善，今傳曰「歸，易辭」，故解之言「歸」有二意，善者謂之「歸」，易者亦謂之「歸」也，是稱「歸」有二。突惡而稱「歸」是惡辭，非善也。

祭仲易其事，權在祭仲也，死君難，臣道也，今立惡而黜正，惡祭仲也。「易辭」言廢立在己。○難，乃旦反。惡祭，烏路反。

○鄭忽出奔衛。忽，鄭昭公。鄭忽者世子忽也，其名，失國也。「其名」謂去世子而但稱「忽」。○

去，起呂反。

【疏】注「其名」至「稱忽」　釋曰：鄭忽先君已葬，而經不稱「世子」者，〔一八〕穀梁之意，先君雖葬而嗣子未踰年，亦宜稱「子」，即僖二十五年秋「葬衛文公」，〔一九〕冬「十有二月癸亥，公會衛子、莒慶盟于洮」是也，雖則踰年，先君未葬，亦不得成君，故下十二年「丙戌，衛侯晉卒」，十三年衛惠公稱「侯」，而注云「衛宣未葬而嗣子稱『侯』以出，其失禮明矣」是也。計鄭忽父雖葬訖仍未踰年，於例宜合稱「子」，但范以忽十五年歸國稱「世子」、「復歸」，故於此決其去「世子」而但稱「忽」也。稱謂與常例違者，此年書名表其失國，十五年稱「世子」明其反正，故與常例不同。

○柔會宋公、陳侯、蔡叔盟于折。蔡叔，蔡大夫名，未命，故不氏。折，某地。○折，之設反，又時設反。「柔」者何？吾大夫之未命者也。

【疏】「柔者」至「者也」　釋曰：重發傳者，隱不成爲君，不爵大夫，故俠卒不氏，今桓成爲君而有不命大夫，嫌有罪則，故明之。

○公會宋公于夫鍾。夫鍾，郕地。○夫鍾，〔二〇〕音扶。麋氏本「鍾」作「童」，音鍾。

○冬，十有二月，公會宋公于闞。闞，魯地。○闞，口暫反。

十有二年春，正月。

○夏，六月壬寅，公會紀侯、莒子盟于曲池。曲池，魯地。

○秋，七月丁亥，公會宋公、燕人盟于穀丘。穀丘，宋地。○燕，音煙，國名。

○八月壬辰，陳侯躍卒。陳厲公也。○躍，餘若反。

○公會宋公于虛。虛，宋地。○虛，如字，又去魚反。

○冬，十有一月，公會宋公于龜。龜，宋地。

○丙戌，公會鄭伯盟于武父。武父，鄭地。○父，音甫。

○丙戌，衛侯晉卒。再稱日，决日義也。明二事皆當日也。晉不正，非日卒者也，不正前見矣，隱四年「衛人立晉」是也，與齊小白義同。○見，賢徧反。

【疏】「再稱」至「義也」 釋曰：「决日」者，謂二事决宜書日，故經兩舉日文也。月則不然，縱有兩事合月，但舉一月以包之，其有蒙日明者，則亦不兩舉，故范答薄氏云「貜且之卒異於日食之下，〔二一〕可知日」是也。

注「明二」至「義同」 釋曰：納、入、立皆簒，隱四年書「衛人立晉」是不正前已見，故今書日，莊九年書「齊小白入於齊」，是其惡已見，故僖十七年「小白卒」書日，與此同也。

○十有二月，及鄭師伐宋。丁未，戰于宋。非與所與伐戰也。非，責。不言與鄭戰，恥不和也。於伐與戰敗也，內諱敗，舉其可道者也。於伐宋而與鄭戰，內敗也。戰輕於敗，戰可道而敗不可道。

【疏】「非與」至「者也」 釋曰：麋信云：「此傳解經書下日之意也。非責魯，〔二二〕言責魯反與其所與伐者戰也，謂還與鄭戰。」然則責其還與鄭戰，于理是也，言解經下日之意則非也，〔二三〕何者？十三年「公會紀侯、鄭伯。己巳云云戰」，彼亦下曰，豈又是責魯乎？麋信之説非也。蓋責與人同伐反與之交戰，是危之道，故經舉戰、伐以責之，既責魯，不顯言與鄭戰者，諱不和也。

十有三年春，二月，公會紀侯、鄭伯。己巳，及齊侯、宋公、衛侯、燕人戰，齊師、宋師、衛師、燕師敗績。徐邈曰：「僖九年傳曰『禮，柩在堂上，孤無外事』，今衛宣未葬而嗣子稱『侯』以出，其失禮明矣。宋、陳稱『子』而衛稱『侯』，隨其所以自稱者而書之，得失自見矣。」○柩，其救反。見，賢徧反。

【疏】注「徐邈」至「見矣」　釋曰：宋稱「子」在僖九年，陳稱「子」在二十八年，「得失自見」者，彼二君稱「子」是其得，今衛惠稱「侯」是其失也。僖三十三年「晉人及姜戎敗秦師于殽」，傳云「『晉人』者晉子也」，不正其釋殯，故貶之。此衛侯亦釋殯，所以不貶者，晉爲大國，不勞自戰，無故釋殯自戰，故貶稱「人」，今衛侯初立，須求好諸侯，今從齊、宋之命，未是大過，故譏而不貶，議者據經稱「侯」，〔二四〕即是足見其惡。

其言「及」者由內及之也，其曰「戰」者由外言之也。內不言「戰」，言「戰」則敗。今魯與紀、鄭同討，以有紀、鄭，故可得言「戰」。

【疏】「其言」至「之也」　釋曰：言由內及之也者，以文承紀、鄭之下，恐非獨內及，故特言之又且下云「其曰戰者由外言之也」，是戰從外稱，及是內辭，欲分別二事，故內外兩舉。〔二五〕

戰稱「人」，敗稱「師」，重衆也。其不地，於紀也。春秋戰無不地，即於紀戰，無爲不地也，鄭君曰：「『紀』當爲

『己』，謂在魯也，字之誤耳。時在龍門，城下之戰，迫近故不地。」

【疏】傳「其不地，於紀也」者，春秋考異郵云「時戰在魯之龍門」，故何休難云在紀無爲不地，鄭玄云：「『紀』當爲『己』，在龍門城下，故不地。」何休注公羊亦云「戰魯龍門，兵攻城池，恥之」，故不地，是皆以「紀」爲「己」。非紀國也。

○三月，葬衛宣公。

○夏，大水。

○秋，七月。

○冬，十月。

十有四年春，正月，公會鄭伯于曹。

○無冰。皆君不明去就，政治舒緩之所致，〔二六〕五行傳曰「視之不明，是謂不哲，厥咎舒，厥罰常燠」。○哲，陟列反，一本作「晢」，之列反。燠，於六反，煖也，下文同。

【疏】「無冰」 釋曰：舊解傳云「無冰時燠也」，謂無冰書時，燠，煖也，「時」字上讀爲句，因即解成元年正月「公即位」，二月「葬宣公」，三月「作丘甲」，「無冰」在其中，不是爲「無冰」書月可知也。此「正月，公會鄭伯於曹」，下云「無冰」，則「正月」者直爲「公會鄭伯」，不爲「無冰」，何者？無冰一時之事，固當不得以月書也。〔二七〕徐邈亦然。今以爲成元年傳云「加之寒之辭也」，則「無冰」亦當蒙月也，傳云「無冰，時燠也」者，謂今所以無冰者，正由時燠也，於字下讀，〔二八〕理亦足通。

注「皆君不明去就政治舒緩之所致，五行」至「罰常燠」 釋曰：徐邈云「無冰者常陽之異，此夫人淫泆，陰爲陽行之所致也」，何休注公羊亦然，今范云「皆君不明去就，政治舒緩之所致」，則非獨爲夫人也，蓋爲桓公闇於去就，不達是非，外不能結好鄰國，內不能防制夫人，又成亂助簒，貪賂廢祀，以火攻人，反與伐戰，此等皆是不明去就，政教舒緩，故又引洪範五行傳曰「視之不明，是謂不哲」，言人君愚闇，〔二九〕察視不明，是謂不昭哲也，其咎過在於舒緩，其天降謂罰〔三〇〕，常在時燠也。

無冰，時燠也。

○夏五，○夏五，本或有「月」者非。鄭伯使其弟禦來盟。諸侯之尊，弟兄不得以屬通，「其弟」云者，以其來我，〔三一〕舉其貴者也。來盟，前定也，不日，前定之盟不日。言信在前，非結於今。○禦，魚呂反，本亦作「御」，左氏作「語」。

【疏】「諸侯」至「不日」 釋曰：重發不以屬通例者，前弟年來聘，今禦來盟，嫌不同，故重發之。此云「前定之盟不日」，則成十一年「己丑，及郤犨盟」是後定可知也。

孔子曰：「聽遠音者聞其疾而不聞其舒，「疾」謂激揚之聲，「舒」謂徐緩。〔三二〕望遠者察其貌而不察其形。貌，姿體。形，容色。立乎定、哀以指隱、桓，隱、桓之日遠矣。」「夏五」，傳疑也。孔子在於定、哀之世，而録隱、桓之事，故承闕文之疑不書月，明皆實録。○傳，直專反。

【疏】注「明皆實録」 釋曰：言孔子承闕文之疑不止「夏五」一事，故云「皆」也。

○秋，八月壬申，御廩災。御廩，藏公所親耕以奉粢盛之倉也。〔三三〕内災例日。○廩，力甚反。

【疏】注「御廩」至「例日」 釋曰：「御廩」者藏公所親耕之物，御用於宗廟，故謂之「御廩」，祭義云「昔者，〔三四〕天子爲藉千畝，冕而朱紘，躬秉耒，諸侯爲藉百畝，冕而青紘，躬秉耒，以事天地、山川、社稷、先古」，是公所親耕也。「内災例日」者，成三年「甲子，新宮災」，此云「壬申，御廩災」，是例日也。

乙亥，嘗。御廩之災不志，以其微。

【疏】注「以其微」 釋曰：舊解云：「災是大事，嘗亦不小，而云『微』者，周之八月，夏之六月，其六月之末容得立秋之節祭，未足可書，比之災則爲微，當合舉重，而今並書之者，是未易災之餘可志，而已見其不敬，故兼志之。」如此解，則傳云「御廩之災不志」者，謂不當兼志之也。今以爲微者，直謂御廩災也，故徐邈云「不足志」是也。

徐又云「『而嘗可也』言可以嘗」，「可」上屬，與范注違，不得取之。

此其志何也？以爲唯未易災之餘而嘗，可也志，不敬也。鄭嗣曰：「唯以未易災之餘而嘗，然後可志也，用火焚之餘以祭宗廟，非人子所以盡其心力，不敬之大也。」○盡，津忍反。〔三五〕**天子親耕以共粢盛，**天子親耕，其禮三推。黍稷曰「粢」，在器曰「盛」。○共，音恭，一本作「供」。〔三六〕粢，音咨。推，昌誰反，一音他回反。

【疏】注「天子」至「日盛」　釋曰：月令天子於孟春之月「乃擇元辰，天子親載耒耜，措之參保介之御間，帥三公、〔三七〕九卿、諸侯、大夫躬耕帝藉，天子三推，公五推，卿、諸侯九推」，是其文也。

王后親蠶以共祭服。王后親蠶，齊戒躬桑，夫人三繅，〔三八〕遂班三宮，朱緑玄黃，以爲黼黻文章，服既成，君服以祀之。○齊戒，側皆反，本亦作「齋」。繅，先刀反。黼，音甫，亦作「黼」。黻，音弗，俗作「韍」。

【疏】注「王后」至「祀之」　釋曰：「王后親蠶，齊戒躬桑」，月令文。「夫人三繅，遂班三宮」云云，祭義文，故彼云〔三九〕「古者天子、諸侯必有公桑蠶室，近川而爲之，築宮仞有三尺，棘牆而外閉之，及大昕之朝，君皮弁素積，卜三宮之夫人、世婦之吉者，使入蠶于蠶室，奉種浴于川，桑于公桑，風戾以食之」，鄭玄云「大昕，季春朔日之朝也。諸侯夫人三宮，半王后也」，又云「及良日，夫人繅，三盆手，遂布于三宮夫人、世婦之吉者，使繅，遂朱緑之、玄黃之，以爲黼黻文章，服既成，君服以祀先王、先公，敬之至也」。鄭玄云「『三盆手』者，三淹也。凡繅，每淹大總而手振之，以出緒也」是也。

國非無良農工女也，以爲人之所盡事其祖禰，不若以己所自親者也。

凱曰：「夫治人之道，莫急於禮。禮有五經，莫重於祭。祭者非物自外至者也，由中出者身致其誠信，然後可以交於神明，祭之道也。」○禰，乃禮反。

【疏】注「禮有」至「道也」 釋曰：祭統文，鄭玄云：「『五經』者，吉、凶、賓、軍、嘉也。『莫重於祭』謂以吉禮爲首也，大宗伯職曰『以吉禮事邦國之鬼神祇』。」

何用見其未易災之餘而嘗也？曰甸粟而内之三宫，三宫米而藏之御廩，甸，甸師，掌田之官也。三宫，三夫人也。〔四〇〕宗廟之禮，君親割，夫人親舂。○親舂，傷容反。

【疏】注「甸甸」至「親舂」 釋曰：傳言「甸粟」，知是掌田之官也。禮，王后六宫，諸侯夫人三宫也，故知「三宫」是三夫人宫也。「禮，宗廟之禮，〔四一〕君親割、夫人親舂」者，文十三年傳文。〔四二〕

夫嘗必有兼甸之事焉。〔四三〕夫人親舂是兼甸之事。○兼甸，如字，一本作「旬」，十日爲旬，注亦然。壬申御廩災，乙亥嘗，以爲未易災之餘而嘗也。鄭嗣曰：「壬申、乙亥相去四日，言用日至少而功多，明未足及易而嘗。」

傳「兼甸之事焉」者，納粟者甸師，而夫人親舂，是兼之也。

○冬，十有二月丁巳，齊侯禄父卒。

○宋人以齊人、蔡人、衛人、陳人伐鄭。「以」者不以者也。民者君之本也，使人以其死，非正也。「不以」者，謂本非所得制，今得以之也，刺四國使宋專用其師，輕民命也。○刺，七賜反。

十有五年春，二月，天王使家父來求車。古者諸侯時獻于天子，以其國之所有，故有辭讓而無徵求。求車，非禮也，求金甚矣。文九年「毛伯來求金」。

【疏】「求車」至「甚矣」　釋曰：求賻、求金並發傳者，以所求不同，故各發之。不云求賻甚而云「求金甚」者，喪事有賻，但求之非禮，金非喪所供，故以爲甚。〔四四〕

○三月乙未，天王崩。桓王。〔四五〕

○夏，四月己巳，葬齊僖公。

○五月，鄭伯突出奔蔡。譏奪正也。禮，諸侯不生名，今名突以譏之。〔四六〕

○鄭世子忽復歸于鄭。反正也。

傳「反正也」者，釋其稱「世子」也。

○許叔入于許。傳例曰：「大夫出奔反，以好曰『歸』，以惡曰『入』。」

【疏】注「傳例」至「曰入」　釋曰：莊九年傳文。

許叔，許之貴者也，莫宜乎許叔，其曰「入」何也？其歸之道，非所以歸也。泰曰：「許國之貴莫過許叔，叔之宜立又無與二，而進無王命，退非父授，故不書曰『歸』，同之惡入。」

○公會齊侯于蒿。○蒿，左氏作「艾」，公羊作「鄗」。

○邾人、牟人、葛人來朝。何休曰：「桓公行惡而三人俱朝事之，三人爲衆，衆足責，故夷狄之。」○行，下孟反，又如字。

○秋，九月，鄭伯突入于櫟。櫟，鄭邑也。突不正，書「入」，明不當受。○櫟，力狄反。

【疏】注「櫟鄭」至「當受」　釋曰：案「齊小白入于齊」傳曰「以惡曰『入』」，「衛侯朔入衛」〔四七〕傳曰「『入』者内弗受也」，蓋舊爲國君而入者則是内不受，若「衛侯朔入于衛」、「鄭伯突入于櫟」是也。公子不正取國者，則是以惡入曰「入」，〔四八〕若「許叔入于許」、「齊小白入于齊」是也。觀范之注，其事必然，但舊無此解，不敢輒定，或當以惡入者即内不當受，傳文互舉之，其實不異，理亦通耳。

○冬，十有一月，公會宋公、衛侯、陳侯于袲伐鄭。袲，宋地。○袲，昌氏反。地而後伐，疑辭也，非其疑也。鄭突欲篡國，伐而正之義也，不應疑，故責之。

十有六年春，正月，公會宋公、蔡侯、衛侯于曹。

○夏，四月，公會宋公、衛侯、陳侯、蔡侯伐鄭。蔡常在衛上，今序陳下，蓋後至。

【疏】注「蔡常」至「後至」　釋曰：桓五年「蔡人、衛人、陳人從王伐鄭」，此春「公會宋公、蔡侯、衛侯于曹」，是蔡常在衛上，今在下，故知後至。

○秋，七月，公至自伐鄭。桓無會，其致何也？危之也。桓公再助篡伐正，危殆之甚，喜得全歸，故致之。

【疏】注「桓公」至「致之」　釋曰：公與諸侯此年爲突伐鄭，前年雖爲忽討突，疑而不用心，亦是其助，故云「再助」也。范答薄氏駁云「明桓伐突非本心，故言『再助』」是也。范必知前年爲忽伐鄭而此年爲突伐鄭者，以前年責其疑，若是伐嫡而疑，則不足可責，明是爲忽討突也。此年傳云「桓無會，其致何也？危之也」，若是助嫡則不須云「危」，故知是助突討忽也。

○冬，城向。○向，舒亮反。〔四九〕

○十有一月，衛侯朔出奔齊。朔，惠公名。朔之名，惡也。天子召而不往也。

【疏】「朔之」至「往也」　釋曰：不云失地而言「惡」者，以朔不奉王命重於失地，故直云「惡也」。

十有七年春，正月丙辰，公會齊侯、紀侯盟于黄。黄，齊地。

○二月丙午，公及邾儀父盟于趡。趡，魯地。○趡，翠軌反。

○夏，五月丙午，及齊師戰于郎。于郎，左氏作「于奚」。內諱敗，舉其可道者也。敗恥大，戰恥小。○戰不言其人，以吾敗也。言人則微者，敗於微者其恥又甚，故言「師」。不言及之者，爲內諱也。及當有人，公親帥之，恥大不可言。○爲，于僞反。

【疏】注「公親帥之」　釋曰：知非卿帥而言「公」者，春秋之義，唯爲親尊諱，不爲卿諱，又傳云「爲内諱」，則是公可知。

○六月丁丑，蔡侯封人卒。

○秋，八月，蔡季自陳歸于蔡。蔡季，蔡之貴者也，自陳，陳有奉焉爾。陳以力助。

○癸巳，葬蔡桓侯。徐邈曰：「葬者臣子之事，故書葬皆以公配謚，此稱『侯』，蓋蔡臣子失禮，故即其所稱以示過。」

【疏】「葬蔡桓侯」　釋曰：何休云蔡季賢而桓侯不能用，故抑之；杜預云疑謬誤；范以爲臣子失禮稱「侯」，即就其所稱以示過，三傳無文，各以意説。

○及宋人、衛人伐邾。

○冬，十月朔，日有食之。言「朔」不言日，食既朔也。既，盡也。盡朔一日，至明日乃食，是月二日食也。

【疏】注「既盡」至「食也」 釋曰：知二日者，以傳云「食既朔也」，言食盡朔，是二日明矣。

十有八年春，王正月，公會齊侯于濼。此年書「王」，以王法終治桓之事。○濼，力沃反，又音洛，舊音匹沃反。公、夫人姜氏遂如齊。〔五〇〕公本與夫人俱行，至濼，公與齊侯行會禮，故先書會濼，既會而相隨至齊，故曰「遂」，遂繼事之辭，他皆放此。濼之會不言及夫人何也？〔五一〕據夫人實在，當言「公及夫人姜氏會齊侯于濼」。

【疏】注「據夫」至「于濼」 釋曰：決僖公十一年「公及夫人姜氏會齊侯于陽穀」是也，公羊以爲此不言「及夫人」，外公也，左氏無正文，或當以公男女無別，故不言「及」，並與穀梁異。

以夫人之伉，弗稱數也。濼之會，夫人驕伉不可言「及」，故舍而弗數。今書「遂如齊」，欲録其致變之由，故不可以不書，實驕伉而不制，故不言「及」。○伉，本又作「亢」，苦浪反。數，色户反。舍，音捨。

○夏，四月丙子，公薨于齊。夫人與齊謀殺之，不書，諱也。魯公薨，正與不正皆日，所以别内外也。○别内外，彼列反。其地，於外也。薨稱「公」，舉上也。公，五等之上。

【疏】「其地」至「上也」　釋曰：據隱、閔不地，故決之也。其外諸侯之卒皆不言「公」，尊内，故舉五等之上也。

丁酉，公之喪至自齊。

○秋，七月。

○冬，十有二月己丑，葬我君桓公。葬我君，接上下也。言「我君」，舉國上下之辭。

【疏】「葬我」至「下也」　釋曰：「公」者臣子之稱也，「我君」者接及舉國上下之辭。

君弑賊不討不書葬，此其言「葬」何也？據隱公不書葬。不責踰國而討于是也。

禮，君父之讎不與共戴天，而曰「不責踰國而討于是」者，時齊强大，非己所討，君子即而恕之，以申臣子之恩。

【疏】「不責」至「是也」　釋曰：不責其討而譏其「狩于郜」者，齊、魯大小不敵，故恕而免之，公雖不能報，理當絶交，而與之同狩，故譏之也。

桓公葬而後舉謚，謚所以成德也，於卒事乎加之矣。謚者行之迹，所以表德，〔五二〕人之終卒，事畢於葬，故於葬定稱號也。昔武王崩，周公制謚法，大行受大名，小行受小名，所以勸善而懲惡。禮，天子崩，稱天命以謚之；諸侯薨，天子謚之；卿、大夫卒，受謚於其君。○行之，下孟反，下同。稱，尺證反。

【疏】注「謚者」至「其君」　釋曰：以左傳無駭卒，羽父請謚於隱公，是大夫謚，諸侯賜之，諸侯既上有王者，故知天子賜之，禮記云「天子稱天以誄之」，又公羊説天子謚於南郊，在天子上者唯天耳，故知稱天命以謚。

知者慮，義者行，仁者守，有此三者備，然後可以會矣。桓無此三者而出會大國，所以見殺。○知，音智。守，如字，又音狩。

【疏】「知者」至「會矣」　釋曰：復發傳者，隱公表會戎之危，此明桓公見殺之事，故重發之也。

校勘記

〔一〕麥始熟可礿也　阮校：「段玉裁云：『礿』字當作『汋』。」

〔二〕丁卯　依述例其上當脱「八月」二字，本節疏下文「文二年八月則是夏之六月」亦可證。

〔三〕有事于大廟　下文云「是得時而書日者」，依述例引文應有日，此處當脱「辛巳」二字。

〔四〕在郚之陽　「郚」原作「部」，釋文出「在郚」注音，正誤以「郚」爲是，正字、阮校皆謂「『郚』誤『部』」，據余本改。

〔五〕夫婦判合　「判」原作「叛」，阮校「今儀禮作『胖』，古本只作『半合』，或作『判合』」，據余本及左傳正義引鄭玄駁五經異義改。

〔六〕注皆同　單行釋文「注」作「下」。

〔七〕音似　「似」原作「姒」，據單行釋文改。

〔八〕使家父來聘　「使」字原無，依下句文例，據本年經文補。

〔九〕祭公就魯　「祭」原作「蔡」，據余本、閩本改。

〔一〇〕故略之也　俞樾平議謂「故」字衍。

〔一一〕十九遂事　據統計，經言「遂」者不止十九，疑凡數有誤。

〔一二〕遂圍許　「許」原作「諸」，據閩本及僖二十八年經文改。

〔一三〕伉諸侯之禮　釋文云「伉，本又作『亢』」，次年疏引范答薄氏之駁云「曹伯亢諸侯之禮」，則范所本作「亢」。

〔一四〕放命也　「放」字原泐，十行本、閩本作「故」，余本作「放」，正字、錢考皆謂「作『故』誤」，阮校：「石經『故』作『放』，段玉裁云『太平御覽百四十七卷引同』。」據補。

〔一五〕朝雖闕　汪克寬春秋胡傳附録纂疏卷五引無「朝」字，「闕」作「闕」。今按，作「闕」是，「朝」字有無難判。

〔一六〕自某歸次之　「某」原作「來」，據本節注文及成十六年傳文改。

〔一七〕衛侯鄭　「衛」原作「微」，據閩本及僖二十八年傳文改。

〔一八〕而經不稱　「經」原作「怪」，阮校：「『怪』當作『經』。」據閩本改。

〔一九〕葬衛文公　「衛」原作「微」，阮校：「『微』當作『衛』。」據閩本改。

〔二〇〕夫鍾　「鍾」字原無，據單行釋文補。

〔二一〕異於日食之下　僖十六年疏云「貜且之卒得連日食之下」，襄二十六年疏云「貜且之卒蒙上日食之文」，則此之「異」疑「繫」音近之訛。

〔二二〕非責魯　依文義「魯」似「也」之訛。

〔二三〕經下日之意　上文稱「經書下日之意」，疑此處「經」下有脱文。

〔二四〕議者　依文義「議」疑「譏」之訛。

〔二五〕故内外兩舉　此下原有「傳其不地於紀也者」云云一節，乃下節傳之疏，殿本考證謂誤刊，蓋經疏拚合時誤隸，故移置於彼。

〔二六〕舒緩之所致　此與疏標起迄原皆作「紀緩之所置」，余本注文「紀緩」作「紓緩」，阮校：「閩、監、毛本『紀』作『舒』、『置』作『致』，是也。」按，本節疏及成元年疏複引皆作「舒」、「致」，阮説是，據改。

〔二七〕固當　「固」原作「因」，據閩本改。

〔二八〕於字下讀　「於」疑「時」之訛，疏上文「『時』字上讀爲句」可證。

〔二九〕愚闇　「愚」原作「禺」，據閩本改。

〔三〇〕天降謂罰　正字：「『謂』當『譴』字誤。」阮校録並是之。

〔三一〕以其來我　隱七年「齊侯使其弟年來聘」傳「『其弟』云者，以其來接於我，舉其貴者也」，本節疏云「前弟年來聘，今禦來盟，嫌不同，故重發之」，成十年疏云「齊侯之弟年來聘、鄭伯使其弟禦來盟，爲接我稱『弟』」，疑此處「來」下脱「接於」二字。

〔三二〕激揚　「激」原作「溉」，余本作「激」，阮校：「閩、監、毛本『溉』作『激』，是也。」據改。

〔三三〕粢盛　「粢」原作「姿」，據余本、閩本改。

〔三四〕昔者　「昔」原作「若」，十行本、閩本作「古」，按祭義作「昔」，「若」乃「昔」之訛也，故據改。

〔三五〕津忍反　「津」原作「注」，正字謂「『津』誤『注』」，據余本、單行釋文改。

〔三六〕作供　「供」原作「恭」，正字：「『供』誤『恭』。」是也，據單行釋文改。

〔三七〕帥三公　「帥」原作「師」，阮校謂「作『帥』是也」，據閩本及禮記月令改。

〔三八〕三繅　此與本節疏中除末句「凡繅」外之所有「繅」字及所附釋文出文之「繅」，原皆作「練」，余本注文、釋文出文作「繅」，阮校：「閩、監、毛本『練』作『繅』，疏同，釋文出『三繅』，『練』乃誤字。」據改。

〔三九〕故彼云　正字：「『故』疑『按』字誤。」

〔四〇〕三夫人也　疏云「故知『三宮』是三夫人宮也」，則疏所本注文「人」下有「宮」字，此無者疑脱，或「也」乃「宮」之訛。

〔四一〕禮宗廟之禮　文十三年傳文作「禮，宗廟之事」，此處注文云「宗廟之禮」者，乃融會傳文而言之，然既稱「宗廟之禮」，上不當復有「禮」字，傳文亦無「禮」字，此字疑衍。

〔四二〕文十三年傳文　此下原有「傳兼甸之事焉者」云云一節，乃下節傳之疏，蓋經疏拚合時誤隸，故移置於彼。

〔四三〕兼甸　唐石經「甸」作「旬」，單行釋文出「兼旬」注音，云「一本作『甸』」，述聞謂今本正文及注内「旬」字皆涉上文誤作「甸」，彭元瑞：「『兼旬』爲下壬申、乙亥不及旬發義。」按疏云「傳『兼甸之事爲』者，納粟者甸師，而夫人親舂，是兼之也」，則疏所本作「兼甸」。

〔四四〕故以爲甚　此下原有「傳反正也者」云云十一字，乃下文「鄭世子忽復歸于鄭」傳「反正也」之疏，殿本考證、正字皆謂誤刊，蓋經疏拚合時誤隸，故移置於彼。

〔四五〕桓王　文九年疏云「春秋之世有十二王，志崩者有九，書葬者唯五耳」，注之例，凡不書葬者於志崩時注謚號，書葬則不注，襄元年之簡王、昭二十二年之景王是也，然書葬其他三王志崩時亦注謚號，此年之桓王、文八年之襄王、宣二年之匡王是也，若非爲例不純，疑皆誤衍。

〔四六〕譏之　「譏」原作「誠」，據余本、閩本改。

〔四七〕入衛　本節疏所引皆按經文作「入于」，此條莊六年經文亦有「于」字，若非疏所本不同，「入」下當脱「于」字。

〔四八〕以惡入曰入　閩本「入曰」作「故曰」。

〔四九〕舒亮反　「亮」原作「高」，正字謂「亮」誤，據余本及單行釋文改。

〔五〇〕公夫人姜氏　「公」下原有「與」字，唐石經、北敦一五三四五無「與」字，錢考：「『公』下有『與』字誤。」黄侃手批：「『與』衍字，五年疏有明文。」今按，公羊經亦無「與」字，故據删。

〔五一〕不言　「不」字原重，十行本上「不」字空闕，蓋因衍而删去也，閩本亦不重，據删。

〔五二〕所以表德　「所」上原有「亦」字，或「也」之訛，屬上讀，然余本、十行本、閩本皆無，故據删。

春秋穀梁注疏莊公卷第五起元年，盡十八年

莊公

魯世家：「莊公名同，桓公之子，以莊王四年即位。」謚法：「勝敵克壯曰莊。」

元年春，王正月。繼弑君不言「即位」，正也。

【疏】「繼弑」至「正也」　釋曰：桓繼弑即位非正，故此言「正」以明之。〔一〕

繼弑君不言「即位」之爲正何也？據君不絶。曰先君不以其道終，則子不忍即位也。

○三月，夫人孫于齊。桓公夫人文姜也。哀姜有殺子之罪輕，故僖元年曰「夫人氏之喪至自齊」，去「姜」以貶之；文姜有殺夫之罪重，故去「姜氏」以貶之，此輕重之差。○孫，音遜，本亦作「遜」。去，起吕反，下「去姜」同。「孫」之爲言猶孫也，孫，孫遁而去。○遁，徒困反。諱奔也。接練時録母

之變，始人之也。夫人初與桓俱如齊，今又書者，於練時感夫人不與祭，故始以人道録之。○與祭，音豫。

【疏】傳「始人之也」，既以人道録之，又不言氏姓貶之者，公以練祭感母不與，故以人道録之，但以妻殺夫罪同至逆，不可不貶，故又以人道絶之，所以進退見法也。計桓公以十八年四月薨，至此年三月未是練時，而云「練祭感母不與」者，至四月則當練，今方至練，故感之而思母，故何休云「月者起練祭左右」，是其意亦以四月爲練也。

不言氏姓，貶之也。人之於天也，以道受命；於人也，以言受命。臣子則受君父之命，婦受夫之命。**不若於道者天絶之也，**若，順。**不若於言者人絶之也，臣子大受命。**言義得貶夫人。

【疏】傳「人之」至「受命」〔二〕釋曰：天之道，臣事君，子事父，妻事夫也，夫者妻之天，故曰「人之於天也，以道受命」，謂事夫之道也。臣子之法，當受君父教令，故曰「於人也，以言受命」。「不若於道者天絶之也」，謂文姜殺夫是不順於道，故天當絶之。「不若於言者人絶之也」，謂臣子不順君父之命，則君父當絶之。「臣子大受命」，謂君父既絶夫人，臣子受君父之命，故不得不貶也。其注云「臣子則受君父之命」者，解經中「以言受命」也。云「婦受夫之命」者，解「以道受命」也。恐此説非也，但舊爲此解，不得不述。或當「人之於天也，以道受命」，謂順天道以事夫也，「於人也，以言受命」，謂臣受君命也。「不順於道者天絶之」，天道妻當事夫，今夫人反弑公，是不順天也，故天絶之。「不順於言者人絶之」，謂婦當受夫之命，夫人不受夫命，是不順人也，故人絶之。「臣子大受命」者，「臣」謂羣下，「子」謂莊公，上受命於天，下受命於君，是大受命也。以其受君、天之命，故臣子得貶退夫人也。

○夏，單伯逆王姬。單，姓也；伯，字。○單，音善。單，姓；伯，字。左氏以爲王卿士。逆王姬，左氏作「送王姬」。單伯者何？吾大夫之命乎天子者也。命大夫，故不名也。諸侯歲貢士于天子，天子親命之，使還其國爲大夫者不名，天子就其國命之者，以名氏通也。

【疏】注「諸侯」至「通也」 釋曰：知諸侯貢士于天子者，傳稱「國、高在」，〔三〕又何休云「大國舉三人，次國舉二人，小國舉一人」，是有貢士之法。今單伯，天子命大夫，故不名，知書名者就國命之。

其不言「如」何也？據僖三十年〔四〕「公子遂如京師」言「如」。其義不可受於京師也。其義不可受於京師何也？曰躬君弒於齊，〔五〕使之主婚姻，與齊爲禮，其義固不可受也。禮，尊卑不敵，天子嫁女于諸侯，必使同姓諸侯主之。魯桓親見殺于齊，若天子命使爲主，則非禮大矣，春秋爲尊者諱，故不可受之于京師。○弒，又作「殺」。爲尊，于僞反，下「爲之築」同。

【疏】注「禮尊」至「京師」 釋曰：天子嫁女于諸侯，必使同姓諸侯主婚之意者，天子與諸侯尊卑不敵，若行君臣之禮則廢婚姻之好，若行婚姻之好則廢君臣之禮，故使諸侯主之。

○秋，築王姬之館于外。築，禮也。于外，非禮也。外，城外也。

【疏】「于外非禮也」 釋曰：左氏以爲築于外，禮也，此云「非禮」者，以主王姬者必自公門出，今築之于外，則是營衛不固，是輕王女，故云「非禮」，謂非正禮耳，於變禮則通也。

築之爲禮何也？主王姬者必自公門出。公門，朝之外門。主王姬者當設几筵于宗廟，以俟迎者，故在公門之内築王姬之館。○朝之，直遥反，下

「於朝」同。迎，魚敬反，下同。於廟則已尊，於寢則已卑，爲之築節矣。築之外，變之正也。築之外變之爲正何也？〔六〕仇讎之人非所以接婚姻也，衰麻非所以接弁冕也。親迎服祭服者，重婚姻也。公時有桓之喪。○衰，七回反。弁，皮彦反。

【疏】「親迎」至「之喪」 釋曰：禮稱「冕而親迎」，是服祭服也。「弁冕」者連言之，周禮弁師「掌王之五冕」，故傳亦通言之。

其不言齊侯之來逆何也？不使齊侯得與吾爲禮也。

【疏】「不使」至「禮也」 釋曰：二十四年「夏，公如齊逆女」，傳云「親迎恒事也，不志，此其志何也？不正其親迎於齊也」，然則不言齊侯之來逆乃是常事不録，而云「不使齊侯得與吾爲禮也」者，春秋之例，得常不書，莊公親逆是禮而書，故知非其逆於齊也。今王姬嫁於齊而使魯爲主，齊侯如魯親逆，當合書經，但齊是魯讎，不使齊侯得與吾爲禮，故不書之耳。舊解齊侯親逆不至京師，文王親逆不至于洽，則天子、諸侯親迎皆不至婦家矣。今恐不然，何者？此時王姬魯主婚，故不至京師，詩稱「親迎于渭」者，爲「造舟爲梁」張本，焉知文王不至大姒之家？略舉所疑，遺諸來哲。

○冬，十月乙亥，陳侯林卒。諸侯日卒，正也。

【疏】「日卒正也」 釋曰：重發之者，此共錫命相連，恐日月之爲錫命而録，故傳明之。

〇王使榮叔來錫桓公命。榮，氏；叔，字，天子之上大夫也。禮有九錫，一曰輿馬，二曰衣服，三曰樂則，四曰朱户，五曰納陛，六曰虎賁，七曰弓矢，八曰鈇鉞，九曰秬鬯，皆所以褒德賞功也，德有厚薄，功有輕重，故命有多少。何休曰：「桓弑逆之人，王法所宜誅絶，而反錫命，悖亂天道，故不言『天王』也。」文五年「王使榮叔歸含且賵」則曰「含者臣子之職也，以至尊行卑事」，故不言『天王』也。三月「王使毛伯來會葬」，又曰「刺比失禮，故亦不言『天王』也」。甯案，僖二十四年「天王出居于鄭」，不可最大矣。禮，天子既有賵、含之制，傳但譏二事共一使耳，言「且」所以示譏，一事無再貶之道也。以天王之尊，會人妾祖母之葬，誠失禮矣，孰若「使任叔之子來聘」、「使家父來求車」之不可乎？此三者皆言「天王」，明非義之所存，舊史有詳略，夫子因而弗革，故知曲説雖巧，致遠則滯矣。〇錫，星歷反。賁，音奔。鈇，方胡反。鉞，音越。秬，音巨，黑黍。鬯，勑亮反，香酒也。悖，補對反。含，胡暗反。賵，芳鳳反。刺，七賜反。一使，所吏反。任音壬。滯，乃計反，一本作「泥」。

【疏】注「禮有」至「多少」　釋曰：「九錫」者，出禮緯文也。此九錫與周禮九命異，何休注公羊既引九錫之文，即云「百里不過九命，七十里不過七命，五十里不過五命」，其意以九錫即是九命也，今知何説非者，案大宗伯「以九儀之命正邦國之位，一命受職，再命受服，三命受位，四命受器，五命受則，〔七〕六命賜官，七命賜國，八命作牧，九命作伯」，其言與九錫不同，明知異也。今范引九錫之下直云「皆所以褒德賞功也，德有厚薄，功有輕重，故命有多少」，則亦以九錫異也。〔八〕但此九錫亦是賜命之類，故引之，或以范亦與何同，恐非也。白虎通云「能安民者賜車馬，能富民者賜衣服，能和民者賜樂則，民衆多者賜朱户，能進善者賜納陛，能退惡者賜虎賁，能誅有罪者賜鈇鉞，能征不順者賜弓矢，孝道備者賜秬鬯」，亦是有功特賜，不關九命之事也。舊説解九錫之名，一曰輿馬，大輅、戎輅各一，玄馬二也；二曰衣服，謂玄衮也；三曰樂則，謂軒縣之樂也；四曰朱户，謂所居之室朱其户也；五曰納陛，謂從中階而升也；六曰虎賁，謂三百人也；七曰弓矢，彤玈之弓矢也；八曰鈇鉞，謂大柯斧，賜之專殺也；九曰秬鬯，謂賜秬鬯之酒，盛以圭瓚之中以祭祀也。

禮有受命，無來錫命，錫命，非正也。賞人於朝，與士共之，當召而錫也。周禮大宗伯職曰「王命諸侯則儐之」，是來受命。○朝，直遥反。儐，必刃反。生服之，死行之，禮也；生不服，死追錫之，不正甚矣。

【疏】「不正甚矣」　釋曰：文公踰年而賜，成公八年乃賜，桓公死後追賜，三者異時，嫌不得相蒙，故並皆發傳。此追命失禮最大，故以「甚」言之。

○王姬歸于齊。爲之中者歸之也。

【疏】「爲之中者歸之也」　釋曰：十一年「王姬歸于齊」傳曰「過我也」，此云「爲之中者歸之」，發傳不同者，此王姬由魯而嫁，故曰「爲之中者」，彼王姬非魯主婚，故直云「過我也」。

○齊師遷紀郱鄑郚。紀，國也；郱鄑郚，國也。此國以三言爲名。○郱，步丁反。鄑，子移反。郚，音吾。或曰遷紀于郱鄑郚。十年「宋人遷宿」傳曰「遷，亡辭也。其不地，宿不復見矣」，齊師遷紀，四年復書「紀侯大去其國」者，紀侯賢，不與齊師之亡紀，故變文以見義。郱鄑郚之君無紀侯之賢，故不復見，從常例也。若齊師遷紀于郱鄑郚，當言「于」以明之，又不應復書地，當如「宋人遷宿」、「齊人遷陽」，「或曰」之説，甯所未詳。○復，扶又反。見，賢徧反。

【疏】注「不應復書地」　釋曰：此范難「或曰」之説，言宿、陽既亡不地，則此亦不應復書地，何書「于郱鄑郚」乎？

二年春，王二月，葬陳莊公。

○夏，公子慶父帥師伐於餘丘。慶父，名，字仲父。國而曰「伐」，於餘丘，邾之邑也，其曰「伐」何也？公子貴矣，師重矣，而敵人之邑，公子病矣，病公子所以譏乎公也。其一曰君在而重之也。邾君在此邑，故不繼于邾，〔九〕使若國。

【疏】注「邾君」至「若國」 釋曰：觀傳上文「其曰伐何也？公子貴矣云云所以譏乎公也」，則是解其稱「伐」之意，而范注解「一曰」之義，則似解不繼于邾者，「一曰君在而重之也」亦是解其稱「伐」之意，言邑而稱「伐」者，爲君在重之，使若國然，故邑亦稱「伐」，是上下不相違也。

○秋，七月，齊王姬卒。爲之主者卒之也。主其嫁則有兄弟之恩，死則服之，服之故書卒，禮記曰「齊告王姬之喪，魯莊公爲之大功」。○爲之大功，于僞反。

【疏】「秋七月」云云 釋曰：何休云「內女卒日，此不日者，恩實輕於內女」，案成八年「冬十月癸卯，杞叔姬卒」書日，此不書日，是輕於內女也。

○冬，十有二月，夫人姜氏會齊侯于禚。禚，齊地。○禚，章略反。婦人既嫁不踰竟，踰竟，非正也。婦人不言會，言會，非正也，〔一〇〕饗甚矣。饗在四年。○踰竟，音境，後「踰竟」例皆同。〔一一〕

○乙酉，宋公馮卒。○馮，皮冰反。

【疏】「乙酉宋公馮卒」釋曰：案世本馮是宋莊公，穆公之長子，宋督既弒與夷，則馮是當正，故亦書日卒也。

三年春，王正月，溺會齊師伐衛。〔一二〕徐邈曰：「傳例曰『往月，危往也』，齊受天子罪人爲之興師，而魯與同，其理危也。」○溺，乃狄反。

【疏】注「傳例」至「往也」釋曰：定八年傳文。會例時，齊、魯黨天是罪人，〔一三〕故書月以見危也。

溺者何也？公子溺也。其不稱「公子」何也？據二年「公子慶父帥師伐於餘丘」稱「公子」。惡其會仇讎而伐同姓，故貶而名之也。○惡，烏路反。

○夏，四月，葬宋莊公。月葬，故也。

○五月，葬桓王。傳曰：改葬也。若實改葬，當言「改」以明之，「郊牛之口傷，〔一四〕改卜牛」是也，傳當以七年乃葬，故謂之「改葬」。

【疏】「傳曰改葬也」 釋曰：傳云「改葬」而范違之者，以經不言「改」，故知非改葬也，傳言「改」者，以見喪踰七年，已行吉禮，今始反服喪服，故謂之「改葬」。又感精符云：「恒星不見，夜中星隕如雨，而王不懼，使榮叔改葬桓王冢，奢麗大甚。」如讖之言，則改葬桓王在恒星不見之後，故范謂此時非改葬也。

改葬之禮緦，舉下緬也。緦者五服最下，言舉下緬上，從緦皆反其故服。因葬桓王記改葬之禮，不謂改葬桓王當服緦也，猶「晦震夷伯之廟」，因明天子、諸侯之制，不謂夷伯非魯之大夫也。甯之先君與蔡司徒論之詳矣。江熙曰：「葬稱公，舉五等之上；改葬禮緦，舉五服之下，以喪緬藐遠也。天子、諸侯易服而葬，以爲交於神明者不可以純凶，況其緬者乎？是故改葬之禮，其服唯輕，言「緬」釋所以緦也。」○緦，息詞反。緬，亡善反，遠也。

【疏】注「緦者」至「緦也」 釋曰：「五服」者，案喪服有斬衰、齊衰、大功、小功、緦麻是也。改葬之禮各從本服，但緦服者是五服之下，故傳云「改葬之禮緦」者，舉下以緬上也，不謂改葬桓王之時唯服緦耳。蔡司徒者謂蔡謨也。〔一五〕江熙以爲「改葬之禮，其服唯輕」，故云「天子、諸侯易服而葬」，以證唯緦耳。知天子、諸侯易服而葬者，檀弓云「弁絰葛而葬，與神交之道也」，鄭玄云：〔一六〕「接神之道，不可以純凶。天子、諸侯變服而葬，冠素弁，以葛爲環絰，既虞、卒哭乃服受服也。」「變服」者，謂未葬以前服麻，葬則易之以葛也。

或曰郤尸以求諸侯。停尸七年以求諸侯會葬，非人情也。○郤尸，去略反，又去逆反，杜預云「尸，未葬之通稱」。天子志崩不志葬，必其時也。何必焉？舉天下而葬一人，其義不疑也。志葬，故也，危不得葬也。曰近不失崩，不志崩，失天下也。京師去魯不遠，赴告之命可不踰旬而至，史不志崩，則亂可知。

【疏】注「京師」至「可知」　釋曰：王城去魯纔餘千里，赴喪者旬日而至，史不記崩，亂可知矣。

獨陰不生，獨陽不生，獨天不生，三合然後生。徐邈曰：「古人稱『萬物負陰而抱陽，沖氣以爲和』，然則傳所謂天，蓋名其沖和之功，而神理所由也。會二氣之和，極發揮之美者，不可以柔剛滯其用，不得以陰陽分其名，故歸於冥極而謂之『天』。凡生類稟靈知於天，資形於二氣，故又曰『獨天不生』，必三合而形神生理具矣。」○揮，許歸反。冥，亡丁反。稟，彼錦反。〔一七〕知於，音智。故曰母之子也可，天之子也可，尊者取尊稱焉，卑者取卑稱焉。王者尊，故稱「天子」；衆人卑，故稱「母子」。○母之子也可，絕句，下倣此。尊稱，尺證反，〔一八〕下「卑稱」同。〔一九〕

【疏】傳「獨陰不生」至「稱焉」　釋曰：凡物之生，皆資二氣之和，稟上天之靈知，不可以柔剛滯其用，不得以陰陽分其名，故云「三合然後生」也。雖資三合，然終推功冥極，故云天之子也，託之人事，故又曰父之子、母之子也。天則感生者衆，言天足以兼父，不得云「父子」，而曰「天子」。衆人或知母而不知父，故云「母子」，亦不云「父子」也。衆人亦稟天氣而生，不云「天子」者，天子取尊稱，故稱「天子」；衆人取卑稱，故稱「母子」也。傳因論天子崩葬，故明其別稱也。然則陰能成物，陽能生物，天能養物，而總云「生」者，凡萬物初生，必須三氣合、四時和，然後得生，不是獨陽能生也。〔二〇〕但既生之後，始分繫三氣耳。注云「不可以剛柔滯其用，〔二一〕不得以陰陽分其名」者，易繫辭云「一陰一陽謂之『道』」，王弼云「一陰一陽者，或謂之『陰』，或謂之『陽』，不可定名也。夫爲陰則不能爲陽，爲柔則不能爲剛，唯不陰不陽然後爲陰陽之宗，不柔不剛然後爲剛柔之主，故無方無體、非陽非陰，始得謂之『道』，始得謂之『神』」是也。「柔剛」者即陰陽之別名也，故繫辭又云「動靜有常，剛柔斷矣」，注云「陽動陰静，剛柔之斷也」，是剛則陽，柔則陰也。

其曰「王」者，民之所歸往也。

○秋，紀季以酅入于齊。季，紀侯弟。○以酅，下圭反。酅，紀之邑也，「入于齊」者，以酅事齊也。「入」者内弗受也。雍曰：「紀國微弱，齊將吞并，紀季深覩存亡之機，大懼社稷之傾，故超然遐舉，以酅事齊，庶胤嗣不泯，宗廟永存，春秋賢之，故褒之以字。齊受人之邑而滅人之國，故於義不可受也。」○并，必性反。泯，彌忍反。

【疏】「『入』者内弗受也」　釋曰：重發之者，此齊不可受嫌違例，故重發之。

○冬，公次于郎。次，止也，有畏也，欲救紀而不能也。畏齊。

四年春，王二月，夫人姜氏饗齊侯于祝丘。饗，食也，兩君相見之禮。凡會書月，著時事有危，雖於公發例，亦無所不闕。祝丘，魯地。○饗，本又作「享」，香丈反。著，張略反，又張慮反。

【疏】「饗食」至「魯地」　釋曰：「饗，食也」者，亨大牢以飲賓，故云「兩君相見之禮」。夫人與齊侯非禮饗食，故云「著時事有危」。此與二年禚之會書月以著危，而五年夏夫人姜氏如齊師不書月者，何休云「再出書月重之，三出不月者，省文從可知也」，事或然矣。饗甚矣，以非禮尤甚，故謹而月之。饗齊侯，所以病齊侯也。

○三月，紀伯姬卒。隱二年履緰所逆者。內女卒例日，伯姬失國略之，故月也。○緰，音須。

【疏】注「隱二」至「月也」　釋曰：僖九年「秋七月乙酉，伯姬卒」，是例日也，此不日，明爲失國略之也。

外夫人不卒，此其言「卒」何也？吾女也。適諸侯則尊同，以吾爲之變，卒之也。禮，諸侯絶傍朞，姑姊妹女子子嫁於國君者尊與己同，則爲之服大功九月，變不服之例，然則適大夫者不書卒。○爲，于僞反。朞，居其反。

【疏】注「禮諸」至「書卒」　釋曰：莒慶、高固並逆叔姬，經無卒文，是適大夫不書卒也。

○夏，齊侯、陳侯、鄭伯遇于垂。傳例曰：「不期而會曰『遇』，『遇』者志相得也。」

○紀侯大去其國。「大去」者不遺一人之辭也，言民之從者四年而後畢也。紀侯賢而齊侯滅之，不言「滅」而曰「大去其國」者，不使小人加乎君子。不曰滅而曰「大去其國」，蓋抑無道之强，以優有道之弱，若進止在己，非齊所得滅也。○何休曰：「春秋楚世子商臣弑其君，其後滅江、六不言『大去』，又大去者於齊滅之不明，但知不使小人加乎君子而不言『滅』，縱失襄公之惡，反爲大去也。」鄭君釋之曰：「商臣弑其父大惡也，不得但爲小人，江、六之君又無紀侯得民之賢，不得變滅言『大去』也。元年冬齊師遷紀，三年紀季以酅入于齊，今紀侯大去其國，是足起齊滅之矣。即以變滅言『大去』爲縱失襄公之惡，是乃經也，非傳也，且春秋因事見義，舍此以滅人爲罪者自多矣。」○縱，子用反。見，賢徧反。舍，音捨。

【疏】注「舍此」至「多矣」 釋曰：此是鄭難何休云「縱失襄公之惡」也，言春秋有因事見義者，不得不舍此以滅人爲罪也，若僖五年「晉人執虞公」、十九年「梁亡」之類是也。

○六月乙丑，齊侯葬紀伯姬。外夫人不書葬，此其書葬何也？吾女也，失國，故隱而葬之。隱，痛也。不曰「卒」而曰「葬」，閔紀之亡也。

【疏】注「曰葬」至「亡也」 釋曰：知非爲危者，紀國已滅而齊葬之，非復紀之臣子能葬，故知閔之，非爲危也。又三十年「八月癸亥，葬紀叔姬」，傳曰「日葬，閔紀之亡也」，知此亦是閔之也。不於卒閔之者，葬者送終大事故也。

○秋，七月。

○冬，公及齊人狩于郜。郜，齊地。○狩，音獸。郜，古報反，左氏作「禚」。齊人者齊侯也，其曰「人」何也？卑公之敵，所以卑公也。內無貶公之道。何爲卑公也？不復讎而怨不釋，刺釋怨也。○怨，紆元反，又紆願反，後同。刺，七賜反。

五年春，王正月。

○夏，夫人姜氏如齊師。師而曰「如」，衆也。言師衆大如國，故可以言「如」，若言「如齊侯」則不可。

【疏】傳「師而曰如衆也」　釋曰：解經二年「夫人姜氏會齊侯于禚」、四年「夫人姜氏饗齊侯于祝丘」不言「如」，此言「如齊師」者，言齊師衆大如國，故可言「如」，若指齊侯，則於文不可言「如齊侯」也。

婦人既嫁不踰竟，踰竟，非禮也。

【疏】傳「不踰竟」　釋曰：復發傳者，嫌師與國異也。

○秋，郳黎來來朝。黎來，名也。○郳，五兮反，國名。黎，郎兮反。黎來，郳君名。朝，直遥反。郳，國也。黎來，微國之君未爵命者也。

○冬，公會齊人、宋人、陳人、蔡人伐衛。納惠公朔。是齊侯、宋公也，其曰「人」何也？人諸侯所以人公也。其人公何也？逆天王之命也。王不欲立朔也。

【疏】傳「是齊侯宋公」　釋曰：四國皆從貶而獨言齊、宋者，齊爲兵主，宋是大國，則陳、蔡亦從也。

六年春，王三月，王人子突救衛。徐邈曰：「諸侯不奉王命，朔遂得篡。王威屈辱有危，故月也。救衛於義善，故重子突；功不立，故著其危。」

【疏】注「有危故月」　釋曰：日月之例見危者，唯施於內，今施之於外者，范答薄氏云：「王者安危天下所繫，故亦與内同也。」

「王人」，卑者也，稱名，貴之也。何休以爲稱「子」則非名也，鄭君釋之曰：「王人賤者，録則名可，今以其銜命救衛，故貴之，貴之則子突爲字可知明矣，此『名』當爲『字』誤爾。」徐乾曰：「『王人』者卑者之稱也，當直稱『王人』而已，今以其能奉天子之命，救衛而拒諸侯，故加名以貴之，僖八年『公會王人、齊侯』，是卑者之常稱。」〇卑者之稱，尺證反，下「常稱」同。

【疏】注「鄭君」至「稱也」　釋曰：鄭答何休云傳文「稱名，貴之」者「『名』當爲『字』」，則鄭玄以子突非名；徐乾云「故加名以貴之」，則子突非字。二者不同者，鄭意若以子突爲名，則書名者乃士之常稱，傳何以云「貴之」，故知子突是字；徐乾意稱「人」則王之卑者不合書名，僖八年「公會王人于洮」是也，今稱名即是貴之，故二説不同。或以爲突是名，「子」是貴，理亦通，但注意似不然。

善救衛也，

【疏】傳「善救衛也」　釋曰：討王者有伐無救，而云「善」者，朔叛逆王命，天子廢之，立其嗣子而遣師往救，有存諸侯之功，故曰「善」，不可以大平之法格之。

救者善則伐者不正矣。

○夏，六月，衛侯朔入于衛。其不言伐衛納朔何也？據九年「伐齊納糾」言「納」。不逆天王之命也。不與諸侯得納王之所絕。「入」者內弗受也，何用弗受也？爲以王命絕之也。朔之名，惡也，朔入逆則出順矣，朔出、入名，以王命絕之也。

【疏】傳「朔入逆」云云　釋曰：朔出奔之時傳曰「朔之名，惡也」，此云「順」者，謂比之入國爲順，彼辟天子之召仍是惡也，故稱名耳。一解此當文自相比，朔入爲逆，則出當爲順矣。

○秋，公至自伐衛。惡事不致，此其致何也？據襄九年時有穆姜之喪，會諸侯伐鄭不致。不致則無用見公之惡事之成也。○見，賢徧反。

○螟。○螟，亡丁反。

○冬，齊人來歸衛寶。以齊首之，分惡於齊也，使之如下齊而來我然，惡戰則殺矣。若衛自歸寶於齊，過齊然後與我，齊首其事，則我與王人戰罪差減。○分惡，烏各反，下同。殺，色界反，舊色例反。過，古禾反。差，初賣反。

七年春，夫人姜氏會齊侯于防。防，魯地。婦人不會，會非正也。

○夏，四月辛卯昔，恒星不見。「恒星」者經星也。經，常也，謂常列宿。○昔如字，或作「⿱宀昔」，同。不見，賢徧反，下不音者同。列宿，夙又反，下皆同。

【疏】注「謂常列宿」　釋曰：周之四月，夏之二月。「常列宿」者，謂南方七宿也。

日入至於星出謂之「昔」，「不見」者可以見也。夜中星隕如雨。如，而也，星既隕而復雨。○隕，云敏反。復，扶又反。其隕也如雨，是夜中與。星既隕而雨必晦暝，安知夜中乎？○與，音餘。暝，亡定反。

【疏】傳「其隕」云云　釋曰：「其隕如雨，是夜中與」，謂星隕而天必晦暝，〔二二〕何知是夜中乎？春秋之意，著以傳著，疑以傳疑，皆以實録，故知夜中。

春秋著以傳著，疑以傳疑。明實録也。○傳，直專反。中之幾也，而曰「夜中」，著焉爾。

幾，微也。星既隕而雨，中微難知，而曰「夜中」，自以實著爾，非億度而知。○度，徒各反。

【疏】「中之幾也」至「著焉爾」　釋曰：謂雨晦暝幾微也。「中微難知，而曰夜中」者，是事之著見焉爾，非億度而知也。

何用見其中也？

【疏】「何用見其中也」　釋曰：謂經以何事知其夜中者，以失星變之始，而録其已隕之時，揆度漏刻，則正當夜中矣。

失變而録其時，則夜中矣。失星變之始，而録其已隕之時，檢録漏刻以知夜中。其不曰恒星之隕何也？

【疏】「其不」至「何也」　釋曰：解經上文云「恒星不見」，下文「其不曰恒星之隕」者，又自解之我知恒星之不見，而不知其隕者是何星，故不得言之也。又解不言「雨星」而言「隕星」意，言我見從上而隕，又下接於地，則可以雨説之也，今唯見其下，不見其上，故曰「隕星」。又總説隕之與雨二者之别，「著於上見於下謂之『雨』，〔二三〕著於下不見於上謂之『隕』，〔二四〕豈雨説哉」，言不見在上，故不可以雨説之，徐邈云：「『著於上』謂雲著上。」

我知恒星之不見，而不知其隕也。我見其隕而接於地者，則是雨説也。言我見從上來接於下，然後可言「雨星」，今唯見在下，故曰「隕星」。○我見，見音如字，注同。雨，于付反，注同。著於上見於下謂之「雨」，著於下不見於上謂之「隕」，豈雨説哉？解經不得言「雨星」而言「隕星」也。鄭君曰：「衆星列宿，諸侯之象。不見者，是諸侯棄天子禮義法度也。」劉向曰：「隕者象諸侯隕隊失其所也，〔二五〕又中夜而隕者，〔二六〕象不終其性命，中道而落。」○見于下，如字，或賢徧反。不見，賢徧反。隊，直類反。

○秋，大水。高下有水災曰「大水」。

【疏】傳「高下」云云　釋曰：復發傳者，嫌大水無麥、苗異於常，故重發之。

○無麥苗。麥、苗同時也。麥與黍稷之苗同時死。

○冬，夫人姜氏會齊侯于穀。穀，齊地。婦人不會，會非正也。

【疏】傳「會非正也」　釋曰：再發傳者，防是魯地，穀是齊邑，故重發之。

八年春，王正月，師次于郎，以俟陳人、蔡人。時陳、蔡欲伐魯，故出師以待之。次，止也。俟，待也。甲午，治兵。出曰「治兵」，習戰也；入曰「振旅」，習戰也。振，整也。旅，衆也。

【疏】傳「習戰也」　釋曰：此治兵、振旅皆云「習戰」者，周禮「仲秋教治兵」、「仲春教振旅」，出入、幼賤雖殊，同是教戰之法，故此傳二者皆以「習戰」言之。公羊以「治兵」爲「祠兵」，亦云「其禮一也」。周禮「仲秋教治兵」，此非秋亦云「治兵」者，周禮四時講武，故各立別名，此據出師之事，故雖春亦得以「治兵」爲名。

治兵而陳、蔡不至矣。兵事以嚴終，以嚴整終事，故敵人不至。故曰「善陳者不戰」，此之謂也。善爲國者不師，導之以德，齊之以禮。江熙曰：「鄰國望我，歡若親戚，何師之爲？」○陳，直覲反，下文皆同。導，徒報反，下同。善師者不陳，師衆素嚴，不須耀軍列陳。江熙曰：「上兵伐謀，何乃至陳。」善陳者不戰，軍陳嚴整，敵望而畏之，莫敢戰。善戰者不死。投兵勝地，故無死者。江熙曰：「辟實攻虛則不死。」善死者不亡。民盡其命，無奔背散亡者也。江熙曰：「見危授命，義存君親，雖没猶存。」○盡，津忍反。背，音佩。

【疏】傳「善爲」至「不亡」　釋曰：「善爲國者不師」，謂有明王時，導之以德，齊之以禮，不起軍師而四海賓服，則黄帝、堯、舜時是也。「善師者不陳」，若齊桓公伐楚，不設行陳而服罪也。「善陳者不戰」，即此魯能嚴整終事，而陳、蔡不至也。「善戰者不死」，若文王伐崇，因壘而崇自服也。「善死者不亡」，若柏舉之戰，吴雖入楚，父老致死，還復楚國也。此引文爲證頗允，傳文一准此解，則與注少僻，但舊有此説，故今亦存之。其注虛，觀文則曉，故不復煩釋。

○夏，師及齊師圍郕，郕降于齊師。其曰「降于齊師」何？不使齊師加威於郕也。郕，同姓之國，而與齊伐之，是用師之過也，故使若齊無武功而郕自降。○降，户江反，下文及注皆同。〔二七〕

○秋，師還。「還」者事未畢也，遯也。郕已降而以未畢爲文者，蓋辟滅同姓之國，示不卒其事。○還，音旋。遯，徒困反。

○冬，十有一月癸未，齊無知弑其君諸兒。大夫弑其君以國氏者，嫌也，弑而代之也。○兒，如字，一音五兮反。

九年春，齊人殺無知。無知之挈，失嫌也。

【疏】傳「無知之挈失嫌也」 釋曰：重發之者，月與不月、地與不地之異，故重發之。

稱「人」以殺大夫，〔二八〕殺有罪也。○挈，苦結反。

○公及齊大夫盟于暨。暨，魯地。○暨，其器反，左氏作「蔇」。公不及大夫，春秋之義，內大夫可以會諸侯，公不可以盟外大夫，所以明尊卑、定內外也。今齊國無君，要當有任其盟者，故不得不以權通。大夫不名，無君也。禮，君前臣名，齊無君，故大夫不名。盟納子糾也，不日，其盟渝也。變盟立小白。○渝，羊朱反。○當齊無君，制在公矣，當可納而不納，故惡內也。○惡，烏路反，下及注「惡內」皆同。

○夏，公伐齊納糾。不言「子糾」而直云「糾」者，盟繫在於魯，〔二九〕故挈之也。春秋於內公子爲大夫者乃記其奔，子糾不爲大夫，故不書其奔。鄭忽既受命嗣位，是以書其出，然則重非嫡嗣、官非大夫，皆事例所略，故許叔、蔡季、小白、重耳通亦不書出。○糾，居黝反，左氏作「子糾」。嫡，丁歷反。重，直龍反。

【疏】注「不言」至「書出」　釋曰：下文「取子糾殺之」稱「子」，此直云「糾」，故解其意，欲明繫在魯，故挈之。又解子糾不書出奔之意，言內公子爲大夫者乃記其奔，若閔二年「公子慶父出奔莒」是也，子糾不書出，是不爲大夫也。

當可納而不納，齊變而後伐，故乾時之戰不諱敗，惡內也。何休曰：「三年溺會齊師伐衛，故貶而名之。四年公及齊人狩于郜，故卑之曰『人』。今親納讎子，反惡其晚，恩義相違，莫此之甚。」鄭君釋之曰：「於讎不復則怨不釋，而魯釋怨屢會仇讎，一貶其臣，一卑其君，亦足以責魯臣子，其餘則同，不復譏也。至於伐齊納糾，譏當可納而不納爾，此自正義不相反也。」甯謂讎者無時而可與通，縱納之遲晚，又不能全保讎子，何足以惡內乎？然則乾時之戰不諱敗，齊人取子糾殺之皆不迂其文，正書其事，內之大惡不待貶絕，居然顯矣。二十四年公如齊親迎亦其類也，「惡內」之言，傳或失之。○敗惡，烏路反，〔三〇〕注同。復，扶又反。迂，音于，一音紆，又於武反。迎，魚敬反。

【疏】注「內之」至「亦其類也」　釋曰：范既不從傳文以爲大惡，又莊公親逆未是大罪，而云「亦其類」者，以公忘父之仇而援，舉兵動衆，既不能强，爲齊所敗，是大惡也；魯與齊爲讎而公娶其女，雖得親迎之常，甚失結婚之義，故云「亦其類」也。

○齊小白入于齊。大夫出奔反，以好曰「歸」，成十四年「衛孫林父自晉歸于衛」是也。以惡曰「入」。齊公孫無知弑襄公，公子糾、公子小白不能存，出亡，子糾奔魯、小白奔莒。齊人殺無知而迎公子糾於魯，公子小白不讓公子糾先入，又殺之于魯，故曰「齊小白入于齊」，惡之也。○惡，烏路反。

○秋，七月丁酉，葬齊襄公。諸公子争立國亂，故危之。

○八月庚申，及齊師戰于乾時，我師敗績。不言「及」者主名，内之卑者。乾時，齊地。

【疏】注「内之卑者」　釋曰：桓十七年「及齊師戰于郎」，注云「公親帥之」，諱故不言「公」，此亦云「及」，知非公者，彼傳云不言敗「爲内諱也」，以其諱，故知公也，今經書「敗」，傳又不釋之，故知是内之卑者。

○九月，齊人取子糾殺之。言「子糾」者，明其貴，宜爲君。

【疏】注「明其貴」　釋曰：公羊云「其稱『子糾』何？貴也。其「貴」奈何？宜爲君也」，是其貴，故以『子某』稱之，如子般、子野之類也。

外不言「取」，

【疏】「外不言『取』」　釋曰：取是内取，故外不得言「取」，今云「取」者惡内也。〔三二〕一解「外不言『取』」者，謂楚人殺徵舒、慶封並不言「取」，此雖是何休之義，亦得通一家，故并録之。

言「取」病内也。取，易辭也，猶曰取其子糾而殺之云爾。猶言自齊之子糾今取而殺之，言魯不能救護也。○易，以豉反。十室之邑可以逃難，百室之邑可以隱死，以千乘之魯而不能存子糾，以公爲病矣。○難，乃旦反，下注同。乘，繩證反。

○冬，浚洙。「浚洙」者深洙也，著力不足也。畏齊難。○浚，音峻，深也。洙，音殊，杜預云「水名」。

十年春，王正月，公敗齊師于長勺。長勺，魯地。○勺，時酌反。不日，疑戰也。「疑戰」者，言不尅日而戰，以詐相襲。疑戰而曰「敗」，勝内也。「勝内」謂勝在内。

○二月，公侵宋。

【疏】「二月公侵宋」　釋曰：舊説以爲公與宿盟，宋方病宿，故公侵之，若此則是公之無惡，傳何惡公也？公與宿盟經無其事，爲宿侵宋傳無其文，是舊説妄也。隱元年「盟于宿」，范以爲地，是公不與宿盟也，但不知何爲侵耳。〔三二〕侵時，此其月何也？乃深其怨於齊，又退侵宋，以衆其敵，惡之，故謹而月之。○惡，烏路反。

○三月，宋人遷宿。遷，亡辭也。爲人所遷則無復國家，故曰「亡辭」，閔二年「齊人遷陽」亦是也。○復，扶富反，下文及注同。

【疏】傳「遷亡辭也」　釋曰：春秋言「遷」有二種之例，一表亡辭者，此文是也；二見存亡國者，「邢遷于夷儀」是也。不於元年遷紀發傳者，彼以紀侯賢，經變文以示義，非正，故不發之；「遷陽」不發，從此省文也。「遷」文三起例者，此是亡辭之始，邢是復國之初，許獨自不月，故三發之也。范略例云：「凡『遷』有十，亡遷有三者，『齊人遷陽』、『宋人遷宿』、『齊師遷紀』是也；好遷有七者，邢遷夷儀、衛遷帝丘、蔡遷州來、許遷于葉、許遷于夷、許遷白羽、許遷容城是也。餘遷皆月，許四遷不月者，以其小，略之如邑也。遷紀不月者，文承月下，蒙之可知也。」

其不地，宿不復見也。國亡不復見。經不言「滅」者，言「滅」則弑其君，滅其宗廟、社稷，就而有之，不遷其民。○見，賢徧反。遷者猶未失其國家以往者也。謂自遷者，僖元年「邢遷于夷儀」、成十五年「許遷于葉」之類是也，彼二傳曰「遷者猶得其國家以往者也」，此傳云「遷者猶未失其國家以往」，〔三三〕互文也。○葉，舒涉反。

○夏，六月，齊師、宋師次于郎。次，止也，畏我也。

○公敗宋師于乘丘。乘丘，魯地。○乘，繩證反。不日，疑戰也。疑戰而曰「敗」，勝內也。

○秋，九月，荆敗蔡師于莘，莘，蔡地。○莘，所巾反。以蔡侯獻武歸。荆者楚也，何爲謂之「荆」？狄之也。何爲狄之？聖人立，必後至；天子弱，必先叛，故曰「荆」，狄之也。蔡侯何以名也？據僖十五年秦獲晉侯不名。獻武，本亦依左氏作「舞」。○絶之也。何爲絶之？獲也。中國不言「敗」，據宣十二年「晉荀林父帥師及楚子戰于邲，晉師敗績」，不言「敗晉師」。○邲，皮必反，又扶必反，一音弼。敗績，如字。此其言「敗」何也？中國不言「敗」，〔三四〕蔡侯其見獲乎。其言「敗」何也？釋蔡侯之獲也，以歸猶愈乎執也。爲中國諱見執，故言「以歸」。○爲，于僞反。

○冬，十月，齊師滅譚，譚子奔莒。桓十一年「鄭忽出奔衛」，傳曰「其名，失國也」，十六年「衛侯朔出奔齊」，傳曰「朔之名，惡也」，然則出奔書名有二義。譚子國滅不名，蓋無罪也。凡書「奔」者責不死社稷，不言「出」者國滅無所出也，他皆放此。

【疏】注「有二義」。釋曰：禮言「失地名」，故鄭忽失國而名也；傳曰「朔之名，惡也」，是衛侯爲惡而名，故云「有二義」。滅國無文，故注又云「譚子無名，〔三五〕蓋無罪也」，雖無罪不名，以其不能死社稷，書「奔」是譏也。

十有一年春，王正月。

○夏，五月戊寅，公敗宋師于鄑。鄑，魯地。○敗，必邁反，下及注同。鄑，子移反。內事不言「戰」，舉其大者。其日，成敗之也。結日列陳，不以詐相襲，得敗師之道，故曰「成」也。○列陳，直覲反。宋萬之獲也。〔三六〕

【疏】傳「宋萬之獲也」　釋曰：傳言獲宋萬而經不書者，此時尚卑，故不書，反國爲卿始弑君，是故書之，雖書，以新升爲卿，未賜族，故經不言氏，傳以爲「宋之卑者」是也。

○秋，宋大水。外災不書，此何以書？王者之後也。高下有水災曰「大水」。

【疏】傳「高下」云云　釋曰：重發傳者，嫌外災與內異也。

○冬，王姬歸于齊。其志，過我也。○過，古禾反。

十有二年春，王三月，紀叔姬歸于酅。酅，紀邑也。紀季所用入于齊者，紀國既滅，故歸酅。國而曰「歸」，此邑也，其曰「歸」何也？吾女也，失國喜得其所，故言「歸」焉爾。江熙曰：「四年齊滅紀不言『滅』而言『大去』者，義有所見爾，則國滅也，叔姬來歸不書，非歸寧，且非大歸也。叔姬守節積有年矣，紀季雖以酅入于齊，不敢懷貳，然襄公犲狼，未可闇信，桓公既立，德行方宣於天下，是以叔姬歸于酅，魯喜其女得申其志。」○見，賢徧反。犲，仕皆反。行，下孟反。

○夏，四月。

○秋，八月甲午，宋萬弒其君捷。〔三七〕捷，宋閔公。宋萬，宋之卑者也，

【疏】傳「宋之卑者」　釋曰：傳言「宋之卑者」，解不稱氏之意與宋督同，別於無知、祝吁也。

卑者以國氏。及其大夫仇牧。以尊及卑也。仇牧閑也。仇牧扞衛其君，故見殺也。桓二年傳曰「臣既死，君不忍稱其名」，今仇牧書名，則知宋君先弒。○仇牧，音目。扞，〔三八〕曷旦反。

【疏】傳「仇牧閑也」　釋曰：復發傳者，孔父先君死，發傳以明閑，此則後君死，故又發傳。荀息雖同後死之例，但仇牧是卑者所殺，荀息爲尊卿殺之，故又發傳也。

○冬，十月，宋萬出奔陳。宋久不討賊，致令得奔，故謹而月之。○令，力呈反。

【疏】注「宋久」至「月之」　釋曰：無知八年冬弒君，九年春始被殺，而經不書月，此宋萬八月弒君，十月出奔，而云「久不討賊，故謹而月之」者，以祝吁書月傳云「謹之」，則此書月亦是謹之可知也。然則無知既經三月，齊人殺得之，〔三九〕故直書時，此宋人不能即討，令得奔，故謹而月之。

十有三年春，齊人、宋人、陳人、蔡人、邾人會于北杏。北杏，齊地。

【疏】「會于北杏」　釋曰：鄭釋廢疾數九會則以柯之明年爲始，范今數衣裳則通言北杏之會，二說不同者，鄭以孔子云「九合諸侯」，北杏之會經無諸侯之文，故不數之，范以傳文直云「衣裳之會」，不論諸侯多少，北杏傳云「齊侯、宋公也」，故并以北杏數之，范亦以傳云「衣裳之會十有一」、「兵車之會四」，故與鄭不同。

是齊侯、宋公也，其曰「人」何也？始疑之。何疑焉？桓非受命之伯也，將以事授之者也，言諸侯將權時推齊侯使行伯事。曰可矣乎未乎。邵曰：「疑齊桓雖非受命之伯，諸侯推之，〔四〇〕便可以爲伯乎未也。」舉人，衆之辭也。稱「人」，言非王命，衆授之以事。

【疏】「舉人衆之辭也」　釋曰：經不書某侯、某侯，云某人、某人者，是衆授之辭也，經以衆授爲文，明非王命，是未得王命未可以爲伯，覆上「未乎」之意也。

○夏，六月，齊人滅遂。遂，國也，其不日，微國也。

○秋，七月。

○冬，公會齊侯盟于柯。柯，齊地。○柯，古河反。曹劌之盟也，信齊侯也。曹劌之盟經傳無文，蓋有信者也，公羊傳曰：「要盟可犯而桓公不欺，曹子可讎而桓公不怨，桓公之信著於天下，自柯之盟始。」○劌，居衛反。要盟，於遥反。

【疏】注「曹劌」云云　釋曰：傳云「曹劌之盟也」而注云「經傳無文」者，謂曹劌與齊侯盟爲信之事，穀梁經傳不説也，注又云「蓋有信者也」，故即引公羊桓公爲信之事以結之。一解云「經傳無文」者，不如公羊具説劌盟之狀也，與前解少異耳，大旨亦同。「要盟可犯而桓公不欺」，曹子手劍劫齊侯共盟，使歸汶陽之田，而齊侯終亦還之是也。(四二)「曹子可讎而桓公不怨」，謂以臣劫君是「可讎」也，桓公終不罪曹子是「不怨」也。

桓盟雖内與不日，信也。公盟例日，外諸侯盟例不日，桓大信遠著，故雖公與盟猶不日。○與，音預，注同。

十有四年春，齊人、陳人、曹人伐宋。

【疏】傳「齊人」至「伐宋」　釋曰：蓋同左氏背北杏會故也。

〇夏，單伯會伐宋。會事之成也。伐事已成，單伯乃至。〇單，音善。

【疏】傳「會事之成也」 釋曰：此解經言「會伐宋」之意，以諸侯伐事已成，而單伯始至，故云「會伐宋」。

〇秋，七月，荆入蔡。荆者楚也，其曰「荆」何也？州舉之也。

【疏】傳「州舉之也」 釋曰：麋信云「楚子貪淫，爲息嬀滅蔡，故州舉之」，是取左傳之説，非也。十年傳云「聖人立，必後至；天子弱，必先叛，故曰荆，狄之也」，則此亦與彼同耳。

州不如國，言「荆」不如言「楚」。國不如名，言「楚」不如言「介葛盧」。〇介，音界。名不如字。言「介葛盧」不如言「邾儀父」。

〇冬，單伯會齊侯、宋公、衛侯、鄭伯于鄄。鄄，衛地。鄄，音絹。〇復同會也。諸侯欲推桓以爲伯，故復同會于此以謀之。〇復，扶又反。

十有五年春，齊侯、宋公、陳侯、衛侯、鄭伯會于鄄。復同會也。爲欲推桓爲伯，故復會於此。〇復，扶又反。爲欲，于僞反。

【疏】傳「復同會也」 釋曰：重發傳者，諸侯至此方信齊桓，故更發之也。

○夏，夫人姜氏如齊。婦人既嫁不踰竟，踰竟，非禮也。

【疏】傳「踰竟非禮也」　釋曰：重發之者，此非淫恐異，故發傳同之。

○秋，宋人、齊人、邾人伐郳。宋主兵，故序齊上也。班序上下以國大小爲次，夷狄在下，征伐則以主兵爲先，春秋之常也。他皆放此。

○鄭人侵宋。

○冬，十月。

十有六年春，王正月。

○夏，宋人、齊人、衛人伐鄭。

○秋，荆伐鄭。

〇冬，十有二月，會齊侯、宋公、陳侯、衛侯、鄭伯、許男、曹伯、滑伯、滕子同盟于幽。幽，宋地。〇滑，于八反。〔四二〕「同」者有同也，同尊周也。

【疏】傳「『同』者」至「周也」　釋曰：公羊傳云「同盟者何？〔四三〕同欲也」，左傳云「同盟于幽，鄭成也」，此云同盟者「同尊周也」，見三傳意各異也。所謂「同尊周也」者，諸侯推桓爲伯，使翼戴天子，〔四四〕即是尊周之事。

不言「公」，外內寮一疑之也。十三年春會于北杏，諸侯俱疑齊桓非受命之伯，欲共以事推之可乎，今于此年諸侯同共推桓，而魯與齊讎，外內同一疑公可事齊不，會不書「公」以著疑焉。同官爲寮，謂諸侯也。至二十七年同盟于幽，遂伯齊侯。〇寮，力彫反。

【疏】傳「不言」至「之也」　釋曰：舊解謂會于北杏不言諸侯是外疑也，〔四五〕今此會不言「公」是內疑之也，自此以後外內不復疑之，故曰「一疑」也。直據傳文，事欲似然，推尋范注，必不得爾。何者？注云「外內同一疑公可事齊不，會不書『公』以著疑焉」，何指北杏與此爲一疑也？故今更別說，言此會公實與之，而經不言「公」者，外內寮一疑之，「寮」謂諸侯也，言外內諸侯同一疑公，不知可事齊乎，不可事齊乎？故去「公」以著疑也。云「外內」者，諸侯之國或遠或近，故以「外內」總之也。若然，十三年「公會齊侯盟于柯」所以云「公」者，彼柯盟曹劌要齊歸魯汶陽之田，非事齊之事，縱與之盟，不足爲恥也，此幽盟欲推齊爲伯，與共尊事之，魯既與齊爲讎，又內外一疑，故經不言「公」以示意也。

〇郳子克卒。其曰「子」，進之也。附齊而尊周室，王命進其爵。

十有七年春，齊人執鄭詹。「人」者衆辭也，(四六)以人執與之辭也。與令得執。○詹，者廉反。令，力呈反。鄭詹，鄭之卑者，

【疏】傳「齊人」至「卑者」　釋曰：稱「人」者衆所欲之辭，故云「與之」，謂與齊得執也。知鄭詹是鄭之卑者，大夫卑者以國氏，今經直云「鄭詹」，故知卑者也。然則卑者可知而重發傳者，嫌有罪去氏也。知非有罪去氏者，外大夫身有罪例不去氏，即祭仲之類是也，宛所以去氏者，爲貶鄭伯也。

卑者不志，此其志何也？以其逃來志之也。逃來則何志焉？將有其末，不得不録其本也。「末」謂逃來。鄭詹，鄭之佞人也。○佞，乃定反。

○夏，齊人殲于遂。殲者盡也，然則何爲不言「遂人盡齊人」也？無遂之辭也。無遂則何爲言「遂」？其猶存遂也。以其能殺齊戍，故若遂之存。○殲，子廉反，盡也。「遂人盡齊人」，絶句。「存遂」奈何？曰齊人滅遂，使人戍之，遂之因氏飲戍者酒而殺之，齊人殲焉，此謂狎敵也。狎猶輕也。飲，於鴆反。狎，户甲反。

○秋，鄭詹自齊逃來。逃義曰「逃」。齊稱「人」以執，是執有罪也，執得其罪，故曰義也，今而逃之，是逃義也。

○冬，多麋。京房易傳曰：「廢正作淫，爲火不明，則國多麋。」○麋，亡悲反。

【疏】注「京房」云云　釋曰：「火不明」者，謂五行與五事、五常相配，則視與禮同配南方，言「火不明」猶言視與禮不明也。

十有八年春，王三月，日有食之。不言日不言「朔」，夜食也。何以知其夜食也？曰王者朝日。王制曰：天子「玄冕而朝日於東門之外」，故日始出而有虧傷之處，是以知其夜食也。何休曰：「春秋不言月食日者，以其無形，故闕疑，其夜食何緣書乎？」鄭君釋之曰：「一日一夜合爲一日，今朔日日始出，其食虧傷之處未復，故知此日以夜食。〔四七〕夜食則亦屬前月之晦，故穀梁子不以爲疑。」○朝，直遥反。處，昌慮反。

【疏】注「王制」至「夜食」　釋曰：此是禮記玉藻文，而云「王制」者，謂王者之法制，非謂王制之篇也。此魯事而輒言「天子朝日」者，言「王者朝日」所以顯諸侯朝朔也，天子朝日於東門之外，服玄冕，其諸侯則玉藻云「皮弁以聽朔於太廟」，與天子禮異，其禮雖異，皆早旦行事，而昨夜有虧傷之處尚存，故知夜食也。徐邈云「夜食則星無光」，張靖箋廢疾云〔四八〕「立八尺之木不見其影」，並與范意異也。

故雖爲天子，必有尊也；貴爲諸侯，必有長也，故天子朝日、諸侯朝朔。○長，丁丈反。

○夏，公追戎于濟西。其不言戎之伐我何也？以公之追之，不使戎邇於我也。邇猶近也。不使戎得逼近於我，故若入竟望風退走。○濟，子禮反。濟水名。邇，如字。邇，近也。一本作「介」，音界，亦近也。竟，音境。「于濟西」者大之也。何大焉？爲公之追之也。言戎遠來至濟西，必大有徒衆，以公自追之，知其審然。○爲，于僞反。

○秋，有蜮。蜮，短狐也，蓋含沙射人，京房易傳曰：「忠臣進善君不識，厥咎國生蜮。」○蜮，本亦作「蟚」，音或，短狐，本草謂之「射工」。射人，食亦反，下文同。

【疏】傳「秋有蜮」釋曰：洪範五行傳云：「蜮如鼈，三足，生於南越，南越婦人多淫，故其地多蜮也。」陸機毛詩義疏云：「蜮，短狐，一名射影，在江淮水中，人在岸上，影見水中，投人影則殺之，故曰射影。或謂含沙射人入人皮肌，其瘡如疥。」范引京房易傳則與五行傳說異，又云「蓋含沙射人」，則與陸機說或同也。〔四九〕

一有一亡曰「有」。蜮，射人者也。○亡，音無，又如字。

【疏】傳「一有一亡曰有」釋曰：舊解「一有」，南越所生是也；「一亡」，魯國無是也。今以爲「一有一亡曰有」者，謂或有有時，或有無時，言不常也，故書曰「有」。若螟、蝝之類是常有之物，不言「有」也。上十七年云「多麋」者，魯之常獸，〔五〇〕是歲偏多，故書「多」也。螟、蝝不言「多」者，螟、蝝是微細之物，不可以數言之，故不言「多」也，又每年常有，不得言「有」也，所以異於蜚、蜮與麋也。

○冬，十月。

校勘記

〔一〕以明之　此下原有「傳始人之也」云云一節，乃下文「夫人孫于齊」傳「始人之也」之疏，阮校：「此傳在下，疏當下屬，此本誤也。」閩本移置於彼，今從之。

〔二〕傳人之至受命　此節疏原繫於「以言受命」下，然疏中實釋及「臣子大受命」，可知起迄稱「至受命」者，至「臣子大受命」句也，蓋經疏拚合時誤以爲僅至「以言受命」也，閩本依所疏内容移置於此，今從之。

〔三〕傳稱國高在　左傳僖公十二年管仲曰「有天子之二守國、高在」，殿本考證：「推尋文義，應曰『左傳稱國、高在』，『傳』字上脱『左』字。」

〔四〕三十年　「三十」原作「二十九」，殿本考證、阮校、楊考皆謂「二十九年」誤，當作「三十年」，據僖三十年經文改。

〔五〕躬君弑於齊　趙汸春秋集傳卷三、俞皋春秋集傳釋義大成卷三、李廉春秋會通卷五引皆作「君躬弑於齊」，述聞、楊考亦謂「躬君」誤倒。

〔六〕變之爲正　楊考引俞樾説云當作「爲變之正」。

〔七〕五命受則　周禮大宗伯「受則」作「賜則」。

〔八〕則亦以九錫異也　依文義「以」疑「與」之訛。

〔九〕故不繼于邾　此與疏文「則似解不繼于邾者」之「繼」，依文義當作「繫」，蓋音近而訛，范此注襲公羊義，公羊傳云「曷爲不繫乎『邾婁』？國之也。曷爲國之？君存焉爾」，亦可證。

〔一〇〕婦人不言會言會非正也　兩「言」字疑衍，下文莊七年夫人姜氏兩會齊侯，傳皆稱「婦人不會，會非正也」可證。

〔一一〕後踰竟例　「竟」原作「之」，爲「竟」注音而所同之文中無「竟」字，顯有誤，據單行釋文改。

〔一二〕齊師　「師」原作「侯」，唐石經作「師」，正字：「『師』誤『侯』。」疏引正作『師』。」按，莊九年注引亦作「師」，則注、疏所本皆與石經同，據改。

〔一三〕大是罪人　阮校：「閩、監、毛本『是』作『惡』，何校本『大是』作『天是』，云『是』疑『子』。」

〔一四〕郊牛之口傷　「牛」原作「生」，據余本、閩本及宣三年經文改，楊考：「通典引『郊』上有『猶』字，是也。」

〔一五〕蔡謨　阮校：「何校本『謀』改『謨』，按蔡謨字道明，康帝朝領司徒，遷侍中司徒，卒謚文穆，晉書有傳。」

〔一六〕鄭玄云　「玄」原作「云」，此引文出禮記檀弓下鄭注，據閩本改。

〔一七〕彼錦反　「彼」原作「使」，正字：「『彼』誤『使』。」據余本及單行釋文改。

〔一八〕尺證反　「反」原作「及」，據閩本及單行釋文改。

〔一九〕卑稱同　「同」原作「司」，據閩本及單行釋文改。

〔二〇〕能生也　阮校：「閩、監、毛本『能』作『得』。」

〔二一〕剛柔滯其用　注作「柔剛滯其用」，疏云「柔剛者即陰陽之別名也」，則此處蓋誤倒耳。

〔二二〕而天必晦暝　依傳、注，「天」疑「雨」之訛。

〔二三〕見於下　「下」原作「上」，據閩本及下節傳文改。

〔二四〕著於下　「著」下原有「其直見」三字，據閩本及下節傳文删。

〔二五〕隕隊　「隊」原作「墜」，據余本及單行釋文改。

〔二六〕中夜而隕　阮校：「閩、監、毛本『中夜』作『夜中』。」按經、傳皆稱「夜中」，漢書五行志云「劉向以爲夜中者，言不得終性命，中道敗也」，則作「夜中」是。

〔二七〕下文及注皆同　「下文及注」原脱，據單行釋文補。

〔二八〕稱人以殺大夫　述聞：「『大夫』二字涉上下文而衍，僖七年疏引此無『大夫』二字。」

〔二九〕盟繫在於魯　李廉春秋會通卷六引「盟」作「明」，按疏云「欲明繫在魯」，則疏所本亦作「明」也。

〔三〇〕烏路反　「路」原作「各」，據閩本及單行釋文改。

〔三一〕惡内也　傳云「言『取』病内也」，又云「以千乘之魯而不能存子糾，以公爲病矣」，疏所本似與傳有異。

〔三二〕何爲侵耳　閩本「耳」作「也」。

〔三三〕以往　傳文下有「者也」兩字，此所引或脱，若是省文，則上句引文「者也」兩字不當有。

〔三四〕中國不言敗　俞樾平議據昭二十三年傳云「中國不敗，胡子髡、沈子盈其滅乎？其言『敗』，釋其滅也」，謂此以下四句當作「中國不敗，蔡侯其見獲乎？其言『敗』，釋蔡侯之獲也」。按，同類傳文辭句略有變化，未必有訛文，若無他證，僅可備一説而已。

〔三五〕譚子無名　傳、注所稱「無名」與「不名」有別，「無」字當從注作「不」，疏下文稱「雖無罪不名」可證，蓋涉上下「無文」、「無罪」之文而訛。

〔三六〕宋萬之獲也　述聞謂「之」字涉上下文而衍，于鬯謂王説謬甚。

〔三七〕其君捷　阮校：「公羊傳『捷』作『接』，古音妾聲、接聲同部，公羊疏引長義云穀梁亦作『接』。」按，陸淳纂例差繆略僅謂公羊作「接」，則其所見穀梁作「捷」也。

〔三八〕扞　原作「捍」，據單行釋文改。按，扞、捍同，黄校謂「景宋本作『捍』」，蓋即余本、宋監本附釋音所自出也，其經文仍是「扞」字，楊考謂「此亦余氏兩存之一事」，然説文無「捍」字，五經文字云「經典相承亦作『捍』」，景宋本之「捍」乃釋文單行傳鈔俗寫，非其所見作「捍」也。

〔三九〕齊人殺得之　「殺得之」疑「得殺之」之訛。

〔四〇〕諸侯推之　「諸」字原無，據余本、閩本補。

〔四一〕終亦還之　阮校：「閩、監、毛本無『終』字。」

〔四二〕于八反　釋文「滑」字反切「于八」、「乎八」雜出，疑當以「乎」爲正。

〔四三〕同盟者何　「何」原作「加」，正字：「『何』誤『加』。」據公羊莊十六年傳文改。

〔四四〕翼戴天子　「戴」原作「載」，阮校：「閩、監、毛本『載』作『戴』，是也。」據改。

〔四五〕是外疑也　正字：「『疑』下當脱『之』字。」

〔四六〕人者衆辭也　疏標起迄云「傳『齊人』至『卑者』」，疑疏所本傳文作「『齊人』者衆辭也」，隱四年傳「『衛人』者衆辭也」或可證。

〔四七〕此日　「日」原作「自」，正字：「『日』誤『自』，從儀禮經傳通解校。」據余本改。

〔四八〕張靖箋廢疾　「箋」原作「策」，柳興恩大義述謂「『策』當作『箋』，見新唐書藝文志」，孫校「隋書經籍志春秋穀梁廢疾三卷，何休撰，鄭玄釋，張靖箋」，據改。

〔四九〕説或同也　正字：「『説或』字當誤倒。」

〔五〇〕魯之常獸　正字：「上當脱『麋是』二字。」

春秋穀梁注疏莊公卷第六起十九年至三十二年，盡閔二年

十有九年〇傳本或分此以下爲莊公與閔公同卷。春，王正月。

〇夏，四月。

〇秋，公子結媵陳人之婦于鄄，遂及齊侯、宋公盟。媵淺事也，不志，此其志何也？辟要盟也。魯實使公子結要二國之盟，欲自託於大國，未審得盟與不，故以媵婦爲名，得盟則盟，不則止，此行有辭也。〇媵，以證反，又繩證反，爾雅云「送也」。要，於遥反，注同。

【疏】傳「辟要盟也」釋曰：文十六年「季孫行父會齊侯于陽穀，齊侯弗及盟」，此若齊、宋不許，亦當云「弗及盟」，而云「辟要盟也」者，彼以行父失辭，又無媵事，故云「弗及盟」，此有媵事，若齊、宋不許，則直書媵事而已，故云「辟要盟也」。

何以見其辟要盟也？媵，禮之輕者也；盟，國之重也。以輕事遂乎國

重，無説。以輕遂重，無他異説，故知辟要盟耳。○見，賢徧反。其曰「陳人之婦」，略之也。但爲遂事假録媵事耳，故略言「陳人之婦」，不處其主名。○爲，于僞反。

【疏】注「但爲」至「主名」釋曰：「假録媵事」者，媵是小事，不合書經，今既書之，故云「假」，非謂無媵事也。「不處其主名」者，謂不言陳侯夫人而云「陳人之婦」，是不處其主名也。

其不日，數渝，惡之也。○數，音朔。惡，烏路反。

【疏】傳「數渝惡之也」釋曰：數，疾也。謂秋共盟，冬而見伐，變盟之疾，故不書日以惡之也。或以爲「數渝」爲今冬伐我西鄙，明年齊又伐我，故云「數」，理亦通也。

○夫人姜氏如莒。婦人既嫁不踰竟，踰竟，非正也。

【疏】傳「不踰竟」釋曰：重發傳者，嫌此適異國恐別，故發傳以同之。

○冬，齊人、宋人、陳人伐我西鄙。其曰「鄙」，遠之也。其遠之何也？不以難邇我國也。○難，乃旦反。邇，如字，本又作「介」，音界。

二十年春，王二月，夫人姜氏如莒。夫人比年如莒，過而不改，無禮尤甚，故謹而月之。○莒，音舉。婦人既嫁不踰竟，踰竟，非正也。○竟，音境。

【疏】傳「不踰竟」 釋曰：重發傳者，比再如莒，失禮之甚，故詳之。

○夏，齊大災。其志，以甚也。外災不志，「甚」謂災及人也。外災例時。

【疏】傳「其志以甚也」 釋曰：范例云「災有十二，內則書日，外則書時，國曰『災』，邑曰『火』」，「內則書日」，新宮、御廩之類是也，其「外則時」者，則「宋大水」、「齊大災」之等是也，昭十八年不書時，以四國同日故也。其外災志者皆發傳，故十一年「宋大水」傳曰「王者之後也」，襄九年「宋災」，嫌火與水異，傳曰「故宋也」，宣十六年「成周宣榭災」傳曰「以樂器所藏目之也」，此書「齊大災」傳曰〔二〕「其志，以甚也」，昭十八年「宋、衛、陳、鄭災」傳曰「其志以同日也」，其九年「陳火」傳曰「閔陳而存之也」是也。

○秋，七月。

○冬，齊人伐我。〔一〕

二十有一年春，王正月。

○夏，五月辛酉，鄭伯突卒。

○秋，七月戊戌，夫人姜氏薨。婦人弗目也。鄭嗣曰：「『弗目』謂不目言其地也。婦人無外事，居有常所，故薨不書地，僖元年傳曰『夫人薨不地』，此言『弗目』，蓋互辭爾。定九年『得寶玉、大弓』傳曰『弗目羞也』，蓋此類也。」江熙曰：「文姜有弑公之逆而弗目其罪。」○弗目，謂不題目文姜薨所也，一曰弗目其罪。

【疏】傳「婦人弗目也」釋曰：隱二年「夫人子氏薨」著不地之例，此復發傳者，嫌有罪去地，故發之也。不曰「夫人」而言「婦人」者，以文姜失夫人之道，故經書「薨」，傳以「婦人」言之。或是經無變文，蓋傳通言之，無異意也。

注「弗目其罪」釋曰：江熙云「不目其罪」者，謂稱夫人薨與常例不異是也。

○冬，十有二月，葬鄭厲公。

二十有二年春，王正月，肆大眚。肆，失也；眚，災也。易稱「赦過宥罪」，書稱「眚災肆赦」，經稱「肆大眚」，皆放赦罪人，蕩滌衆故，有時而用之，非經國之常制。○肆，音四。眚，所景反。宥，音又。滌，音狄。

【疏】注「易稱」云云〔三〕 釋曰：肆，失也；眚，災也。言「肆大眚」者，〔四〕謂放失大罪惡，災猶罪惡也。言放失大罪惡，明小惡亦赦之也。「易稱『赦過宥罪』」者，解卦辭也，象曰「雷雨作解，君子以赦過宥罪」，解卦坎下震上，震爲雷，坎爲雨，雷動雨下而萬物解散，故君子以此卦象而放赦罪人。「書稱『眚災肆赦』」，舜典文，孔安國云「眚，過；災，害；肆，緩也。過而有害當緩赦之」，此傳云「肆，失也」，則亦緩之類。以經稱「肆大眚」，故以眚爲災也，尚書「眚災」連文，故孔氏以眚爲過，其大意亦不異也。

注「蕩滌衆故」 釋曰：傳「爲嫌天子之葬也」者，二事相須，注以肆大眚不可特爲夫人，故云「蕩滌衆故」，傳意原魯所以肆大眚者，爲嫌天子之葬也，故注與傳兩言之。

災紀也，失故也。「災」謂罪惡。紀，治理也。有罪當治理之，今失之者，以文姜之故。爲嫌天子之葬也。文姜罪應誅絶，誅絶之罪不葬，若不赦除衆惡而書葬者，嫌天子許之，明須赦而後得葬。〇爲，于僞反。

○癸丑，葬我小君文姜。小君非君也，不治其民。其曰「君」何也？以其爲公配，可以言「小君」也。

○陳人殺其公子禦寇。禦寇，宣公之子。〇禦，魚呂反，又作「御」。言「公子」而不言「大夫」，公子未命爲大夫也。其曰「公子」何也？公子之重視大夫。視，比。〔五〕命以執公子。大夫既命，得執公子之禮。一本「大夫命以視公子」。

○夏，五月。以五月首時，甯所未詳。

【疏】傳「夏五月」　釋曰：何休云：「譏莊公娶讎女，不可以事先祖，猶五月不宜以首時。」，杜預云：「莊公獨稱『夏五月』者，疑謬誤也。」范以二者皆無憑，故云「甯所未詳」也。

○秋，七月丙申，及齊高傒盟于防。不言「公」，高傒伉也。書日則公盟也。高傒驕伉與公敵體，〔六〕恥之，故不書「公」。○傒，音奚。伉，苦浪反。

【疏】注「書日」至「書『公』」　釋曰：微者盟例不日，「及宋人盟于宿」是也，此既書日，明公在可知。知非卿者，若卿則與高傒敵，何以直言「及」？故知非卿也。「公及莒人盟于包來」言「公」者，彼稱「人」是舉國之辭，故可以言「公」，此若云「公及高傒」則高傒得敵公，故不言「公」也。「公會楚公子嬰齊」不没「公」者，彼以前驕伉後服罪，故不去「公」以見別意也。

○冬，公如齊納幣。納幣，大夫之事也。禮有納采，采擇女之德性也。其禮用鴈爲贄者，取順陰陽往來。○有問名，問女名而卜之，知吉凶也。其禮如納采。有納徵，徵，成也。納幣以成婚。贄，音至。

【疏】傳「有納徵」 釋曰：此傳釋諸侯不云「納幣」而云「納徵」者，以士婚禮有納徵之文，欲明用幣雖異而禮同也。

有告期，告迎期。○迎，魚敬反。四者備，

【疏】傳「四者備」 釋曰：士婚禮「下達」之後，有納采、問名、納吉、〔七〕納徵、請期、親迎六禮，此傳不云「納吉」者，直舉四者足以譏公，故略納吉不言之。或以爲諸侯與士禮異者，非也。

而後娶，禮也。公之親納幣，非禮也，

【疏】傳「納幣非禮也」 釋曰：「納幣，非禮」是譏喪娶，而注云「傳無譏文」者，傳上云「公之親納幣，非禮」，不云喪娶之事，故云「無譏文」也，然宣元年貶夫人去氏，此則全無譏者，彼以夫人不能以禮自固，故與有貶，仍未是貶公之事，故彼注云「不譏喪娶者，不待貶絶而罪惡自見」是也。

故譏之。公母喪未再朞而圖婚，傳無譏文，但譏親納幣者，喪婚不待貶絶而罪惡見。○見，賢偏反。

二十有三年春，公至自齊。

【疏】傳「公至自齊」 釋曰：二十七年傳云「桓會不致」，此與下文「觀社」皆書「公至自齊」者，公羊傳云「桓會不致，此何以致？危之也」，徐邈亦云「不以禮行，故致以見危」，范此雖無注，下云「公怠棄國政，比行犯禮，憂危甚矣」，則亦以二者爲憂危致之也。若然，定八年傳稱「致月，危致也」，下傳云「致月，有懼焉爾」，此若致以見危，所以不月者，以二者皆非禮而行，不假書月，危懼可知，傳以危而不月，嫌與例乖，故發傳詳之。或以爲二者皆非禮之行，與好會異，故致之，非是見危，理亦通也。

〇祭叔來聘。祭叔，天子寰内諸侯，叔名。〇祭，側界反。寰，音縣，又音環。

【疏】傳「祭叔來聘」　釋曰：范云「祭叔，天子寰内諸侯，叔名」，則范意將此祭叔與隱元年祭伯同是畿内諸侯，而此云「來聘」，彼傳責其不稱朝者，祭伯者祭國伯爵也，寰内諸侯，時不爲王之卿大夫，欲外交鄰好而來通魯，以其無王命，故不得言「聘」，不仕王朝，故得責其不稱朝也。今祭叔見是天子大夫，而恣意任情，欲外接諸侯，雖請王命，非王本心，故不稱「使」見其擅命，言「聘」表其請王，猶左氏公子翬强請，故得書經而去其族也。案隱元年注云祭伯「畿内大夫有采地」者，既有采地，則似祭伯亦仕王朝者，以祭伯本爲入仕王朝，故畿内授地，今雖不仕，亦得以大夫言之。或以爲祭叔亦無王命，以是天子大夫，假王命而來，魯受其聘，故得書「聘」，以本非王命，故不稱「使」也；祭伯雖是天子卿大夫，欲同諸侯之例而來朝魯，以不奉王命，故不得稱「聘」，寰内諸侯不合外交，故亦不得云「朝」，是亦得通一家也。徐邈云「祭叔爲祭公使」，則徐意以祭叔爲祭之大夫也。范以叔爲名，似同徐説，但舊解不然，故今亦同之。

其不言「使」何也？天子之内臣也，不正其外交，故不與使也。何休曰：「南季、宰渠伯糾、家父、宰周公來聘皆稱『使』，獨于此奪之何也？」鄭君釋之曰：「諸稱『使』者是奉王命，其人無自來之意，今祭叔不一心於王而欲外交，不得王命來，故去『使』以見之。」〇去，起吕反。見，賢偏反。

〇夏，公如齊觀社。常事曰「視」，「視朔」是也。非常曰「觀」。〔八〕

【疏】傳「非常曰觀」　釋曰：復發傳者，嫌「觀魚」、「觀社」異，故發之也。春秋之例，〔九〕常事不書，視朔既書，而范云「常事」謂視朔者，視朔之禮實是常事，但公廢之即爲非常，故書之。

觀，無事之辭也，言無朝會之事。○朝，直遥反，下同。以是爲尸女也。尸，主也。主爲女往爾，以「觀社」爲辭。○主爲，于僞反。無事不出竟。公至自齊。公如，陳公行例。往時，正也，「正」謂無危懼也，皆放此。〔一〇〕致月，故也，如往月致月，〔一一〕有懼焉爾。

○荆人來聘。善累而後進之。其曰「人」何也？舉道不待再。

【疏】傳「善累」云云 釋曰：不言楚人而云「荆人」者，傳稱「州不若國」，楚既新進，若稱國繫「人」，嫌其大褒，故直舉州稱「人」，言「聘」以進之。明聘問之禮，朝宗之道，非夷狄之所能，故一舉而進之。

○公及齊侯遇于穀。「及」者内爲志焉爾。

【疏】傳「内爲志焉爾」 釋曰：重發傳者，公爲淫如齊嫌異於常，故重發之。

「遇」者志相得也。

○蕭叔朝公。

【疏】傳「蕭叔朝公」 釋曰：書名者附庸常例，儀父稱字，傳言貴之，此傳直云「微國」不言貴之，則叔名也。重發傳者，嫌名字異故也。

微國之君未爵命者。其不言「來」，於外也。言於穀朝公也。朝於廟，正也，於外，非正也。

○秋，丹桓宮楹。楹，柱。禮，天子、諸侯黝堊，黝堊，黑色。○黝，於糾反，又於柳反，注同。堊，烏路反，又烏各反。范云「黝堊，黑色」，案黝，黑也；堊，白土。

【疏】注「黝堊黑色」 釋曰：徐邈云「黝，黑柱也；堊，白壁也」，謂白壁而黑柱，今范同以「黝堊」爲黑色者，以此傳爲丹楹而發，何得有壁事而在其間？故同爲黑色也。

大夫倉，士黈。黈，黄色。○黈，他苟反，黄色也，麋氏云張斗反。丹楹，非禮也。

○冬，十有一月，曹伯射姑卒。○射，音亦，本或作「亦」。

○十有二月甲寅，公會齊侯盟于扈。桓盟不日，此盟日者，前「公如齊觀社」傳曰「觀，無事之辭，以是爲尸女也」，公怠棄國政，比行犯禮，憂危甚矣，霸主降心親與之盟，實有弘濟之功，而魯得免於罪，臣子所慶莫重於此，時事所重，文亦宜詳，故特謹日以著之。○扈，音户。

【疏】注「桓盟」至「著之」　釋曰：公羊傳云「桓盟不日，此何以日？危之也」，今范知喜得霸主與盟，故詳而日之者，傳雖有「桓盟不日，信之」文，亦有「不日，數渝，惡之」事，又葵丘以極美齊桓而書日，故知此間書日，喜霸者與盟也。此時齊桓威德既盛，與公結盟，實有弘濟之功，何得爲有危事？故范以臣子所慶，「文亦宜詳」也。

二十有四年春，王三月，刻桓宮桷。禮，天子之桷斲之礱之，加密石焉，以細石磨之。○刻，音克。桷，音角，榱也，方曰「桷」，圓曰「椽」。斲，丁角反，削也。礱之，力公反，磨也。〔一二〕諸侯之桷斲之礱之，大夫斲之，士斲本。刻桷，非正也。夫人所以崇宗廟也，取非禮與非正而加之於宗廟以飾夫人，非正也。「非禮」謂娶讎女，「非正」謂刻桷丹楹也。本非宗廟之宜，故曰「加」。言將親迎欲爲夫人飾，又非正也。○迎，魚敬反，下皆同。

【疏】注「又非正也」　釋曰：娶讎女、刻桷兩事俱非，故曰「又」也。或以爲「又」者并謂崇飾夫人，理亦通也。所以不直言非禮，云「又非正」者，見莊有二種之惡，故非禮、非正兩舉之也。

「刻桓宮桷」、「丹桓宮楹」斥言「桓宮」，以惡莊也。不言「新宮」而謂之「桓宮」，以桓見殺於齊而飾其宗廟，以榮讎國之女，惡莊不子。○惡，烏路反，下同。〔一三〕

【疏】注「不言『新宫』」　釋曰：「新宫」，桓公之宫，〔一四〕以是禰宫，不忍斥之，故謂之「新宫」。今惡莊公不子，故斥言「桓宫」，以見非正也。

○葬曹莊公。

○夏，公如齊逆女。親迎恒事也，不志，

【疏】傳「親迎」至「不志」　釋曰：文四年傳云「其不言『公』何也？非成禮於齊也」，似不成禮於齊即合志，而此云「常事不志」者，彼亦是非禮而書，就書之中更自別見。言逆婦既書於經，所以不云「公」者，爲成禮於齊，故變文，與莊公異也。

此其志何也？不正其親迎於齊也。

○秋，公至自齊。迎者行見諸、舍見諸，諸，之也。言瞻望夫人乘車。○乘，繩證反。先至，非正也。

○八月丁丑，夫人姜氏入。哀姜。「入」者内弗受也。

【疏】傳「『入』者内弗受也」　釋曰：重發傳者，嫌夫人與他例異故也。

日入，惡入者也。何用不受也？〔一五〕以宗廟弗受也。其以宗廟弗受何也？娶仇人子弟，以薦舍於前，其義不可受也。薦，進。舍，置。○惡入，烏路反，一音如字。戊寅，大夫宗婦覿用幣。宗婦，同宗大夫之婦。○覿用，徒歷反，見也。

【疏】傳「覿用幣」　釋曰：舊解不言「見」而言「覿」，覿者私事，大夫公然行之，故言「覿」以明其私也，「見」者正也，故會于沙隨，云「不見公」，傳曰「可以見公而不見，譏在諸侯也」，是「覿」與「見」別也。今以爲不然者，三傳之文並不云覿、見事別，何得言私爲覿、正爲見乎？恐別有案據，遂存之以示疑耳。

覿，見也。〔一六〕禮，大夫不見夫人。

【疏】傳「大夫不見夫人」　釋曰：既云「不見夫人」，又説男子之贄者，更釋用幣非禮之意也，言男子之贄羔鴈之等、婦人之贄棗栗之類，欲見俱不得用幣。

不言「及」，不正其行婦道，故列數之也。男子之贄羔鴈雉腒，贄所以至者也，〔一七〕上大夫用羔，取其從羣，帥而不黨也；〔一八〕下大夫用鴈，取其知時飛翔，有行列也；士冬用雉、夏用腒，取其耿介，交有時，別有倫也。腒，腊也。雉必用死，爲其不可生服也。夏用腒，備腐臭也。○數，色主反。腒，其居反，腊也，乾雉也。士夏執之，備腐臭也，説文云「北方謂鳥腊曰『腒』」，傳曰「堯腊，舜始腒」。別，彼列反。爲其，于僞反。腐，符甫反。婦人之贄棗栗鍛脩。棗取其早自矜莊，栗取其敬栗，鍛脩取斷斷自脩整。○鍛脩，〔一九〕丁亂反，脯也。鍛而加薑桂曰「脩」。脩飭，本或作「勑」，同，恥力反。一本作「飾」，申職反。或作「整」，音征領反。用幣，非禮也，「用」者不宜用者也。大夫，國體也，「國體」謂爲君股肱。○股，音古。肱，古弘反。而行婦道，惡之，故謹而日之也。○惡，烏路反。

○大水。

○冬，戎侵曹，曹羈出奔陳。

【疏】傳「曹羈出奔陳」釋曰：公羊以爲曹羈是曹大夫，三諫不從而去之也，杜預注左傳以爲羈是曹之世子，此處雖無傳，案下二十六年傳意，則與公羊同也。

赤歸于曹，郭公。〔二〇〕赤蓋郭公也，何爲名也？禮，諸侯無外歸之義，外歸，非正也。徐乾曰：「郭公，郭國之君也，名赤，蓋不能治其國，舍而歸于曹。君爲社稷之主，承宗廟之重，不能安之而外歸他國，故但書名，以罪而懲之。不直言『赤』，〔二一〕復云『郭公』者，恐不知赤者是誰，將若魯之微者故也。以『郭公』著上者，則是諸侯失國之例，是無以見微之義。」〔二二〕○羈，居宜反。郭公，左氏如字，公羊音號。舍，音捨。懲，直升反。復，扶又反。著，張慮反，又張略反。見，賢徧反。

【疏】傳「赤歸于曹郭公」釋曰：薄氏駁云：「赤若是諸侯不能治國，舍而歸曹，應謂之『奔』，何以詭例言『歸』乎？」徐乾又云：「不言『郭公』，疑是魯之微者。」若是微者，則例所不書，何得以微者爲譬？〔二三〕二事俱滯而范從之者，凡諸侯出奔其國者，或爲人所滅，或受制强臣，迫逐苟免，然後書「出」，今郭公在國不被迫逐，往曹事等如歸，故以易辭言之，不得云「出奔」也。凡內大夫未得命者例但書名，若使赤直名而無所繫，則文同俠等，故又云「郭公」也。徐乾之說理通，故范引而從之。

二十有五年春，陳侯使女叔來聘。女，氏；叔，字。○女，音汝。其不名何也？據成三年「晉侯使荀庚來聘」稱名。天子之命大夫也。

【疏】傳「天子之命大夫也」　釋曰：言「命大夫」即是單伯之等，故知叔是字。祭仲傳無文釋，故知仲是名也。

○夏，五月癸丑，衛侯朔卒。惠公也。犯逆失德，故不書葬。

○六月辛未朔，日有食之。言日言「朔」，食正朔也。〔二四〕鼓、用牲于社。鼓，禮也，用牲，非禮也。天子救日，置五麾，陳五兵、五鼓；麾，旌幡也。五兵，矛、戟、鉞、楯、弓矢。○麾，毀爲反。幡，芳元反。矛，亡侯反。鉞，音越。楯，時準反，又音允。諸侯置三麾，陳三鼓、三兵；〔二五〕大夫擊門，士擊柝，言充其陽也。凡有聲皆陽事，以壓陰氣。柝，兩木相擊。充，實也。○柝，吐洛反。壓，於甲反，又於涉反。

【疏】傳「鼓用」至「陽也」　釋曰：案范三十年注云「救日用牲既失之矣，非正陽之月而又伐鼓，亦非禮」，今伐鼓於建巳之月，故曰「禮也」，用牲非常，故云「非禮也」。「五麾」者，麋信云「各以方色之旌置之五處也」。「五兵」者，徐邈云「矛在東、戟在南、鉞在西、楯在北、弓矢在中央」，麋信與范數五兵與之同，是相傳説也。「五鼓」者，麋信、徐邈並云「東方青鼓、南方赤鼓、西方白鼓、北方黑鼓、中央黃鼓」，案五兵兵有五種，未審五鼓是一鼓有五色，爲當五種之鼓也。何者？周禮有六鼓，雷鼓、靈鼓、路鼓、鼖鼓、鼛鼓、晉鼓之等，若以爲五種之鼓，則不知六鼓之内竟去何鼓？若以爲一種之鼓，則不知六鼓之内竟取何鼓？又周禮云「雷鼓鼓神祀」，則似救日之鼓用雷鼓，但此用之於社；周禮又云「靈鼓鼓社稷祭」，〔二六〕則又似救日食之鼓用靈鼓，進退有疑，不敢是正，故直述之而已。檢麋、徐兩家之説，則以五鼓者非六鼓之類，別用方色鼓而已，諸侯三者則云「降殺以兩，去黑、黃二色」，是非六鼓之類也。下云「大夫擊門，士擊柝」，則此陳五鼓亦擊之也，但擊之時陳列於社之塋域，因五兵五麾是陳，故亦以陳言之，非謂直陳而不擊也。

〇伯姬歸于杞。其不言「逆」何也？逆之道微，無足道焉爾。

【疏】傳「逆之道微」釋曰：重發傳者，紀伯姬釋不稱「使」之微，此解不言逆之微，故別發傳。

〇秋，大水。鼓，用牲于社、于門。門，國門也。高下有水災曰「大水」。既戒鼓而駭衆，用牲可以已矣。救日以鼓兵，救水以鼓衆。

【疏】傳「高下」云云　釋曰：重發之者，此有用牲之失嫌異常水，故更發之。「既戒鼓駭衆」者，謂既警戒擊鼓，而駭動衆人，則用牲可以已矣。知不合用牲者，「用」者不宜用，故知不合也。又云「救日以鼓兵」者，謂伐鼓以責陰，陳兵示禦侮；〔二七〕「救水以鼓衆」者，謂擊鼓聚衆也，皆所以發陽也。

○冬，公子友如陳。

二十有六年春，公伐戎。

○夏，公至自伐戎。

○曹殺其大夫。言「大夫」而不稱名姓，無命大夫也，無命大夫而曰「大夫」，賢也，爲曹羈崇也。

徐邈曰：「于時微國衰陵，不能及禮，其大夫降班失位，下同於士，故略稱『人』，而傳謂之『無命大夫也』。莒慶、莒挐、邾庶其、邾快皆特以事書，非實能貴，故略名而已。楚雖荆蠻，漸自通于諸夏，故莊二十三年書『荆人來聘』，文九年又褒而書名，國轉彊大，書之益詳，然當僖公、文公之世，楚猶未能自同于列國，故得臣及椒並略名，〔二八〕惟屈完來會諸侯，以殊禮成之。楚莊王之興，爲江漢盟主，與諸夏之君權行抗禮，其勢彊于當年，而事交於内外，故春秋書之，遂從中國之例。夫政俗隆替，存乎其人，三后之姓，日失其序，而諸國乘間與之代興，因詳略之文，則可以見時事之實矣。秦爵伯也，上據西周，班列中夏，故得稱「師」、有大夫，其大夫當名氏，而文十二年秦術略名，〔二九〕蓋于時晉主魯盟，而秦方敵晉，則魯之于秦情好疏矣，禮以飾情，情疏則禮略，春秋所以略文乎？又吴札不書氏，以成尊于上也；宋之盟叔孫豹不書氏，以著其能恭，此皆因事而爲義。」○爲曹，于僞反。挐，女居反，又女加反。快，苦夬反。諸夏，户雅反，下同。屈，君勿反。情好，呼報反。

【疏】傳「爲曹羈崇也」　釋曰：薄氏駁曰：「曹羈出奔，經無歸處，曹自殺大夫，何以知是羈也？」又云：「術之名爲晉貶秦，然楚亦敵晉，何以不略而貶之？」又「此注雖多，〔三〇〕未足通崇之義，徒引證據，何益於此哉？」范答之曰：「羈，曹之賢大夫也，曹伯不用其言，乃使出奔他國，終於受戮，故君子愍之，書『殺其大夫』，即是崇賢抑不肖之義也。案大夫出奔或書出不書入，秦后子是也，或書入不書出，蔡季是也，史有闕漏，非是一般，何得以無歸之文則怪其非羈也？秦以交疏之故而略其臣，楚與諸夏會同，所以不略也。」是范氏論崇曹羈之事也。曹羈三諫不從者，是公羊之説也。

注「徐邈」至「爲義」　釋曰：「莒慶、莒挐、邾庶其、邾快皆特以事書」者，謂莒慶來逆女，莒挐爲魯所獲，庶其、〔三一〕邾快來奔於魯，故書以著罪，是皆以事書之，非能貴也。秦稱「師」者，僖二十八年城濮之戰是也。亦既稱「師」，〔三二〕明當有大夫，而秦術無氏，故知春秋所略也。又云「吴札不書氏，以成尊於上」者，襄二十九年傳文，謂進吴稱「子」，許夷狄者不壹而足，不可復進其臣，不書季札之氏，所以成尊於上也。「叔孫豹不書氏，以著其恭」者，襄二十七年傳文，彼傳以「溴梁之會，諸侯在而不曰『諸侯大夫』，大夫不臣也，〔三三〕意趙武恥之，〔三四〕豹云者恭也」，是其恭，故不書氏以見意也。

○秋，公會宋人、齊人伐徐。

○冬，十有二月癸亥朔，日有食之。

二十有七年春，公會杞伯姬于洮。伯姬，莊公女。洮，魯地。○洮，他刀反，本或作「桃」。

○夏，六月，公會齊侯、宋公、陳侯、鄭伯同盟于幽。「同」者有同也，同尊周也，

【疏】傳「『同』者」云云　釋曰：「同尊周也」復發傳者，前同盟于幽，諸侯尚有疑者，今外内同心，推桓爲伯，得專征伐之任，成九合之功，故傳詳其事也。

於是而後授之諸侯也。其授之諸侯何也？齊侯得衆也。桓會不致，安之也；桓盟不日，信之也，信其信、仁其仁。

【疏】傳「信其信仁其仁」　釋曰：謂諸侯信齊桓之信、仁齊桓之仁，下文「未嘗有歃血之盟」，是其信也；「未嘗有大戰」，是其仁也。〔三五〕

衣裳之會十有一，未嘗有歃血之盟也，信厚也。十三年會北杏、十四年會鄄、十五年又會鄄、十六年會幽、二十七年又會幽、僖元年會檉、二年會貫、三年會陽穀、五年會首戴、七年會寧毋、九年會葵丘。○歃，所洽反。于灯，他貞反，又勑丁反，本亦作「檉」。寧，如字，又音甯。毋，音無，又茂后反。兵車之會四，未嘗有大戰也，愛民也。僖八年會洮、十三年會鹹、十五年會牡丘、十六年會淮。於末年乃言之，不道侵蔡、伐楚者，方書其盛，不道兵車也，此則以兵車會而不用征伐。○鹹，音咸。牡，茂后反。

【疏】「衣裳之會十有一」者，謂從北杏至葵丘也。論語稱「九合諸侯」者，貫與陽穀二會管仲不欲，故去之，自外唯九合也。「兵車之會四」者，洮、鹹、牡丘、淮也，不數侵蔡、伐楚者，以二者征伐，非會故也。鄭玄釋癈疾云：「自柯之明年，葵丘以前，去貫與陽穀，固已九合矣。」則鄭意不數北杏，自外與范注同也。不數北杏所以得九合諸侯者，先師所說不同。或云去貫與陽穀，與猶數也，言數陽穀故得爲九也；或云葵丘會盟異時，故分爲二；或取公子結與齊桓、宋公盟爲九。故先師劉炫難之云：「貫與陽穀並非管仲之功，何得去貫而數陽穀也？若以葵丘之盟盟會異時而數爲二，則首戴之會亦可爲兩也，離會不數。鄄盟去公子結則唯有齊、宋二國之會，安得數之？」二三之說並無憑據，故劉氏數洮會爲九，以數洮會爲九，兵車之會又少其一，故劉以傳誤解之，當云「兵車之會三」。案洮會下亦無云「兵車之會」，則傳文不應兩處皆誤，是亦可疑也。

○秋，公子友如陳，葬原仲。原仲，陳大夫。原，氏；仲，字。言「葬」不言「卒」，不葬者也。外大夫例不書「卒」。

【疏】注「外大夫」云云　釋曰：葬亦不書，止云「例不書卒」者，以内大夫書「卒」尚不書葬，況外大夫卒亦不書，明不合書葬，故云「外大夫例不書卒」，欲見必不得書葬之意也。

不葬而曰「葬」，諱出奔也。言季友辟内難而出，以葬原仲爲辭。○難，乃旦反。

【疏】傳「諱出奔也」　釋曰：范知「辟内難而出」者，公羊傳以夫人哀姜淫於二叔，此上傳亦云子般卒而公子慶父出奔，〔三六〕則慶父之釁，季子素知，季子出則殊其文，入則貴之稱「季子」，明其無罪，故知辟難也。

○冬，杞伯姬來。歸寧。

○莒慶來逆叔姬。慶，名也，莒大夫也。叔姬，莊公女。禮檀弓記曰「陳莊子死赴於魯，魯人欲勿哭，繆公召縣子而問焉，縣子曰：『古之大夫束脩之問不出竟，雖欲哭之，安得而哭之？今之大夫交政於中國，雖欲勿哭，安得而勿哭？』」則大夫越竟逆女，非禮也。董仲舒曰：「大夫無束脩之餽，無諸侯之交，越竟逆女，紀罪之。」〔三七〕○繆，音穆。縣，音玄，下同。竟，音境。焉，於虔反。餽，巨愧反。越竟，本或作「疆」，居良反。諸侯之嫁子於大夫，主大夫以與之。君不敢臣。「來」者接內也，不正其接內，故不與夫婦之稱也。「接內」謂與君爲禮也。夫婦之稱，當言「逆女」。○稱，尺證反。

○杞伯來朝。杞稱「伯」，蓋時王所絀。○朝，直遙反。絀，本又作「黜」，勑律反。

○公會齊侯于城濮。城濮，衛地。○濮，音卜。

二十有八年春，王三月甲寅，齊人伐衛。衛人及齊人戰，衛人敗績。於伐與戰，安戰也？問在何處戰。○處，昌慮反。

【疏】傳「於伐」云云　釋曰：「於伐與戰，安戰也」，謂於伐衛之時，兩國相與交戰，問在何處戰也？「戰衛」，謂在衛國之都也。知國都者，若在他所則應云地，今不書地，故知衛都耳，猶桓十三年戰于龍門，爲近不地相似也。

戰衛。戰則是師也，其曰「人」何也？微之也。何爲微之也？今授之諸侯而後有侵伐之事，故微之也。其人衛何也？以其人齊，不可不人衛也。齊桓始受方伯之任，未能信著鄰國，致有侵伐之事，貶師稱「人」以微之也。人不可以敵于師，師不可以與人戰，故亦以衛師爲人，衛非有罪。衛小齊大，其以衛及之何也？以其微之，可以言「及」也。其稱「人」以敗何也？不以師敗於人也。人輕而師重。

【疏】傳「其稱『人』以敗何也」　釋曰：據桓十三年「戰稱『人』，敗稱『師』」，故發違例之問也。

○夏，四月丁未，邾子瑣卒。○瑣，素果反。〔三八〕

○秋，荆伐鄭。荆者楚也，其曰荆，州舉之也。

【疏】「荆，州舉之也」　釋曰：前書「荆人來聘」，聘是善事，故進之，今伐中國，不足可褒，故州舉之也。

○公會齊人、宋人救鄭。善救鄭也。

○冬，築微。微，魯邑。○微，左氏作「麋」。山林藪澤之利，〔三九〕所以與民共也，虞之，非正也。虞，典禽獸之官。言規固而築之，又置官司以守之，是不與民共同利也。〔四〇〕築不志，凡志皆譏也。築例時。○藪，素后反。

【疏】傳「虞之非正也」　釋曰：成十八年「築鹿囿」、此築邑並云「虞之，非正也」者，彼直築囿以虞之，此築邑置官司以虞之，囿、邑既殊，俱是虞之非正，故再起傳例。

注「虞典」至「例時」　釋曰：周禮澤虞掌田獵之事，左傳「皮冠以招虞人」，是虞人典禽獸之官也。知「築不志，凡志皆譏也」者，三十一年「築臺于秦」，傳曰「君子危之，故謹而志之也」，知志則譏也。此年與三十一年春「築臺于郎」、秋「築臺于秦」皆不書月，是例時。

○大無麥、禾。「大」者有顧之辭也，

【疏】傳「『大』者有顧之辭也」　釋曰：經言「大無麥、禾」者，謂一災不書，待冬無禾然後并録無麥，故經稱「大」，而傳云「有顧之辭也」，顧猶待也，徐邈云「至冬無禾，於是顧録無麥」，其意亦謂待無禾然後顧録無麥，故云「大」是也。莊七年「秋大水，無麥、苗」，此經不言「大水」者，彼傳云「麥、苗同時也」，是麥與黍稷之苗同時爲水而死，故繫「大水」言之，此至冬始書「大無麥、禾」，則禾之死未必由大水，故不繫之，徐邈云「不言水旱者，麥、禾自死，不由水旱」是也。或以爲言無禾則大水可知，故省文。若然，七年何以不省文而言「大水」？不言「饑」者，舊解以爲下傳云「不書如，爲内諱」，則此不言「饑」是諱也，或當雖無麥、禾，得臧孫之告糴，不至饑也。

於無禾及無麥也。一災不書，於冬無禾而後顧録無麥，故言「大」，明不收甚。

臧孫辰告糴于齊。〔四二〕臧孫辰，魯大夫臧文仲。○糴，音狄。國無三年之畜曰國非其國也。一年不升，告糴諸侯。告，請也；糴，糴也。不正，故舉臧孫辰以爲私行也。爲内諱，故不稱「使」，使若私行。○畜，敕六反，下同。爲内，于僞反，下文「爲内」同。國無九年之畜曰不足，無六年之畜曰急，無三年之畜曰國非其國也。諸侯無粟，諸侯相歸粟，正也。「臧孫辰告糴于齊」，告然後與之，言内之無外交也。古者税什一，宣十五年注詳矣。○税，始鋭反。什一，十而税一。

【疏】注「宣十五年注詳矣」　釋曰：彼傳云「古者什一」，注云「一夫一婦佃田百畝，又受田十畝以爲公田，公田在内，私田在外，此一夫一婦爲耕一百一十畝也」，八家共一井之田，餘二十畝者以爲廬舍是也。

豐年補敗，「敗」謂凶年。不外求而上下皆足也，

【疏】傳「上下皆足也」　釋曰：「上」謂君也，「下」謂民也。

雖累凶年，民弗病也，一年不艾而百姓饑，

【疏】傳「一年不艾」　釋曰：麋信云：「艾，穫也。」

君子非之。不言「如」，爲内諱也。○艾，牛蓋反。〔四二〕

二十九年春，新延廄。

【疏】傳「新延廄」　釋曰：不言「作」者，僖二十年「新作南門」，傳曰「作，爲也，有加其度也」，彼謂加其度更增大之，故云「作」，此直改新，故不言「作」。

「延廄」者法廄也，周禮天子十二閑、馬六種，邦國六閑、馬四種，每廄一閑。言「法廄」者，六閑之舊制也。○廄，九又反。六種，之勇反，下皆同。

【疏】注「周禮」至「舊制」　釋曰：自「每廄一閑」以上，周禮校人有其事。「馬六種」者，彼校人云「辨六馬之屬，種馬一物，戎馬一物，齊馬一物，道馬一物，田馬一物，駑馬一物」是也，鄭云〔四三〕「玉路駕種馬，戎路駕戎馬，金路駕齊馬，象路駕道馬，田路駕田馬，駑馬給官中之役」，〔四四〕是天子六種之馬，分爲左右廄，故十二閑也。彼又云「邦國六閑，馬四種；家四閑，馬二種」，鄭玄云「諸侯齊馬、道馬、田馬各一閑，駑馬則分爲三；大夫則田馬一閑，駑馬分爲三」，是「天子十二閑，馬六種；邦國六閑，馬四種」也。

其言「新」，有故也。言改故而新之。有故則何爲書也？古之君人者，必時視民之所勤，民勤於力則功築罕，罕，希。○罕，呼旦反。民勤於財則貢賦少，民勤於食則百事廢矣。凶荒殺禮。○殺，所界反。冬築微，春新延廄，以其用民力爲已悉矣。悉，盡。

○夏，鄭人侵許。

○秋，有蜚。〔四五〕穀梁説曰：「蜚者，南方臭惡之氣所生也，象君臣淫泆，有臭惡之行。」○蜚，扶味反。行，下孟反。一有一亡曰「有」。○亡，如字，又音無。

○冬，十有二月，紀叔姬卒。紀國雖滅，叔姬執節守義，故繫之「紀」，賢而録之。

【疏】注「賢而録之」　釋曰：内女嫁於大夫則不書卒，爲媵亦如之，今既書卒，故知賢也。

○城諸及防。諸、防皆魯邑。可城也，

【疏】傳「可城也」 釋曰：左氏之例，城有時與不時，隱七年傳云「凡城之志皆譏也」，此云「可城也」者，傳以得土功之節者則譏之淺，失土功之時者責之深，故傳云「可城也」，不謂此城無譏也。

以大及小也。傳例曰「凡城之志皆譏」，今云「可」者，謂冬可用城，不妨農役耳，不謂作城無譏。

三十年春，王正月。

○夏，師次于成。次，止也，有畏也，欲救鄣而不能也。不言「公」，恥不能救鄣也。畏齊。○鄣，音章。

○秋，七月，齊人降鄣。降猶下也。鄣，紀之遺邑也。○降，户江反。下，遐嫁反。

○八月癸亥，葬紀叔姬。不日卒而日葬，閔紀之亡也。

○九月庚午朔，日有食之，鼓、用牲于社。救日用牲既失之矣，非正陽之月而又伐鼓，亦非禮。

○冬，公及齊侯遇于魯濟。濟，水名。○濟，子禮反。「及」者内爲志焉爾。「遇」者志相得也。

【疏】傳「『及』者」至「得也」　釋曰：重發傳者，齊爲伯者，嫌與諸侯異也。

○齊人伐山戎。「齊人」者齊侯也，其曰「人」何也？愛齊侯乎山戎也。不以齊侯敵乎山戎，故稱「人」。其愛之何也？桓内無因國，外無從諸侯，而越千里之險，北伐山戎，危之也。内無因緣山戎左右之國爲内間者。外無諸侯者，不煩役寮國。○從，才用反。内間，間廁之間。則非之乎？善之也。遠伐山戎雖危，勤王職貢則善。何善乎爾？燕，周之分子也，燕，周大保召康公之後，成王所封。「分子」謂周之別子孫也。○燕，音煙，注及後同。分，扶問反，又如字，本或作「介」，音界。大，音泰。召，上照反。

【疏】注「燕周」至「孫也」　釋曰：燕是「召康公之後，成王所封」者，世家文也。分者別也，燕與周同姓，故知別子孫也。

貢職不至，山戎爲之伐矣。言由山戎爲害，伐擊燕，使之隔絶於周室。○爲之，如字。

三十有一年春，築臺于郎。

○夏，四月，薛伯卒。

○築臺于薛。薛，魯地。

○六月，齊侯來獻戎捷。獻，下奉上之辭也，春秋尊魯，故曰「獻」。戎捷，〔四六〕在接反。戎，菽也；捷，獲也。○齊侯來獻捷泰曰：「齊桓内救中國、外攘夷狄，親倚之情，不以齊爲異者，内齊侯也。不言「使」，内與同，不言「使」也。「獻戎捷」，軍得曰「捷」，戎，菽也。菽，豆。國，故不稱『使』，若同一國也。」○攘，如羊反。倚，於綺反，下文及注同。

【疏】傳「齊侯」至「菽也」　釋曰：徐邈云：「齊還經魯界，故使人獻捷，不入國都而言『來獻』，敬重霸主，親而内之也。」麋信亦云：「言『内齊侯』者，解經稱『來』之意也。」范雖不注，理亦合當然矣。僖二十一年「楚人使宜申來獻捷」，彼亦稱「來」者，宜申止來鄉魯，接公行禮，故得稱「來」，與齊侯異也。又云「不言『使』，内與同」者，謂内齊侯與同一國，故不稱「使」也。「戎，菽也」者，舊解謂順經意而惜齊侯，故傳依違其文，釋之爲菽，其實宋是中國，故捷不繫國，戎是夷狄，故繫之「戎」也。案管子云「出戎菽及冬葱，布之天下」，則以戎爲豆也，故徐邈云「今之胡豆也」，舊解以爲依違其文，恐失傳旨。僖二十一年傳云「其不曰宋捷何也？不與楚捷于宋也」，〔四七〕范云「據莊三十一年齊侯來獻戎捷」，據彼傳及注意，則似不以戎爲豆，今疑不敢正，故兩載之。此書月彼不書月者，徐邈云「霸王服遠之功重，故詳而月之也」，一解齊侯此時克山戎并得胡豆來，故傳云「戎菽」，謂克戎之菽。齊侯此時并得戎菽，於文亦僻也。

○秋，築臺于秦。秦，魯地。不正罷民三時，虞山林藪澤之利，且財盡則怨、力盡則懟，懟，恚恨也。○罷，音皮，下同。懟，直類反，怨也。君子危之，故謹而志之也。或曰倚諸桓也，桓外無諸侯之變，内無國事，越千里之險，北伐山戎，爲燕辟地。辟，開。○爲，于僞反。辟，婢亦反。魯外無諸侯之變，内無國事，一年罷民三時，虞山林藪澤之利，惡内也。譏公依倚齊桓，而與桓行異。○惡，烏路反。行，下孟反。

○冬，不雨。

【疏】傳「冬不雨」　釋曰：徐邈云：「僖十一年傳曰『雩不得雨曰旱』，然則此云『不雨』者或當不雩也。」范意亦未必然，或當不言旱不爲災也。

三十有二年春，城小穀。小穀，魯邑。

○夏，宋公、齊侯遇于梁丘。「遇」者志相得也。

【疏】傳「『遇』者志相得也」 釋曰：重立傳者，〔四八〕外與伯者遇嫌異，故發之。

梁丘在曹、邾之間，去齊八百里，非不能從諸侯而往也，辭所遇，遇所不遇，大齊桓也。

「辭所遇」謂八百里間，諸侯必有願從者而辭之。〔四九〕「遇所不遇」謂遠遇宋公也。○能從，才用反，或如字，注同。

○秋，七月癸巳，公子牙卒。

牙，慶父同母弟。何休曰：「傳例大夫不日卒，惡也。牙與慶父共淫哀姜，謀殺子般，而日卒，何也？」鄭君釋之曰：「牙，莊公母弟，不言『弟』，其惡已見，不待去日矣。」甯案，傳例「諸侯之尊，弟兄不得以屬通」，蓋以禮，諸侯絶朞而臣諸父昆弟，稱昆弟則是申其私親也，宣十七年「公弟叔肸卒」，傳曰「其曰『公弟叔肸』，賢之也」，然則不稱「弟」自其常例耳。鄭君之說，甯所未詳。〔五〇〕○見，賢徧反。去，起吕反。朞，音期。肸，許乙反。

【疏】注「甯所未詳」 釋曰：范既引鄭君之説，又云「未詳」者，范以僖十六年傳「稱『公弟叔仲』，賢也。大夫不言『公子』、『公孫』，疏之也」，若牙實有罪，則應去「公子」以見疏，今書「公子」，故云「未詳」也。或申鄭君義云：「牙不去『公子』，爲親者諱。」然則鄭意若以爲諱，何得云「其惡已見」？是鄭權答何休之難，不顧上下之理，故范云「未詳」也。「公子季友卒」不稱「弟」者，季子雖賢，兄已卒故也。

○八月癸亥，公薨于路寢。公薨皆書其所，謹凶變。路寢，正寢也。寢疾居正寢，正也。男子不絕于婦人之手，以齊終也。齊，絜。○齊，側皆反，本亦作「齋」。

【疏】傳「以齊終也」 釋曰：「齊」者齋絜之名，故記稱「『齋』之爲言齊也」，是齊、齋意同，故范訓爲絜。或古者齊、齋同字，此傳「齊」即讀爲齋，理亦通也。

○冬，十月乙未，子般卒。在喪故稱「子」，般其名也，莊公大子。不書弒，諱也。○般，音班。大，音泰。

【疏】傳「子般卒」 釋曰：公羊傳云「其稱『子般卒』何也？君存稱『世子』，君薨稱『子某』，既葬稱『子』，踰年稱『公』」，范意亦與之同。〔五二〕但踰年雖在國稱「公」，若未葬，〔五三〕亦不得稱「侯」以接鄰國，故桓十三年注云「今衛宣未葬而嗣子稱『侯』以出，其失禮明矣」，是其事也。子般不書葬者，未踰年之君例不書葬，故子野不書葬也。

子卒日，正也；襄三十一年「秋九月癸巳，子野卒」是也。不日，故也，文十八年冬十月子赤卒是也。有所見則日。閔公不書「即位」，是見繼弒者也，故慶父弒子般，子般可以日卒，不待不日而顯。○見則，賢徧反。

○公子慶父如齊。

【疏】傳「公子慶父如齊」 釋曰：牙與慶父同謀殺般，所以牙被殺，慶父得出奔者，左氏、公羊皆以爲牙欲廢般立慶父，故季子鴆殺之。穀梁不見季子歸魯之文，亦無鴆牙之事，則叔牙被殺以不不可知也。

此奔也，其曰「如」何也？據閔二年慶父奔莒不言「如」。**諱莫如深，深則隱。**「深」謂君弑賊奔，隱痛之至也，故子般日卒、慶父如齊。

【疏】傳「諱莫如深」 釋曰：〔五三〕「諱莫如深」謂爲國隱諱莫如事之最深，深者則隱。「深」謂君弑賊奔之深重，以其深重則爲之隱諱，若經書子般日卒、慶父如齊是也。「苟有所見，莫如深」者，謂經意誠有所見，莫如事之深者，不書閔公即位是事之深也，「有所見」謂子般之弑、慶父之奔也。

苟有所見，莫如深也。閔公不書即位，見子般之弑、慶父出奔。

○狄伐邢。

閔公

【疏】魯世家：「閔公名開，莊公之子，惠王十六年即位。」謚法：「在國逢難曰閔。」世本作「啓」，方辟漢景帝諱，故爲開也。

元年春，王正月。繼弒君不言「即位」，正也。

【疏】傳「繼弒」至「正也」　釋曰：復發傳者，以非父非君嫌異，故發之。僖公又發之者，兄之後弟義異，故重發之。文公繼正之始，故發傳以明之。成公不發傳者，蒙之可知，故不發也。襄、昭發傳者，昭公即位承子野之卒，嫌其非正，故發傳以明之。昭繼子野傳言「繼正」，嫌襄公與之異，故亦發傳。父子同有「繼正」之文，所以相發明也。或以襄非嫡夫人之子，嫌非正，故發傳，案襄四年「夫人姒氏薨」，彼注云「成公夫人，襄公母也」，明非爲母賤而發傳也。

親之非父也，兄也。尊之非君也，未踰年也。繼之如君父也者，受國焉爾。

○齊人救邢。善救邢也。善齊桓得伯之道。〔五四〕

○夏，六月辛酉，葬我君莊公。莊公葬而後舉謚，謚所以成德也，

【疏】傳「謚所以成德」　釋曰：復發傳者，桓公被殺，莊公好終，僖公葬緩嫌異禮，故各發傳以明之。

於卒事乎加之矣。

○秋，八月，公及齊侯盟于洛姑。洛姑，齊地。○洛姑，一本作「路姑」。盟納季子也。季子

來歸。

【疏】傳「季子來歸」 釋曰：傳云「貴之也」者，不稱「公子」者，「公子」是凡常之總號，季子忠賢，爲國人所思，故稱「子」所以表其賢也。

其曰「季子」，貴之也。大夫稱名氏，今曰「子」，是貴之也。子，男子之美稱。○美稱，尺證反。其曰「來歸」，喜之也。大夫出使歸不書，執然後致，不言「歸」。國内之人不曰「來」，今言「來」者，明本欲遂去同他國之人也，言「歸」者明實魯人也。「喜之」者，季子賢大夫，以亂故出奔，國人思之，懼其遂去不反，今得其還，故皆喜曰「季子來歸」。○使，所吏反。

【疏】注「大夫」至「來歸」 釋曰：此云「大夫出使歸不書」，而宣十八年「歸父還自晉」書者，彼傳云「『還』者事未畢也」，是「還」與「歸」意異也。「執然後致，不言『歸』」者，意如與婼是也。「國内之人不言『來』」，下文齊仲孫言「來」者，以其外之曰「齊」，故得言「來」也。

○冬，齊仲孫來。其曰「齊仲孫」，外之也。魯絶之，故繫之于「齊」。○齊仲孫，慶父也，左氏以爲齊大夫。其不目而曰「仲孫」，疏之也。「不目」謂不言「公子慶父」。其言「齊」，以累桓也。繫「仲孫」於「齊」，言桓容赦有罪。〔五五〕○累，劣僞反。

【疏】傳「其言齊以累桓也」 釋曰：傳解經言「齊仲孫」有二種意，故上文以外慶父釋之，此又以「累桓」言之。慶父魯人而繫之於「齊」，是外之也；齊桓容赦有罪，故繫「慶父」於「齊」，是惡之也。

二年春，王正月，齊人遷陽。

〇夏，五月乙酉，吉禘于莊公。三年喪畢，致新死者之主於廟，廟之遠主當遷入大祖之廟，因是大祭以審昭穆，謂之「禘」。莊公喪制未闋時別立廟，廟成而吉祭又不於大廟，故詳書以示譏。〇禘，徒帝反。大祖，音泰，下「大廟」同。昭，上饒反。闋，苦穴反。

【疏】注「三年」至「示譏」 釋曰：言「禘於莊公」即是莊公立宮，而不稱「宮」者，莊公廟雖立訖，而公服未除，至此始二十二月，未滿三年，故不得稱「宮」也。此喪服未終，舉吉以非之，文二年亦喪服未終，而「大事于大廟」，不言吉者，其譏已明，故不復云「吉」。言「大事」者，秋祫而物成，其祀大，故傳云「大是事也，著祫嘗」是也。凡祭祀之禮，書者皆譏，故范略例云「祭祀例有九，皆書月以示譏」，九者，謂桓有二烝一嘗總三也，閔吉禘四也，僖禘大廟五也，文著祫嘗六也，宣公有事七也，昭公禘武宮八也，定公從祀九也。知禘是三年喪畢之祭者，此莊公薨未二十二月，(五六)仍書「吉」以譏之，明三年喪畢方得爲也。知必於大廟者，明堂位曰「季夏六月，以禘禮祀周公於大廟」是也。其禘祀之月，王肅、杜預之徒皆以二十五月除喪即得行禘祭，鄭玄則以二十八月始服吉，嘗即祫於大廟，(五七)明年春始禘於羣廟，今范云三年喪畢禘於大廟，必不得與鄭明年春禘於羣廟同，其除喪之月或與鄭合，故何休注公羊亦以除喪在二十七月之後也。「方」者未至之辭，此實二十二月而云「方」者，莊公以三十二年八月薨，至此年五月始滿二十二月，未盡其月爲禘祭，故言「方」。或可譏其大速以甚言之，故云「方」也。

「吉禘」者不吉者也，喪事未畢而舉吉祭，故非之也。莊公薨至此方二十二月，喪未畢。

子也。○秋，八月辛丑，〔五八〕公薨。不地，故也。其不書葬，不以討母葬子也。凡君弒賊討則書葬，哀姜實被討而不書葬者，不以討母葬子。

○九月，夫人姜氏孫于邾。哀姜與弒閔公，故出奔。○孫，音遜，本或作「遜」。與，音豫。「孫」之爲言猶孫也，

【疏】傳「『孫』之爲言猶孫」　釋曰：重發傳者，文姜殺夫、哀姜殺子嫌異，故重發之。

諱奔也。○公子慶父出奔莒。其曰「出」，絶之也，慶父不復見矣。慶父弒子般、閔公不書弒，諱之。○復，扶又反。見，賢徧反。

【疏】傳「其曰」至「見矣」　釋曰：宣十八年歸父奔齊，范注云「竟外，故不言『出』」，是竟内言出，理之常也，而云「絶之也」者，慶父前奔不言「出」，書曰「如齊」爲之隱諱，是不絶其位之辭，今不諱言「奔」，明是絶其位也。又云「慶父不復見」者，明弒二君罪重，不宜復見，故特顯之矣。

○冬，齊高子來盟。其曰「來」，喜之也。其曰「高子」，貴之也。盟立僖公也，不言「使」何也？據桓十四年「鄭伯使其弟禦來盟」言「使」。○禦，魚呂反，下同。不以齊侯使高子也。齊侯不討慶父，使魯重罹其禍，今若高子自來，非齊侯所得使也，猶屈完不稱「使」也。江熙曰：「魯頻弒君，僖公非正也，桓公遣高傒立僖公以存魯，魯人德之，不名其使以貴之，貴其使則其主重矣。」○重，直用反。屈，君勿反。傒，音奚。其使，所吏反，下同。

【疏】傳「其曰」至「子也」 釋曰：「來」者自外之常稱，而云「喜之」者，時魯二君見弒，諸侯無一助之者，而高子盟以存之，比之餘使情實過倍，故傳序經之情，明與凡常之來有異也。云「不以齊侯使高子也」者，二說不同者，前說以齊侯不討慶父，使魯重遭其禍，不以齊侯使高子，故作自來之文，所以歸美於高子，若楚人使屈完如師，能量敵强弱，遂與齊盟，故不言「使」，所以歸功於屈完也。江熙之意，以君臣一體，好惡同之，使貴則主尊，故去「使」文以表高子之貴，高子既貴，則桓公之重益彰，故不從前說也。

○十有二月，狄入衛。僖公二年〔五九〕「城楚丘」以封衛，則衛爲狄所滅明矣，不言「滅」而言「入」者，春秋爲賢者諱，齊桓公不能攘夷狄救中國，故爲之諱。○爲賢，于僞反，下同。攘，如羊反。

○鄭棄其師。惡其長也，兼不反其衆，則是棄其師也。「長」謂高克也。高克好利，不顧其君，文公惡而遠之，不能使高克將兵禦狄于竟，陳其師旅，翱翔河上，久而不召，衆將離散，高克進之不以禮，文公退之不以道，危國亡師之本。○惡其，烏路反，注同。長，丁丈反。兼，户謙反，又如字。好，呼報反。遠，于萬反。將，子匠反。竟，音境。翱，五羔反。〔六〇〕

【疏】**傳「惡其」至「師也」**　釋曰：解經稱「棄師」之意，爲惡高克不顧其君，又責鄭人不反其衆，故經書「鄭棄其師」也。

校勘記

〔一〕此書齊大災　依述例「書」字不當有，按單疏鈔本常有上文脱、衍累及一二行後之下文衍、脱，此處上文「其外則時者」，依例「則」下當有「書」字，或亦此類乎？

〔二〕伐我　唐石經、伯二五九〇同，伯二五三六「我」作「戎」，此字公羊、左傳作「戎」，陸淳纂例差繆略亦云「戎，穀梁作『我』」，趙坦異文箋謂穀梁之「我」或因十九年「齊人、宋人、陳人伐我西鄙」而訛。朱駿聲異文覈雖謂「似穀梁爲是」，但列舉齊侵伐魯十四條記事，除哀十一年一條外，「皆書所侵伐之地，或西鄙，或北鄙」，持論不堅。今按，莊二十六年「公伐戎」，可見戎南侵有漸，似以趙説爲妥。

〔三〕注「易稱」云云　此標起迄當冠下文「易稱『赦過宥罪』者」，「釋曰」下「肆，失也；眚，災也」當爲「言『肆大眚』者」至「明小惡亦赦之也」疏文之標起迄，蓋傳之疏也。

〔四〕肆大眚　「大」原作「失」，據閩本及本節傳文改。

〔五〕比　原作「此」，余本及伯二五九〇作「比」，正字、柳興恩大義述皆謂「此」當「比」字誤，按禮記鄭注、孟子趙注皆有「視，比」之文，故據改。

〔六〕與公敵體　伯二五九〇、伯二五三六「體」作「禮」。

〔七〕納吉　「吉」原作「士」，據閩本及儀禮士昏禮改。

〔八〕非常曰觀　隱五年傳曰「常事曰視」，注「『視朔』之類是」，「非常曰觀」注「『觀魚』之類是」。此處以「觀」爲主，而釋「視」有注，釋「觀」無注，疑脱。

〔九〕春秋之例　疏以下所述與此處經、傳大半無關，疑衍或他處錯簡。

〔一〇〕皆放此　伯二五九〇、二五三六「皆」上有「他」字。

〔一一〕如往月致月　述聞謂「如」字衍，「『公如』乃統下之辭，故范注曰『陳公行例』，則下文但分言往與致，不須更言『如』矣」。

〔一二〕磨也　「也」原作「之」，正字：「『也』誤『之』。」據余本及單行釋文改。

〔一三〕下同　單行釋文「下」作「注」，正字：「『注』誤『下』。」

〔一四〕桓公之宫　「桓」原作「宣」，顯誤，據本節注文改。

〔一五〕何用不受也　伯二五九〇、伯二五三六「不」作「弗」，按下云「以宗廟弗受也」，似以作「弗」爲宜。

〔一六〕覿見也　此三字疑注而誤爲傳，上節疏云「三傳之文並不云覿、見事别」，若有「覿，見也」之傳，疏不當發此言，則疏所本者無此傳。又，釋文出「覿」注音，云「見也」，依釋文述例，此類釋義皆取自注文，則釋文所本亦無此傳也。

〔一七〕所以至者也　孫校謂「此注全本士相見禮鄭注，今本有訛奪，故據彼補、乙」，並於「所」下補「執」字。

〔一八〕取其從羣帥而不黨也　孫校據士相見禮鄭注乙「羣帥」爲「帥羣」。

〔一九〕鍛脩　「脩」字原無，據單行釋文補。

〔二〇〕郭公　此下原有「傳赤歸于曹郭公」云云一節，殿本考證謂此節疏宜在傳注後，今從之。

〔二一〕不直言赤　阮校：「段玉裁云：『不』字疑衍。」

〔二二〕見微　阮校：「段玉裁云：『微』當作『徵』。」

〔二三〕以微者爲譬　正字：「『譬』當『懲』字誤。」

〔二四〕言日言朔食正朔也　日、朔言與不言共四傳，一出而不再重，此條與桓三年「七月壬辰朔，日有食之既」傳重，又無特别理由，疑衍。

〔二五〕陳三鼓三兵　述聞：「本作『陳三兵三鼓』，與上文文同一例，唐石經『兵』、『鼓』二字互誤，而各本皆從之，北堂書鈔武功部八、太平御覽天部四、兵部七十二、開元占經日占六引此並作『陳三兵三鼓』。」

〔二六〕鼓社稷祭　周禮鼓人無「稷」，疑此因「社」而衍。

〔二七〕示禦侮　儀禮經傳通解續卷二六下引「示」作「以」，正字：「『以』誤『示』。」

〔二八〕及椒　文九年「楚子使荻來聘」，釋文出「使荻」云「或作『菽』，左氏作『椒』」，則此處之「椒」乃「菽」之訛也。

〔二九〕秦術略名　文十二年「秦伯使術來聘」，所略者氏，本節注文意亦爲略氏，且疏云「術之名爲晉貶秦」、「秦術無氏」，序疏亦云「謂若秦術是卿，可謂貴矣，而文十二年以其敵晉而略稱名」，則此處之「名」上當脱「稱」字，或「名」乃「氏」之訛。

〔三〇〕又此注雖多　依上文述例「又」下疑脱「云」字。

〔三一〕庶其　邾庶其、邾快並稱，國名存前略後可也，未有略前存後者，顯見此「庶其」上脱「邾」字。

〔三二〕亦既稱師　依文義「亦」乃「秦」之訛。

〔三三〕不臣也　「不」原作「之」，據閩本及襄二十七年傳文改。

〔三四〕意趙武　襄二十七年傳「意」作「晉」，正字：「『晉』誤『意』。」

〔三五〕是其仁也　此下原有「衣裳之會十有一者」云云一節，乃下文傳「衣裳之會十有一」之疏，殿本考證謂此疏應附於該傳，今從之移置於彼。

〔三六〕此上傳亦云子般卒　「子般卒」在莊三十二年，則「上」乃「下」之訛也。

〔三七〕紀罪之　正字疑有訛，程端學春秋本義卷八引「之」作「也」。

〔三八〕素果反　「果」原作「未」，據余本及單行釋文改。

〔三九〕山林藪澤之利　陸淳纂例脱繆略謂「山林藪澤之利，所以與民共也，虞之，非正也」之傳「當在『築鹿囿』之下而誤在『築微』下」，按陸説有理，然其訛在范注之前也。

〔四〇〕共同利　「同」原作「何」，阮校：「監、毛本『何』作『同』，是。」據余本改。

〔四一〕臧孫辰　陸淳纂例差繆略：「辰，穀梁作『臣』。」

〔四二〕牛蓋反　單行釋文「牛蓋」作「魚廢」，正字謂「魚廢」誤「牛蓋」，黄校云「景宋本作『牛蓋反』，注疏本同」，「此條依義當音魚廢，作『牛蓋』者誤」。今按釋文「艾」字有五蓋、魚廢兩音，且兩者可互亦，則此處之「牛」乃「五」之訛，不必定要糾作「魚廢」。

〔四三〕鄭云　依述例當作「鄭玄云」，蓋脱「玄」字也。

〔四四〕官中之役　阮校：「嚴杰云：依周禮注『官』當作『宮』。」

〔四五〕秋有蛩　「蛩」字當作「蜚」，注文可證。

〔四六〕戎捷　「戎」字原無，據單行釋文補。
〔四七〕捷于宋也　「捷」原作「接」，據閩本及僖二十一年傳文改。
〔四八〕重立傳者　依述例「立」乃「發」之訛。
〔四九〕辭之　「辭」原作「不」，楊考：「各本『辭』訛『不』，近人遂增『遇』字以足之，非也。」據余本改。
〔五〇〕甯所未詳　「甯」原作「其」，正字、楊考皆謂「其」乃「甯」之誤，據余本及本節疏標起迄改。
〔五一〕亦與之同　此下原有「但踰年稱公范意亦與之同」十一字，閩本無，阮校謂有者誤衍，據删。
〔五二〕若未葬　「若」疑「君」之訛。
〔五三〕釋曰　「曰」字原無，據閩本補。
〔五四〕得伯之道　伯二五九〇「伯」下有「者」字，合集校記：「『者』字應有。」
〔五五〕言桓　伯二五九〇「桓」下有「公」字，合集校記：「作『桓公』爲是。」
〔五六〕薨未　「未」原作「來」，阮校：「閩、監、毛本『來』作『未』，是。」據改。
〔五七〕嘗即祫於大廟　正字：「『嘗』疑『當』字誤。」
〔五八〕八月辛丑　陸淳纂例差繆略謂「『丑』，公羊作『酉』」。依史曆表推算，辛酉爲是。
〔五九〕僖公二年　依述例「公」字疑衍。
〔六〇〕五羔反　「反」原作「而」，據余本及單行釋文改。

春秋穀梁注疏僖公卷第七起元年，盡五年

僖公〇名申，惠王十八年即位。

魯世家：「僖公名申，莊公之子、閔公庶兄，以惠王十八年即位。」謚法：「小心畏忌曰僖。」

元年春，王正月。繼弑君不言「即位」，正也。〇弑音試，後皆同。

〇齊師、宋師、曹師次于聶北，救邢。聶北，邢地。〇聶，女輒反。**救不言「次」，**據莊六年「王人子突救衛」不言「次」。

【疏】傳「救不言次」　釋曰：「王人子突救衛」上有伐文，今無見伐文，而云「救邢」者，莊三十二年「狄伐邢」，邢國遂滅，而齊救之，録其本意，故經言「救」，傳以次非救急之事，故云「非救」也。知邢國滅者，公羊傳云「不及事者何？邢已亡矣。孰亡之？蓋狄滅之」，又經書「城邢」，是國滅也。滅而不書者，公羊傳云「曷爲不言狄滅之？爲桓公諱也」，是爲齊桓諱，故不言狄滅邢也。然則滅衛諱而書「入」，邢全不書之者，二事不可全掩，故諱而

書一也，邢不書「入」故有救、次之文，衛亡書「入」故没其救、次耳。

言「次」非救也。次，止也。救赴急之意，今方停止，故知非救也。非救而曰「救」何也？遂齊侯之意也。録其本意。是齊侯與？怪其稱「師」。○與，音餘。齊侯也。何用見其是齊侯也？據經書「齊師」。○見，賢徧反，下「復見」及注同。曹無師，曹師者曹伯也。小國君將稱君，卿將稱「人」，不得稱「師」，言「師」則是曹伯也。曹君不可在師下，故知是齊侯。○君將，子匠反，下同。

【疏】注「小國」至「稱『師』」　釋曰：桓十三年傳云「戰稱『人』，敗稱『師』，重衆」，是「師」者重辭。周禮小國一軍，軍將雖命卿，小國之卿唯比大國之大夫，名氏不見，例當稱「人」，故不得言「師」也，是知言「師」者即國君也。然「師」是重辭，所以楚滅蔡亦得稱「師」。齊侯不足乎揚亦稱「師」者，凡「師」者大國則得稱之，不論貶有輕重。春秋美惡不嫌同文，貶雖文同，輕重則自別。

其不言「曹伯」何也？以其不言「齊侯」，不可言「曹伯」也。其不言「齊侯」何也？以其不足乎揚，不言「齊侯」也。救不及事，不足稱揚。○以其不足乎揚，絶句，稱揚也。

○夏，六月，邢遷于夷儀。辟狄難。夷儀，邢地。○難，乃旦反。

【疏】注「夷儀邢地」　釋曰：以邢遷之，故知邢地。

「遷」者猶得其國家以往者也。其地，邢復見也。非若宋人遷宿，滅不復見。○復，扶又反，下注並同。

○齊師、宋師、曹師城邢。是向之師也，使之如改事然，美齊侯之功也。是向聶北之師，當言「遂」，今復列三國者，〔一〕美齊桓存亡國。○是鄉，許亮反，本又作「向」，注同。

【疏】傳「向之師也」 釋曰：前言「師」者貶齊侯也，若向之師便是彰桓之罪，而云美其功者，春秋文同義異者上下甚衆，故齊侯前稱「師」以見貶，書「次」以彰惰，今之城邢，國滅而復存，齊桓過而能改，君子善之，故重列三國，所以美其功也。

「使之如改事然」 釋曰：謂經不言「遂」，重列三國之師，若似更別來城，不因前事，故云「改事然」。

○秋，七月戊辰，夫人姜氏薨于夷。哀姜。夫人薨不地，地故也。齊人以歸。不言「以喪歸」，非以喪歸也，加喪焉，諱以夫人歸也，泰曰：「齊人實以夫人歸，殺之于夷，諱故使若自行至夷，遇疾而薨，然後齊人以喪歸也。歸在薨前，而今在下，是加喪之文也。經不言『以喪歸』者，以本非以喪歸也，傳例曰『以者不以者也』，微旨見矣。」○見，賢徧反。其以歸薨之也。以歸然後殺之。

【疏】「不言」至「之也」 釋曰：「不言『以喪歸』」，謂承「夫人薨于夷」，下不云「齊人以喪歸」也。「非以喪歸」

謂元本實不以喪歸，故不得言之也。「加喪焉」者，謂齊人以夫人歸，然後殺之，今經書「薨」文在上，是加喪之文也，謂諱齊人以我夫人殺之，故加喪文於上，似若夫人行至夷遇疾而死，然後齊人以其喪歸也。「其以歸薨之」者，謂其實以歸之，然後始薨之。實殺，傳言「薨之」者，傳以經文諱殺，故順經爲文。

注「**傳例**」至「**見矣**」　釋曰：桓十四年傳文，彼注云「『不以』者，謂本非所得制，今得以之也」，范引之者，證齊人不合以夫人，見此微旨。

○楚人伐鄭。

【**疏**】「**楚人伐鄭**」　釋曰：不以州言之者，以楚雖荆蠻，漸自通於諸夏，國轉疆大，與中國抗衡，故不復州舉之。或以爲言楚所以駮鄭，然則從此以後盡稱楚，豈皆是駮鄭乎？其説非也。何休云「稱楚人者，〔二〕爲僖公諱與夷狄交婚，故進之使若中國也」，穀梁無交婚之事，其言不可通于此也。杜預云「荆始改號曰『楚』」，案莊十四年傳云「『荆』者何？州舉之也，州不如國」，注云「言『荆』不如言『楚』」，則亦與杜預異也。

○八月，公會齊侯、宋公、鄭伯、曹伯、邾人于檉。檉，宋地。○檉，勑貞反，一本作「朾」，音同。

○九月，公敗邾師于偃。偃，邾地。○敗，必邁反，下皆同。偃，于晚反，一本作「堰」，同。〔三〕

【**疏**】「**九月**」至「**于偃**」　釋曰：公所以敗邾師者，此傳無説，何休云公怨邾以夫人與齊，故敗之，未知范意然不。

不日，疑戰也。疑戰而曰「敗」，勝内也。

○冬，十月壬午，公子友帥師敗莒師于麗，獲莒挐。麗，魯地。傳例曰：「『獲』者不與之辭。」○麗，力池反。挐，女居反，又女加反。莒無大夫，其曰「莒挐」何也？據非大夫不書。以吾獲之目之也。内不言「獲」，『獲』者不與之辭，主善以内，故不言「獲」。此其言「獲」何也？據文十一年「叔孫得臣敗狄于鹹」不言「獲長狄」。

【疏】注「據文」至「長狄」 釋曰：此傳云「惡公子之紿」，彼傳諱重傷故不言「獲」，「獲」者不與之辭，内不言「獲」乃是常例，至於長狄則異於餘獲，宜書之以表功，而經文略之，由重傷故也，此注據之以爲證者，取不書「獲」之成文，不言義旨全合也。

惡公子之紿。〔四〕紿，欺紿也。○惡，烏路反。紿，徒乃反。「紿」者奈何？公子友謂莒挐曰：「吾二人不相說，士卒何罪？」屏左右而相搏。公子友處下，左右曰：「孟勞。」「孟勞」者魯之寶刀也，公子友以殺之。然則何以惡乎紿也？據得勝也。〔五〕○說，音悅。卒，子忽反。搏，音博，手搏也。勞，如字。孟勞，寶刀名。曰棄師之道也。江熙曰：「經書『敗莒師』，而傳云二人相搏，則師不戰，何以得敗？理自不通也。夫王赫斯怒，貴在爰整，子所慎三，戰居其一，季友令德之人，豈當舍三軍之整，佻身獨鬬，潛刃相害，〔六〕以決勝負者哉？雖千載之事難明，然風味之所期，古猶今也，此又事之不然，傳或失之。」○赫，呼白反。舍，音捨。佻，他堯反，又徒堯反。

【疏】注「江熙」至「失之」　釋曰：老子云「以政治國，以奇用兵」，季子知莒挐之可擒，棄文王之整旅，佻身獨鬭，潛刃相争，據禮雖乖，於權未爽，縱使理違，猶須申傳，況傳文不失，江生何以爲非乎？又且季子無輕鬭之事，經不應書「獲」，傳不須云「棄師之道」，既經、傳文符而江熙妄難，范引其說，意亦同之，乃是范失，非傳失之。又經書「獲」所以惡季子之紿，今江熙云「季子令德也」，則是非獨不信傳，〔七〕亦是不信經。

○十有二月丁巳，夫人氏之喪至自齊。其不言「姜」，以其殺二子貶之也。二子，子般、閔公。或曰爲齊桓諱殺同姓也。○爲，于僞反。

【疏】「爲齊」至「姓也」　釋曰：討夫人於齊桓，〔八〕非是姑姊，即是妹姪，而直云「同姓」者，以夫人失母之道，殺子外奔，齊桓討之，信得其罪，既疏而遠之，託言同姓。

二年春，王正月，城楚丘。「楚丘」者何？衛邑也。〔九〕國而曰「城」，此邑也，其曰「城」何也？據元年「齊師、宋師、曹師城邢」，邢，國也。封衛也。閔二年「狄入衛」，遂滅。則其不言「城衛」何也？衛未遷也。其不言衛之遷焉何也？據元年「邢遷于夷儀」，言「遷」也。不與齊侯專封也。其言城之者專辭也，故非天子不得專封諸侯，諸侯不得專封諸侯，〔一〇〕雖通其仁，以義而不與也，存衛是桓之仁，故通令城楚丘，義不可以專封，故不言遷衛。○令，力呈反。故

曰仁不勝道。「仁」謂存亡國。「道」謂上下之禮。〔一一〕

【疏】「楚丘」至「勝道」 釋曰：楚丘何嫌非衛而傳言者，以無遷衛之文，故發之也。傳知是衛者，以詩云「作于楚宮」故知之也。此云不言「遷」不與齊侯專封，而元年「城邢」美齊侯之功者，彼邢遷之後始城，則「城」者脩舊之辭，非始立之稱，〔一二〕故可以美於齊桓，今衛國已滅，始城楚丘，而國未遷，經先言「城」後言「遷」，則是齊桓城而遷之，故不與專封也。然城鄭虎牢是邑，知楚丘非邑者，詩稱「楚宮」，明知非邑也。

○夏，五月辛巳，葬我小君哀姜。

○虞師、晉師滅夏陽。非國而曰「滅」，重夏陽也。虞無師，其曰「師」何也？以其先晉，不可以不言「師」也。人不得居師上，貴賤之序。○夏陽，户雅反，左氏作「下陽」。〔一三〕先，蘇薦反，下文及注同。

【疏】傳「非國而曰滅」 釋曰：此云「非國而曰滅，重夏陽也」，昭十三年「吴滅州來」亦言「滅」者，虞、虢之滅由於夏陽之亡，州來楚之大都而吴滅之，令楚國稍弱，入郢之兆由滅州來所致，故並書「滅」。

傳「虞無師」 釋曰：小國無師，傳三發之者，並是小國，不合言「師」，燕爲敗而重衆，故得言「師」；曹言「師」者，明其是君也；虞言「師」者，表其先晉也，以其言「師」不同，各舉備文耳。

其先晉何也？據小不先大。爲主乎滅夏陽也。夏陽者虞、虢之塞邑也，其地險要，故二國以爲塞邑。○塞，蘇代反，注同。滅夏陽而虞、虢舉矣。虞之爲主乎滅夏陽何也？晉獻公欲伐虢，荀息曰：「君何不以屈産之乘、垂棘之璧而借道乎虞也？」荀息，晉大夫。屈邑産駿馬，垂棘出良璧。○屈，其勿反，又君勿反，地名也。乘，繩證反。駿，音俊。借，子夜反，及下「不借」、「而借」皆同。

【疏】傳「虞虢舉矣」　釋曰：徐邈云：「舉猶拔也，言晉滅夏陽，則虞、虢自此而拔也。」

公曰：「此晉國之寶也，如受吾幣而不借吾道，則如之何？」荀息曰：「此小國之所以事大國也。「此」謂璧、馬之屬。

【疏】傳「晉國之寶」　釋曰：玉有美惡，出處不同，周有藍田，楚有和氏，宋有結緑，晉有垂棘，各是國之貴物，〔一四〕故云國之寶也。

彼不借吾道，必不敢受吾幣，如受吾幣而借吾道，則是我取之中府而藏之外府，取之中廄而置之外廄也。」公曰：「宫之奇存焉，宫之奇，虞之賢大夫。○廄，音救。奇，其宜反。必不使受之也。」荀息曰：「宫之奇之爲人也，達心而懦，懦，弱。○懦，乃亂反，又乃卧反。音同。

又少長於君。達心則其言略，明達之人，言則舉綱領要，不言提其耳，則愚者不悟。〔一五〕○少，詩召反，下同。長，丁丈反。提，徒兮反，本作「題」，〔一六〕懦則不能彊諫，少長於君則君輕之，且夫玩好在耳目之前，而患在一國之後，〔一七〕此中知以上乃能慮之，臣料虞君中知以下也。」公遂借道而伐虢，宮之奇諫曰：「晉國之使者其辭卑而幣重，必不使於虞。」虞公弗聽，遂受其幣而借之道，宮之奇諫曰：〔一八〕「語曰『脣亡則齒寒』，其斯之謂與。」語，諺言也。○彊，其良反，又其丈反。好，呼報反。知，音智，下同。上，時掌反。料，力彫反，又力弔反。使，所吏反。便，婢面反。與，音餘。諺，音彦。

【疏】傳「中知以下」 釋曰：論語云「中人以上可以語上」，今虞君中知以下，則近愚，故不能遠慮也。

挈其妻子以奔曹。獻公亡虢五年而後舉虞，〔一九〕荀息牽馬操璧而前，曰：「璧則猶是也，而馬齒加長矣。」「猶是」言如故。○挈，去結反。操，七刀反。加長，丁丈反。

【疏】「五年而後舉虞」 釋曰：謂僖五年也。

○秋，九月，齊侯、宋公、江人、黄人盟于貫。貫，宋地。○貫，古亂反。貫之盟，不期而至者江人、黄人也，江人、黄人者遠國之辭也，中國稱齊、宋，遠國稱江、黄，以爲諸侯皆來至也。

【疏】傳「以爲諸侯皆來至也」 釋曰：公羊傳曰「江人、黄人者何？遠國之辭也。遠國至矣，則中國曷爲獨言齊、宋至爾？大國言齊、宋，遠國言江、黄，則其餘爲莫敢不至也」，何休云「晉、楚大於宋，不序晉、楚而言序宋者，〔二〇〕時實晉、楚之君不至，但君子成人之美，故褒益以爲徧至之辭，所以獎大霸功而勉盛德也」，事或然矣。魯雖復非大，春秋以魯爲主，魯若爲會必書「公」，但魯亦不至，故不書之。或以爲魯公亦在，舉大以包之，故不得以魯爲主耳。

○冬，十月，不雨。「不雨」者，勤雨也。言「不雨」，是欲得雨之心勤也，明君之恤民。○勤，如字，麋氏音覲，後年同。

○楚人侵鄭。

三年春，王正月，不雨。「不雨」者，勤雨也。

○夏，四月，不雨。一時不雨則書首月。不言「旱」，不爲災。一時言「不雨」者，閔雨也。經一時輒言「不雨」，憂民之至。閔，憂也。

【疏】「一時」至「雨也」 釋曰：此傳云「一時言『不雨』者」，據文二年「自十二月不雨，至于秋七月」，彼傳云「歷時而言不雨，文不憂雨也」，此僖公憂雨，故時時別書之。

「閔雨」者，有志乎民者也。

○徐人取舒。

○六月，雨。「雨」云者，喜雨也。「喜雨」者，有志乎民者也。

【疏】傳「雨云」至「民者也」 釋曰：春秋上下時雨不書，非常乃録，今輒書「六月，雨」者，欲明僖公得雨則心喜故也，〔二一〕心喜是於民情深，故特録之。

○秋，齊侯、宋公、江人、黄人會于陽穀。陽穀，齊地。陽穀之會，桓公委端搢笏而朝諸侯，委，委貌之冠也。端，玄端之服。搢，插也。笏以記事者也。所謂「衣裳之會」。○搢，音進，又音箭。笏，音忽。朝，直遥反。插，楚洽反。諸侯皆諭乎桓公之志。

【疏】「陽穀」至「之志」 釋曰：桓會多矣，獨此言「委端搢笏」、「皆諭乎桓公之志」者，以此會最大，又以四教令於諸侯，其諸侯皆曉諭桓公之志，不須盟誓，故傳詳其事也。其「四教」者，公羊傳云「無鄣谷，無貯粟，無易樹子，無以妾爲妻」是也。云「委端搢笏」者，謂會時服此服以朝諸侯也。謂「委端」者，郊特牲云「委貌，周道也；章甫，殷道也；毋追，夏后氏之道也」，又論語云「羔裘玄冠不以弔」，鄭玄云「玄冠，委貌，諸侯視朝之服」，是「委」者委貌之冠也，論語又云「端章甫，願爲小相焉」，鄭云「端，玄端也。衣玄端，冠章甫，諸侯日視朝之服」，又士冠禮云「主人玄冠朝服」，在朝君臣同服，是玄端，諸侯視朝之服，王肅云「端委者，玄端之衣、委貌之冠」，故范亦同之。謂之「玄端」者，其色玄而制正幅無殺，故謂之「玄端」。桓公會諸侯，因使諸侯朝已，故服朝服也。笏者，玉藻云「天子以球玉，諸侯以象，大夫以魚須文竹，士竹本，象可也」，其長短則天子三尺，諸侯以下二尺有六寸也。

注「**所謂衣裳之會**」　釋曰：傳稱「衣裳之會十有一」，今此注特言「所謂衣裳之會」者，以傳有其文，故注因顯之，不謂直此會是衣裳也。

○冬，公子季友如齊莅盟。傳例曰：「莅，位也。內之前定之盟謂之『莅』，外之前定之盟謂之『來』。」○莅，音利，又音類。

【疏】注「**傳例**」至「**之來**」　釋曰：昭七年傳文。

莅者，位也。盟誓之言素定，今但往其位而盟。其不日，前定也。不言「及」者以國與之也，不言其人亦以國與之也。

【疏】傳「**不言**」至「**之也**」　釋曰：舊解此傳是外內之通例，不據此一文而已。「不言『及』者以國與之也」，謂若外國之來盟及魯人往盟，經直舉外來爲文不言「及」者，欲見以國與之也，故舉國爲主，即宣七年「衛侯使孫良夫來盟」、此「公子季友如齊莅盟」是也。「不言其人亦以國與之也」者，謂不言「來盟」之類，經雖言「及」而不書魯之主名者，亦見舉國與之，即成三年「丙午，及荀庚盟」是也。不言「外及」者，經無故也。〔一三〕麋信、徐邈並據當文解之，理亦通也，但據成三年傳注，則不得以當文解之，故今從舊説耳。

○楚人伐鄭。

四年春，王正月，公會齊侯、宋公、陳侯、衛侯、鄭伯、許男、曹伯侵蔡，蔡潰。傳例曰「侵時」而此月，蓋爲潰。○潰，户内反。蓋爲，于僞反，下「爲退」同。

【疏】注「傳例」至「爲潰」 釋曰：侵無月例，例時，今桓公知所侵而經書月，故知爲潰也，文三年「沈潰」書月是其例也。「莒潰」書日者，惡大夫之叛，故謹而日之。

「潰」之爲言上下不相得也。君臣不和而自潰散。侵淺事也，侵蔡而蔡潰，以桓公爲知所侵也。責得其罪，故裁侵而潰。不土其地，不分其民，明正也。

【疏】傳「侵淺」至「正也」 釋曰：侵者拘人民，而謂之「淺」者，對伐爲淺也，又傳云「不分其民」，是拘之而不取，亦是淺之義。此傳本意言桓公不深暴於蔡，纔侵之而即潰，故因發淺例。左氏「無鍾鼓曰侵」，此傳稱「拘人民」，或當掩其不備，亦未聲鍾鼓也。論語稱「齊桓公正而不譎」，指謂伐楚，此侵蔡亦言「正」者，伐楚是責正事大，故馬、鄭指之，其實侵蔡不土其地，不分其民亦是正事，故傳言「正」也。

遂伐楚，次于陘。〔二三〕楚彊，齊欲綏之以德，故不速進而次于陘。陘，楚地。○陘，音刑。遂，繼事也。次，止也。

【疏】傳「次止也」　釋曰：「次」有二種，有所畏之次，即「齊師、宋師次于郎」，傳曰「畏我」是也。有非所畏之次，即此「次于陘」，傳曰「次，止也」是。

○夏，許男新臣卒。十四年「冬，蔡侯肸卒」，傳曰「諸侯時卒，惡之也」，宣九年「辛酉，晉侯黑臀卒于扈」，傳曰「其地，于外也。其日，未踰竟也」，然則新臣卒于楚，故不日耳，非惡也。○惡，烏路反，下同。臀，徒門反。

【疏】注「十四年」至「惡也」　釋曰：「宋公和卒」傳曰「諸侯日卒，正也」，則日卒由正，不由善惡；「蔡侯肸卒」傳曰「時卒，惡也」，則似不日卒由善惡，不由正者。凡諸侯雖則正卒，有惡者亦不得書日，成十五年「夏六月，宋公固卒」、僖二十四年「冬，晉侯夷吾卒」、十四年「冬，蔡侯肸卒」是也。身既是庶，雖則無惡亦不得書日，故傳云「日卒，正也」，明不日是不正，昭十四年「八月，莒子去疾卒」、定十四年「夏五月，吳子光卒」、襄十八年「冬十月，曹伯負芻卒」是也。日卒有二義，故傳兩明之，是諸侯正而無惡，縱在外、在內並書日，不正無惡則書月，但有大惡，不問正與不正皆時也。宋共公卒書月者，彼爲葬日表其違例，故不得書時也。雖例言之，〔二四〕則此許男新臣亦是不正也，故范直以「非惡」解之，不云正與不正。又昭二十三年「夏六月，蔡侯東國卒于楚」，范云「不日，在外也」，則此新臣亦不正，〔二五〕故不書日。襄二十六年「八月壬午，許男甯卒于楚」，彼亦在外而書日，則甯是正可知也。然則庶子踰竟、未踰竟並皆不日，嫡子在外、在內並皆書日，則新臣由不正而不書日，注云「卒于楚，故不日」者，以新臣非直不正，又兼在外，傳例云「其日，未踰竟」，故順傳文書之，其實由正與不正，不論在外、在内也。其襄公二十六年傳注云「在外已顯」者，彼甯實是正，經言「于楚」，則在外之文已顯，必不須去日，故亦順傳文言之。必知由正、不正，不由在外、在内者，宣九年范注云「諸侯正卒則日，不正則不日」，而云「未踰竟」者，「恐後人謂操、扈是國，故發傳曰『未踰竟』」是也。知新臣無罪者，以薨于朝會乃有王事之功，明無罪。或以爲許男新臣亦正也，但爲卒于楚，故不日，許男甯卒于楚書日者，以新臣卒無「于楚」之文，故去日以見在外而卒也，許男甯經有在外之文，故書日以明其正。「晉侯黑臀卒于扈」是正，未踰竟，故亦書日，與許男異，故范以爲「其日，未踰竟」者，表其非國，不釋日與不日。范氏之注上下多違，縱使兩解，仍有僻謬，故並存之，以遺來哲。

諸侯死於國不地，死於外地。死於師何爲不地？據宣九年「晉侯黑臀卒于扈」地。

【疏】注「據宣」至「扈地」 釋曰：不據「曹伯負芻卒于師」者，師與地異。上云「伐楚，次于陘」，則許男卒于陘可知，卒當有地而不地，故注以地決之。曹伯圍齊未退，即在師而卒，故云「卒于師」，是師與地異，故不據曹伯也。

内桓師也。齊桓威德洽著，諸侯安之，雖卒於外，與其在國同。

○楚屈完來盟于師，盟于召陵。屈完來如陘師盟，齊桓以其服義，爲退一舍，次于召陵而與之盟。召陵，楚地。○召，上照反。

【疏】注「退一舍」 釋曰：知一舍者，古者師行每舍三十里，上云「屈完來盟于師」，下即云「盟于召陵」，〔二六〕知非大遠，故云「一舍」。宣十五年左傳華元謂子反曰「去我三十里，唯命是聽」，亦其證也。

楚無大夫，無命卿也。

【疏】「楚無大夫」 釋曰：無大夫凡有三等之例，曹無大夫者，本非微國，後削小耳；莒則是東夷，本微國也；楚則蠻夷大國，僭號稱王，其卿不命於天子，故不同中國之例也。

其曰「屈完」何也？以其來會桓，成之爲大夫也。尊齊桓，不欲令與卑者盟。○令，力呈反，〔二七〕下同。其不言「使」，權在屈完也。邵曰：「齊桓威陵江漢，楚人大懼，未能量敵，遣屈完如師。完權事之宜，〔二八〕以義卻齊，遂得與盟，以安竟內，功皆在完，故不言『使』。」○與，音預，又如字。則是正乎？曰非正也，臣無自專之道。以其來會諸侯，重之也。重其宗中國，歸有道。

【疏】「以其」至「重之也」 釋曰：「以其來會，重之也」，謂完既不正，經無貶文者，重其會中國。徐邈云「經不言『使屈完』者，重其會諸侯也」，不言「使」前已解訖，徐說非也。

「來」者何？内桓師也。「來」者内辭也，内桓師故言「來」。

【疏】「『來』者」至「師也」 釋曰：「『來』者何也」，謂據陳袁僑如會不言「來」也。「内桓師也」，謂「來」者鄉内之辭，今内齊桓爲天下霸主，故亦言「來」也。

「于師」前定也，「于召陵」得志乎桓公也，「得志」者不得志也。屈完來盟，桓公退于召陵，是屈完得其本志，屈完得志則桓公不得志。以桓公得志爲僅矣。桓爲霸主以會諸侯，楚子不來，屈完受盟，令問諸江，辭又不順，僅乃得志，言楚之難服。○爲僅，其靳反。

屈完曰：「大國之以兵向楚何也？」桓公曰：「昭王南征不反，菁茅之貢不至，故周室不祭。」菁茅，香草，所以縮酒，楚之職貢。○菁茅，子丁反，下亡交反。菁茅，香草也，尚書傳云「菁以爲菹，茅以縮酒」。縮，所六反。

【疏】注「菁茅香草」 釋曰：尚書禹貢云「苞匭菁茅」，孔安國云「菁以爲菹，茅以縮酒」，今范云「菁茅，香草」，則以爲一物，與孔異也。

屈完曰：「菁茅之貢不至則諾，昭王南征不反，我將問諸江。」問江邊之民有見之者不。此不服罪之言，故退于召陵而與之盟，屈完所以得志，桓公之不得志爾。

【疏】注「問江邊之民」 釋曰：吕氏春秋云「周昭王親征荆蠻，反涉漢，梁敗，隕于漢中，辛餘靡振王北濟」，高誘注引左傳云「昭王不復，君其問諸水濱」，則昭王没於漢，不得振王北濟也，故舊説皆云漢濱之人以膠膠舡，船壞，昭王溺焉。則昭王没漢，此云問諸江邊者，江、漢水之相近者，楚人不服罪，不指王之死處，而云「問諸江」也。

○齊人執陳袁濤塗。袁濤塗，陳大夫。○濤，徒刀反。「齊人」者齊侯也，其人之何也？於是哆然外齊侯也，不正其踰國而執也。江熙曰：「『踰國』謂踰陳而執陳大夫。主人之不敬客，由客之不先敬主人，哆然衆有不服之心，故春秋因而譏之，所謂以萬物爲心也。莊十七年『齊人執鄭詹』，傳與其執者，詹奔在齊，因執之。」○哆，昌者反，又昌氏反。詹，之廉反。

【疏】「齊人」至「執也」 釋曰：公羊、左氏皆以爲濤塗誤軍道，故齊侯執之，此傳與注竟無誤軍道之言，則以濤塗不敬齊命，故執之也。「於是哆然外齊侯」者，謂齊不以禮於陳，陳人有不服之意，哆然疏外齊侯。哆然，寬大之意也。

「不正其踰國而執也」　釋曰：謂陳之不敬，由齊之無禮不能自責，反越國而執其臣，故不正其踰國而執也，貶以稱「人」。「不正」猶言不與也，正則人與之，不正則人不與，故謂不與爲不正也。然「齊人執鄭詹」亦稱「人」以執，傳言「與之」，此稱「人」以執即云貶者，詹，鄭之佞人，往至齊國，稱「人」以執，則是衆人欲執之，今濤塗不在齊國，又無實罪，齊侯執之，而云「齊人」，故知是貶也。桓十一年宋公執人權臣，令廢嫡立庶，亦貶云「宋人」，是其類也。

注「以萬物爲心也」　釋曰：莊子文。

○秋，及江人、黄人伐陳。不言其人及之者何？内師也。

【疏】「不言」至「師也」　釋曰：何嫌非内而發傳者，以文承「齊人執濤塗」之下，即云「及江人、黄人伐陳」，恐非魯及，故云「内師也」。

○八月，公至自伐楚。有二事偶則以後事致，後事小則以先事致。其以伐楚致，大伐楚也。鄭君曰：「會爲大事，伐爲小事，今齊桓伐楚而後盟于召陵，公當致會而致伐者，楚彊莫能伐者，故以伐楚爲大事。」

【疏】注「鄭君」至「大事」　釋曰：知會大伐小者，伐雖國之大事，會盟有昇壇揖讓之儀，示威講禮之制，奉之以牲玉，要之以神明，是其大事，故定四年公會諸侯侵楚，「五月，盟于皋鼬」，下云「公至自會」，是亦以會爲大事也。今以楚彊莫能伐之者，故特以伐爲大事也。

○葬許穆公。

○冬，十有二月，公孫兹帥師會齊人、宋人、衛人、鄭人、許人、曹人侵陳。莊十年「春二月，公侵宋」，傳曰「侵時，此其月何也？惡之，故謹而月之」，然則凡侵而月者皆惡之。○惡，烏路反，下同。

【疏】注「凡侵」至「惡之」　釋曰：此侵陳爲惡者，陳之不敬，由齊之不敬陳也，齊桓宜自責，反執其臣，前事既非，今又致討，故書月以見惡也。

五年春，晉侯殺其世子申生。目晉侯、斥殺，惡晉侯也。斥，指斥。〔二九〕

【疏】「目晉」至「侯也」　釋曰：傳言此者，於鄭段雖有目君之例，未辨目君之由，故於此明之。宋公殺其世子痤雖不發傳，從此可知。其殺公子不目君者，皆罪賤之也。

○杞伯姬來朝其子。婦人既嫁不踰竟，踰竟，非正也。諸侯相見曰「朝」，〔三〇〕伯姬爲志乎朝其子也。伯姬爲志乎朝其子，則是杞伯失夫之道矣。凱曰：「不能刑于寡妻。」○朝，直遥反，下皆同。爲志，于僞反，下同。諸侯相見曰「朝」，以待人父之道待人之子，非正也，故曰「杞伯姬來朝其子」，參譏也。「參譏」謂伯姬、〔三一〕杞伯、魯侯也。桓九年「曹伯使其世子射姑來朝」譏世子，此不譏者，明子隨母行，年尚幼弱，未可責以人子之道。伯姬以莊二十五年夏嫁，至今十三年，〔三二〕則子幼可知。○參，七南反，又音三。

【疏】傳「參譏也」　釋曰：並譏之者，伯姬託事而行，近於淫泆，失爲婦之道；杞伯不能防其閨門，令妻至魯，失爲夫之宜；魯待人之子行待父之禮，失爲主之度，故三事同譏之也。

○夏，公孫兹如牟。

○公及齊侯、宋公、陳侯、衛侯、鄭伯、許男、曹伯會王世子于首戴。惠王之世子，名鄭，後立爲襄王。首戴，衛地。○首戴，左氏作「首止」。

【疏】「公及」至「首戴」　釋曰：案史記年表，此時「齊侯」桓公也，「宋公」桓公也，「陳侯」宣公也，「衛侯」文公也，「鄭伯」文公也，「許男」僖公也，「曹伯」昭公也，其「王世子」者即惠王之世子，名鄭，後立爲襄王是也。

及以會，尊之也。言及諸侯，然後會王世子，不敢令世子與諸侯齊列。○令，力呈反。何尊焉？「王世子」云者，唯王之貳也，云可以重之存焉尊之也。何重焉？天子世子，世天下也。

【疏】「天子」至「下也」　釋曰：士冠禮云「天子之元子猶士也，天下無生而貴者也」，此云「世天下也」者，彼見無生而貴者，又明有父在之，故令傳以其特世父位，故云「世天下也」。

○秋，八月，諸侯盟于首戴。言「諸侯」者，前目而後凡，他皆放比。無中事而復舉諸侯何也？尊王世子而不敢與盟也。尊則其不敢與盟何也？盟者不相信也，故謹信也，不敢以所不信而加之尊者。桓，諸侯也，不能朝天子，是不臣也；王世子，子也，塊然受諸侯之尊己而立乎其位，是不子也，桓不臣、王世子不子，則其所善焉何也？是則變之正也。雖非禮之正，而合當時之宜。○復，扶又反，下同。塊，苦對反，又苦怪反。

【疏】「無中」至「侯何也」　釋曰：「無中事」者，謂中間無他事也。據平丘之會無中事不重舉諸侯，此則重舉諸侯，故決之。

「塊然」　釋曰：「塊然」者，徐邈云：「塊然，安然也。」

「則其所善焉何也」　釋曰：謂經不譏桓而尊王世子是也。

天子微，諸侯不享覲，桓控大國、扶小國，統諸侯，不能以朝天子，亦不敢致天王，尊王世子于首戴，乃所以尊天王之命也；世子含王命會齊桓，亦所以尊天王之命也，世子受之可乎？是亦變之正也，天子微，諸侯不享覲，世子受諸侯之尊己而天王尊矣，世子受之可也。

【疏】「世子受之可乎」〔三三〕　釋曰：謂問世子受諸侯之尊己可乎以不也，下文云「世子受之可也」，謂得受之也。

鄭伯逃歸不盟。以其去諸侯，故逃之也。專己背衆，故書「逃」，傳例曰「逃義曰『逃』」。○控大，苦貢反。背衆，音佩。

【疏】注「逃義曰『逃』」　釋曰：莊十七年傳文。〔三四〕

○楚人滅弦，弦子奔黄。弦，國也，其不日，微國也。

【疏】「弦，國也」，何嫌非國，傳特言「弦，國也」發之者，將明微國不書日，故辨之也。

○九月戊申朔，日有食之。

○冬，晉人執虞公。虞公貪璧、馬之寶，棄兄弟之親，拒絶忠諫之口，不圖社稷之危，故晉命行于虞，使下執上，虞同于晉，是以謂之「晉人執虞公」。江熙曰：「春秋有州公、郭公、虞公凡三公，非爵也，傳以爲下執之辭，嘗試因此論之，五等諸侯，民皆稱曰『公』，存有王爵之限，没則申其臣民之稱。州公舍其國，故先書『州公』；郭公盜而歸曹，故先名而後稱『郭公』；夏陽亡則虞爲滅國，故宜稱『虞公』。三人殊而一致，三公舛而同歸，(三五) 生死齊稱，蓋春秋所賤。」○之稱，尺證反，下「齊稱」同。舍，音捨。舛，昌兗反。

【疏】注「江熙」至「所賤」 釋曰：「存有王爵之限」者，謂五等諸侯生存皆從本爵稱之也。「没則申其臣民之稱」者，謂五等臣子尊其君父，舉謚稱「公」也。「州公舍其國，故先書州公」者，謂州公、郭公書經不同立文之意，以州公好舍其國而寔來，故先書「州公」，若郭公則盜而歸曹，故後言「郭公」也。「夏陽亡則虞爲滅國」者，謂晉滅夏陽則虞、虢舉矣，故虞爲滅國而亦稱「公」也。「三人殊而一致」者，謂立文雖殊，其理致是一也。「三公舛而同歸」者，謂失國雖舛，同歸一稱也。「生死齊稱」正謂生死同號之曰「公」，與凡諸侯異也。案桓五年「州公如曹」，六年「寔來」，本無舍國之事，莊二十四年郭公歸曹，不見有盜歸之文，今江爲此説而范不難者，以州公舍國左氏有文，郭公棄位適曹即是盜之狀，以無正文，故引而不難也。「三公舛而同歸」或有作「舛」者，(三六) 舛謂差舛，理亦通，但定本作「殊」者多。

執不言所於地，緼於晉也。時虞已包裹屬於晉，故雖在虞執而不書其處。○緼，紆粉反。包，音苞。裹，音果。處，昌呂反。

【疏】「執不」至「晉也」 釋曰：舊解云執人例不書地，此云不地「緼於晉也」者，凡執人不地者，亦以地理可明故也，若晉會諸侯於溴梁執莒子、邾子，楚合諸侯於申執徐子，皆因會而執之，則在會可知，故不假言地。至如滅人之國執人之君，則亦是就國可知也。經若書「晉滅虞」則是言其地，今不書「滅虞」，即不舉滅國之地，不謂執人當地也。所以不言「滅虞」者，晉命先行於虞，虞已屬晉，故不得言之也。或以爲「執不言所於地」謂不書執虞公于虞也，「縕于晉也」謂虞已苞裹屬晉，故不得言也，理亦通耳。

其曰「公」何也？據十九年「宋人執滕子嬰齊」不言「公」。**猶曰其下執之之辭也。**臣民執其君，故稱「公」。**其猶下執之之辭何也？晉命行乎虞民矣。**虞服于晉，故從晉命而執其君。**虞、虢之相救，非相爲賜也，今日亡虢而明日亡虞矣。**言「明日」喻其速。○爲，于僞反，又如字。

校勘記

〔一〕三國者　「三」原作「二」，阮校：「閩、監、毛本『二』作『三』，是也。」據余本、閩本改。

〔二〕稱楚人者　公羊何注「稱楚人」作「楚稱『人』」。

〔三〕同　單行釋文「同」上有「音」字，正字：「脱『音』字。」

〔四〕惡公子之紿　唐石經初刻「公子」下有「友」字，後磨改，李富孫異文釋謂磨改非也。按上節疏云「此傳云『惡公子之紿』」，則單疏本所據亦無「友」字。

〔五〕據得勝也　「也」原作「地」，據余本改。

〔六〕潛刃相害　疏云「潛刃相争」，作「争」義長。

〔七〕不信傳　「信」原作「言」，據閩本改。

〔八〕討夫人於齊桓　依文義「討」疑「計」之訛。

〔九〕衛邑也　隱七年傳及襄二年注引「衛」下有「之」字。按釋某地爲某國邑者，傳多稱「之邑」，而注則無「之」字，則此處之「之」字當有。

〔一〇〕諸侯不得專封諸侯　述聞謂「不得」二字涉上文衍。

〔一一〕上下之禮　正字：「『體』誤『禮』。」

〔一二〕始立　「立」原作「丘」，據閩本改。

〔一三〕左氏作下陽　「作」字原無，正字：「脱『作』字。」依述例據單行釋文補。

〔一四〕各是國之貴物　「是」原作「楚」，據閩本改。

〔一五〕不悟　「悟」原作「悮」，楊考謂閩本作「悟」是，故據改。

〔一六〕本作　單行釋文「本」下有「又」字，正字：「脱『又』字。」按，依述例當有。

〔一七〕一國之後　述聞謂「之後」二字衍。

〔一八〕諫曰　述聞謂「諫」字衍。

〔一九〕亡號五年而後舉虞　莊元年「齊師遷紀」，莊四年「紀侯大去其國」，傳云「言民之從者四年而後畢也」，若然，此處之「五」當作「四」，公羊傳稱「還，四年反取虞」、新序善謀上謂「旋歸，四年反取虞」皆可證。此疏云「謂僖五年也」，蓋因誤文而彌縫也。

〔二〇〕言序宋者　公羊傳無「言」字，疑疏所本作「言齊、宋」，「序」乃「齊」之訛也。

〔二一〕得雨　「得」原作「待」，阮校：「閩、監、毛本『待』作『得』，是。」據閩本改。

〔二二〕經無故也　殿本考證：「推尋文義，『經無故也』疑當作『經無文也』。」

〔二三〕遂伐楚次于陘　此傳文及下注文原置上條疏文前，蓋經疏拚合時誤隸，閩本移置於此，今從之。

〔二四〕雖例言之　正字：「『雖』疑『推』字誤。」今按，疑當作「准例言之」，下文僖七年疏有其例。

〔二五〕亦不正　正字：「『不正』疑『在外』誤。」阮校：「『不正』當作『在外』。」

〔二六〕盟于召陵　「盟」原作「明」，據傳文改。

〔二七〕力呈反　「反」原作「天」，據余本、閩本及單行釋文改。

〔二八〕事之宜　「事」原作「言」，據余本、閩本改。

〔二九〕指斥　陸淳春秋集傳微旨卷中及慧琳音義卷五一、卷七八引「斥」皆作「也」，是也。

〔三〇〕諸侯相見曰朝　述聞謂此六字涉下文衍。

〔三一〕參譏　此及本節疏標起迄之「譏」原皆作「議」，據閩本及傳文改。

〔三二〕十三年　如注所言，自莊二十五年至本年爲十五年，則「三」乃「五」之訛。

〔三三〕世子受之可乎　此節疏原隸下節，「鄭伯逃歸不盟」屬經文，上傳之疏不當踰越，蓋經疏拚合時誤隸，今依所疏内容移置於此。

〔三四〕莊十七年傳文　此下原有「弦，國也」云云一節，乃下文「楚人滅弦，弦子奔黄」傳「弦，國也」之疏，蓋經疏拚合時誤隸，故從閩本移置於彼。

〔三五〕三公舛而同歸　殿本考證：「各本俱作『三公舛而同歸』，陸氏釋文云『舛昌兖反』，則舊作『舛』字久矣，但疏云『三公殊而同歸或有作舛者，舛謂差舛，理亦通，但定本作殊者多』，則知定本作『殊』字也，今各本疏云『三公殊而同歸者，謂失國雖殊，同歸一稱也』，兩『殊』字亦作『舛』字，非也。」今按，考證説是，疏所據乃定本。

〔三六〕三公　「三」原作「二」，據閩本改。

春秋穀梁注疏僖公卷第八 起六年，盡十八年

六年春，王正月。

○夏，公會齊侯、宋公、陳侯、衛侯、曹伯伐鄭，圍新城。伐國不言圍邑，此其言「圍」何也？據元年「楚人伐鄭」不言「圍」。病鄭也，著鄭伯之罪也。泰曰：「諸伐國而言圍邑，傳皆以爲伐者之罪，而以此著鄭伯之罪者，齊桓行覇，尊崇王室，綏合諸侯，翼戴世子，盟之美者莫盛於此，而鄭伯辟義逃歸，違叛霸者，是以諸侯伐而圍之，罪著于上，討顯于下，圍、伐之文雖同，而善惡之義有殊，亦猶桓盟不日以明信，而葵丘之盟日之以爲美。」○著，張慮反。辟，音避。

【疏】注「泰曰」至「以爲美」 釋曰：「罪著於上而討顯於下」者，謂前五年書鄭伯會而逃歸，是罪著於上也，今伐鄭又言「圍新城」，是討顯於下也。「圍、伐之文雖同，而善惡之義有殊」，謂隱五年「宋人伐鄭，圍長葛」，此言齊侯「伐鄭，圍新城」，是圍、伐之文同也，彼傳云「伐國不言圍邑，此其言『圍』何也？久之也」，此傳曰「伐國不言圍邑，此其言『圍』何也？著鄭伯之罪也〔一〕」，故知彼言「圍」以惡宋，此言「圍」以善齊，是善惡之義有殊也。知善齊者，傳言「著鄭伯之罪」，故知圍者之善也。

○秋，楚人圍許，諸侯遂救許。伐鄭之諸侯。善救許也。

【疏】「善救許也」　釋曰：何嫌非善而傳言之者，以許是近楚小國，叛而即齊，嫌救之非善，故發之。

○冬，公至自伐鄭。其不以救許致何也？大伐鄭也。

【疏】「大伐鄭也」　釋曰：大之者，鄭叛中國，外心事楚，成蠻夷之强，益華夏之弱，齊桓爲伯討得其罪，鄭人服從，遂使世子聽命，是其大也。

七年春，齊人伐鄭。

○夏，小邾子來朝。○朝，直遥反。

○鄭殺其大夫申侯。稱國以殺大夫，殺無罪也。

【疏】「稱國」至「罪也」　釋曰：莊九年「齊人殺無知」，傳曰「稱『人』以殺，殺有罪也」，此云「稱國以殺大夫，殺無罪也」，是稱人、稱國例異也，但傳不説殺之狀，無由知其事焉。准例言之，則是罪鄭伯也。案傳例「失德不葬」，文公不書葬，則亦失德也，枉殺卿佐是失德之儔，未知鄭伯更有失德，爲當直由殺申侯，不可知也。

○秋，七月，公會齊侯、宋公、陳世子款、鄭世子華盟于寧母。寧母，某地。○寧母，上音如字，又音甯，下音無，又茂后反，左氏作「甯」。衣裳之會也。

【疏】「衣裳之會也」 釋曰：衣裳之會十有一，或釋或不釋，兵車之會四，傳皆發之者，衣裳之會多，省文以相苞，兵車之會少，故備舉以見義。此是衣裳，後歲兵車，二文相近，故傳因而别之也。

○曹伯班卒。○班，必顔反。

○公子友如齊。

○冬，葬曹昭公。

八年春，王正月，公會王人、齊侯、宋公、衛侯、許男、曹伯、陳世子款盟于洮。洮，曹地。王人之先諸侯何也？貴王命也。朝服雖敝必加於上，弁冕雖舊必加於首，周室雖衰必先諸侯。兵車之會也。鄭伯乞盟。

以向之逃歸乞之也。「向」謂五年逃首戴之盟。齊桓爲兵車之會于此，乃震服，懼不得盟，故乞得與之。不録使者，使若鄭伯自來，所以抑一人之惡，申衆人之善。○之先，悉薦反，下同。朝服，直遥反。弁，皮彦反。以向，香亮反，本又作「鄉」，注同。得與，音豫。使者，所吏反。

【疏】「朝服雖敝」至「必加於首」　釋曰：「朝服」者，天子則皮弁，諸侯則玄冠，衣則皮弁白布，玄冠緇衣素裳也。「弁冕」者，謂白鹿皮爲弁，「冕」謂以木爲幹，衣之以布，上玄下纁，垂旒者也。

「乞」者重辭也，人道貴讓，故以乞爲重。

【疏】「『乞』者重辭也」　釋曰：文與「乞師」同，故爲重辭也。

重是盟也。悔前逃歸，故以「重」言。「乞」者處其所而請與也，言「乞」，知不自來。

【疏】注「言『乞』知不自來」　釋曰：經言「晉侯使郤錡來乞師」，是亦不自來也。若然，何以不録使者？所以抑鄭伯、申諸侯也。

蓋汋之也。汋血而與之。○汋，由若反，又音酌。〔二〕

○夏，狄伐晉。

○秋，七月，禘于大廟，禘，三年大祭之名。大廟，周公廟。禮記明堂位曰「季夏六月，以禘禮祀周公于大廟」，雜記下曰「孟獻子曰：『七月日至，可以有事于祖。』七月而禘，獻子爲之」。案宣九年「仲孫蔑如京師」，於是獻子始見經，襄十九年卒，然則失禮非獻子所始明矣，雜記之云，甯所未詳。○大廟，音泰。見，賢徧反，下文「而見」同。

【疏】注「失禮」至「明矣」 釋曰：范言此者，以禮記稱「七月而禘，獻子爲之」，此時未有獻子，〔三〕亦七月而禘，故知失禮非獻子爲始也。

用致夫人。劉向曰：「夫人，成風也。致之于大廟，立之以爲夫人。」○夫人，成風也，左氏以爲哀姜。

【疏】「用致夫人」 釋曰：左氏以「夫人」爲哀姜，因禘祭而致之於廟；公羊以爲僖公本取楚女爲嫡，取齊女爲媵，齊女先至，遂脅公使立之爲夫人，故因禘祭而見於廟。此傳及注意則以「夫人」爲成風，致之者，謂致之於大廟，立之以爲夫人，與二傳違者，若左氏以「夫人」爲哀姜，元年爲齊所殺，何爲今日乃致之？若公羊以爲齊之媵女，則僖公是作頌賢君，縱爲齊所脅，豈得以媵妾爲夫人乎？明知二傳非也，今傳云「一則以宗廟臨之而後貶焉，一則以外之弗夫人而見正焉」，檢經傳之文符同，故知是成風也。

「用」者不宜用者也，「致」者不宜致者也。言「夫人」必以其氏姓，言「夫人」而不以氏姓，非夫人也，立妾之辭也，非正也。「夫人」者正嫡之稱謂，非崇妾之嘉號，以妾體君則上下無別，雖尊其母，是卑其父，故曰「非正也」。禮，有君之母非夫人者，又庶子爲後爲其母緦，是妾不爲夫人明矣。○適，丁歷反，本亦作「嫡」。稱，尺證反。別，彼列反。爲其，于僞反。〔四〕緦，音思。

【疏】注「夫人」至「明矣」 釋曰：仲子者惠公之母，隱五年「考仲子之宮」，而經傳譏之是也。「有君之母非夫人者，又庶子爲後爲其母緦」者，喪服文也。

夫人之，我可以不夫人之乎？夫人卒葬之，我可以不卒葬之乎？鄭嗣曰：「君以爲夫人，君以夫人之禮卒葬之，主書者不得不以爲夫人也。成風以文四年薨，五年葬，傳終說其事。」一則以宗廟臨之而後貶焉，臣無貶君之義，故于大廟去夫人氏姓，以明君之非正。○去，起呂反。一則以外之弗夫人而見正焉。「秦人來歸僖公成風之襚」不言「夫人」。○襚，音遂。

○冬，十有二月丁未，天王崩。惠王也。

九年春，王三月丁丑，宋公禦說卒。○禦，魚呂反，本亦作「御」。說，音悅。

○夏，公會宰周公、齊侯、宋子、衛侯、鄭伯、許男、曹伯于葵丘。宰，官；周，采地。天子三公不字。宋子，襄公。葵丘，地名。○采，音菜。天子之宰通于四海。宰，天官冢宰兼爲三公者，三公論道之官，無事于會盟，冢宰「掌建邦之六典，以佐王治邦國」，故曰「通于四海」。

【疏】注「宰天」至「四海」。釋曰：傳言「通於四海」者，解其與盟會之事也，若直爲三公論道之官，則無事於會盟，以兼爲冢宰通於四海，爲諸侯所尊，故得出會也。一解「通於四海」者，解其稱官之意與注乖，非也。「論道之官」者，尚書周官云「論道經邦，燮理陰陽」是也。「掌建邦之六典」者，大宰職云「一曰治典，二曰教典，三曰禮典，四曰政典，五曰刑典，六曰事典」是也。左氏以「宰周公」爲宰孔，此傳蓋亦然也。

宋其稱「子」何也？未葬之辭也。禮，柩在堂上，孤無外事，今背殯而出會，以宋子爲無哀矣。欑木如椁塗之曰「殯」。殷人殯于兩楹之間，周人殯于西階之上，宋，殷後也。○柩，其救反，禮記云「在牀曰尸，〔五〕在棺曰柩」。背，音佩。菆木，才官反，本又作「欑」同。

【疏】「宋其」至「哀矣」　釋曰：稱「宋子」正也，而云「無哀」者，宋子非王伯所召，而自會諸侯稱「子」，嫌稱「子」合正無譏，故傳責其背殯也。晉襄背殯，貶之稱「人」，此經不貶者，〔六〕宋襄雖背殯出會，而子道不虧，於理雖合小譏，而文不可貶責，其晉襄上無王命所召，又非國事急重，而自爲戎首，與敵交戰，非直於理合責，於文亦當貶也。其稱「子」、稱「侯」之例，具於桓十三年疏。

注「欑木」至「後也」　釋曰：禮記檀弓云「天子之殯也，菆塗龍輴以椁」，鄭玄云「菆木周龍輴，如椁而塗之也。天子殯以輴車，畫轅爲龍也」，彼説天子之禮，故云「龍輴」，則諸侯亦設輴而不畫龍，其用木欑之亦如椁，故范云「欑木如椁」也。檀弓又云「夏后氏殯於東階之上，殷人殯於兩楹之間，周人殯於西階之上」，〔七〕是注所據之文也。云「宋，殷後」者，欲見宋之殯亦從兩楹之間。

○秋，七月乙酉，伯姬卒。内女也，未適人不卒，此何以卒也？許嫁笄而字之，死則以成人之喪治之。女子許嫁不爲殤死，〔八〕則以成人之喪治之，謂許嫁于諸侯尊同，則服大功九月。吉笄以象爲之，刻鏤其首以爲飾，成人著之。○笄，古兮反。殤，式羊反。著，丁略反。

【疏】「内女也」　釋曰：明内女有書「卒」之義，故發首云「内女也」，若其不然，不嫌非内女也。范氏别例云「内女卒葬例有六，葬有三，卒亦有三。卒者，此文一也，僖十六年鄫季姬二也，成八年杞叔姬三也；葬者，莊四年葬紀伯姬、三十年葬紀叔姬、襄三十年宋葬共姬」是也。文十二年子叔姬不數之者，與此伯姬同是未適人，故總爲一也。

注「女子」至「著之」　釋曰：喪服大功章云「女子子之長殤」，傳曰「何以大功？未成人也。年十九至十六爲長殤，十五至十二爲中殤，十一至八歲爲下殤，七歲以下爲無服之殤」。於其服也，長殤、中殤降成人一等，下殤降成人二等，又喪服傳曰「大功之殤中從上，小功之殤中從下」，長殤、中殤總言之者，據大功以上也。其葬殤之禮亦與成人有異，故檀弓云「周人以殷人之棺槨葬長殤，以夏后氏之堲周葬中殤、下殤，以有虞氏之瓦棺葬無服之殤」是也。女子許嫁而笄，猶男子之冠也，故以成人之喪治之。禮，諸侯絶朞，故許嫁於諸侯則服之，若嫁與大夫則不服也。禮，姊妹與己之女同服齊衰，若出嫁則爲之降至大功九月，禮意爲降者，取受我而厚之，夫爲之朞，故我爲之降，計此伯姬未至夫家，案曾子問云「娶女有吉日而女死，壻齊衰而弔，既葬除之」，然則其夫不爲之盡禮，則皆不得爲之降，當亦服齊衰朞也。而范注云「服大功」者，總據出嫁者言之，故云「大功」，非謂此亦大功也。或當女子在室，公不爲之服，則卒亦不書，今書之者，〔九〕以其許嫁故也。夫雖不爲終服，公亦從出嫁之例降至大功也。「吉笄以象爲之」者，詩云「象服是宜」，毛傳云「尊者所以爲飾」，故知用象也，鄭解象服與此異耳。喪服女子許嫁服斬衰用箭笄，齊衰則用榛笄，喪既無飾，故知吉笄有飾也。鏤刻其首者，相傳爲然也。

○九月戊辰，諸侯盟于葵丘。桓盟不日，此何以日？美之也。爲見天子之禁，故備之也。何休以爲即日爲美，其不日皆爲惡也，桓公之盟不日皆爲惡邪？莊十三年柯之盟不日爲信，至此日以爲美，義相反也。鄭君釋之曰：「柯之盟不日固始信之，自其後盟以不日爲平文，從陽穀已來至此葵丘之盟，皆令諸侯以天子之禁，桓德極而將衰，故備日以美之，自此不復盟矣。」○爲見，于僞反，下賢徧反。復，扶又反。

【疏】注「自此不復盟矣」 釋曰：十五年盟于牡丘而云「不復盟矣」者，以衣裳之會不復盟，彼是兵車故也。

葵丘之盟，陳牲而不殺，所謂無歃血之盟，鄭君曰：「盟牲，諸侯用牛，大夫用豭。」○歃，本又作「唼」，所洽反，又所甲反。豭，音加。

【疏】「陳牲而不殺」 釋曰：陳牲不殺則不得謂之「盟」，若不殺牲又不得云「讀書加于牲上」，而傳云「不殺」者，桓公信義之極，見於此矣。〔一〇〕雖盟而不歃血，謂之「不殺」，「不殺」者，謂不如凡常之殺，殺而不用，直讀書而加于牲上而已。

注「所謂」至「用豭」 釋曰：莊二十七年傳云「衣裳之會十有一，未嘗有歃血之盟也，信厚也」，則衣裳之會皆不歃血，而此會獨言之者，以此會桓德極盛，故詳其事實，餘盟亦不歃血耳。八年洮會云汋血與鄭伯者，彼兵車之會故也。徐邈云「『陳牲』者，不殺埋之，陳示諸侯而已。『加于牲上』者，亦謂活牲，非死牲」，理亦通也。此葵丘會爲桓德盛，故書日以美之，又「毋雍泉」以下是四教之事，而論語「一匡天下」，鄭不據之而指陽穀者，鄭據公羊之文，故指陽穀，其實此會亦有四教，故上注云「從陽穀已來至此葵丘之盟，皆令諸侯以天子之禁」是也。注又引鄭君曰「盟牲，諸侯用牛，大夫用豭」者，左傳云「諸侯盟，誰執牛耳」，又曰「鄭伯使卒出豭」，是其證也。

讀書加于牲上，壹明天子之禁。壹猶專也。**曰「毋雍泉，**專水利以障谷。○雍，於勇反，塞也。障，音章，又之亮反。**毋訖糴，**訖，止也，謂貯粟。○糴，音狄。貯，張呂反。**毋易樹子，**樹子，嫡子。○嫡，丁歷反。**毋以妾爲妻，毋使婦人與國事」。**女正位於內。○與，音豫。

○甲子，〔一一〕晉侯詭諸卒。獻公也，枉殺世子申生，失德不葬。○詭諸，九委反，左氏作「佹諸」。枉，紆往反。

【疏】注「失德不葬」　釋曰：宋桓亦不葬，至此言「失德」者，今獻公枉殺申生，即是失德之例，宋桓無罪之狀，故范不得言之也。公羊以爲桓公不書葬者，爲宋襄公背殯出會，不書葬若非背殯然也，穀梁既譏宋子，即不是爲諱，蓋魯不會故也。

○冬，晉里克殺其君之子奚齊。〔一二〕其「君之子」云者，國人不子也。國人不子何也？不正其殺世子申生而立之也。諸侯在喪稱「子」，言國人不君之，故繫于其君。

【疏】「冬晉」至「奚齊」　釋曰：范云「弒君日與不日，從其君正與不正」，今奚齊書時者，爲未成君，且又不正故也。

【疏】「國人不子」　釋曰：舊解諸侯在喪稱「子」，今國人不以爲君，〔一三〕故不直謂之「子」，而繫之於君也。徐邈云「『不子』者，謂不子愛之也」，非范意，蓋「不子」者，謂不以爲君則是不子也。

十年春，王正月，公如齊。

【疏】「正月，公如齊」　釋曰：何休云：「書月者，善公朝事齊，故月之。」朝既以時爲正，書月何以爲善？蓋爲下滅溫書月也。

○狄滅温，温子奔衛。

○晉里克弑其君卓，及其大夫荀息。以尊及卑也，荀息閑也。○卓，勑角反。

○夏，齊侯、許男伐北戎。

○晉殺其大夫里克。稱國以殺，罪累上也。里克弑二君與一大夫，二君，奚齊、卓子；一大夫，荀息。其以「累上」之辭言之何也？據有罪。其殺之不以其罪也。「其殺之不以其罪」奈何？里克所爲弑者爲重耳也，殺奚齊、卓子者欲以重耳爲君。重耳，夷吾兄，文公。○所爲，于僞反，下文皆同。重，直龍反。殺奚齊，申志反，又如字。夷吾曰：「是又將殺我乎？」故殺之不以其罪也。其「爲重耳」弑奈何？晉獻公伐虢得麗姬，獻公私之，有二子，長曰奚齊，稚曰卓子。麗姬欲爲亂，「亂」謂殺申生而立其子。○麗姬，力池反，伐虢所得，左氏伐麗戎所得。長，丁丈反。稚，直吏反。故謂君曰：「吾夜者夢夫人趨而來，曰『吾苦畏』，夫人，申生母。○苦，如字，又枯路反，下同。胡不使大夫將衛士而衛冢乎？」公曰：「孰可使？」曰：「臣莫尊於世子，則世子可。」故君謂世子曰：「麗姬夢夫人趨而來，曰『吾苦畏』，女其將衛士而往衛冢乎？」〔一四〕世子曰：「敬諾。」築宮，宮成，麗姬又曰：「吾夜者夢夫人趨而來，曰『吾苦飢』，世子之宮已成，則何爲不使祠也？」故獻公謂世子曰：「其祠。」世子祠。已祠，致福於君，君田而不在，麗姬以酖爲酒，藥脯以毒。獻公田來，麗姬曰：「世子已祠，故致福於君。」君將食，麗姬跪曰：「食自外來者，不可不試也。」覆酒於地而地賁，〔一五〕賁，沸起也。○女，音汝，下皆同。祠，自緣反。酖，直蔭反，以鴆鳥毛畫酒。跪，求委反。覆，芳服反。賁，扶粉反，注同。以脯與犬，犬死。麗姬下堂而啼呼曰：「天乎，天乎！國，子之國也，子何遲於爲君。」君喟然歎曰：「吾與女未有過切，吾與女未有過差切急。○呼，火故反。喟，去愧反，又去怪反。差，初賣反，又如字。

【疏】「未有過切」　釋曰：公信麗姬謂大子實將殺己，故喟然歎曰：「吾與汝爲父子以來未嘗有過差切急，是何與我之深也。」雖不對大子，發歎而爲此言也。

是何與我之深也？」使人謂世子曰：「爾其圖之。」世子之傅里克謂世子曰：「入自明，入自明則可以生，不入自明則不可以生。」世子曰：「吾君已老矣，已昏矣。吾若此而入自明，則麗姬必死，麗姬死則吾君不安。所以使吾君不安者，吾不若自死，〔一六〕吾寧自殺以安吾君。」以重耳爲寄矣，慮麗姬又譖重耳，故以託里克使保全之。刎脰而死。○刎，亡粉反。脰，音豆，頸也。故里克所爲弒者爲重耳也，夷吾曰：「是又將殺我也。」

○秋，七月。

○冬，大雨雪。〔一七〕○雨，于付反。

十有一年春，晉殺其大夫丕鄭父。○丕，浦悲反。稱國以殺，罪累上也。

【疏】「罪累上也」 釋曰：重發傳者，此里克同黨恐異，故發之。

○夏，公及夫人姜氏會齊侯于陽穀。

○秋，八月，大雩。雩月，正也。雩得雨曰「雩」，不得雨曰「旱」。禮，龍見而雩，常祀不書，書者皆以旱也，故得雨則喜，以月爲正也，不得雨則書「旱」，明旱災成。何休曰：「公羊書『雩』者，善人君應變求索，不雩則言『旱』，旱而不害物言『不雨』也，就如穀梁，設本不雩，何以明之？如以不雨明之，設旱而不害物，何以別乎？」鄭君釋之曰：「雩者夏祈穀實之禮也，旱亦用焉。得雨書『雩』，明雩有益；不得雨書『旱』，明旱災成，後得雨無及也。國君而遭旱，雖有不憂民事者，何乃廢禮本不雩禱哉？顧不能致精誠也。旱而不害物，固以久不雨別之，〔一八〕文二年、十三年〔一九〕『自十有二月』、『自正月不雨，至于秋七月』是也，穀梁傳曰『歷時而言不雨，文不閔雨也』，以文不憂雨，故不如僖時書『不雨』。文所以不閔雨者，素無志於民，性退弱而不明，又見時久不雨而無災耳。」○雩，音于。龍見，賢偏反，下同。應變，應對之應。索，所白反。別，彼列反，下同。禱，丁老反，又丁報反。

【疏】「雩月正也」 釋曰：穀梁之例，若常祀之雩則皆不書，書者並是爲旱也。若得雨則書「雩」，不得雨則書「旱」，就書之中，若八月、九月雩則書月以見正，何者？八月、九月其時窮，人力盡故也，定元年「九月，大雩」傳曰「雩月，雩之正也」，此秋「八月，雩」，〔二〇〕傳曰「雩月，正也」，是雨者雩者書月以見正，〔二一〕昭二十五年「七月，大雩」亦書月者，以一月再雩，故月也。餘月雩者則書時以見非正，則成七年「冬大雩」傳曰「雩不月而時，非之也，冬無爲雩也」，又定元年傳曰「秋大雩，非正也；冬大雩，非正也」，是餘月雩皆書時以見非正。其旱則例皆時，何者？旱必歲窮，非一月之事故也，則僖二十一年「夏大旱」傳曰「旱時，正也」，宣七年「秋大旱」亦蒙例可知也。舊解八月雩雖不得雨亦不云「旱」也，若九月雩而不得雨則書「旱」，傳言「得雨曰『雩』」，指爲八月也，〔二二〕「不得雨曰『旱』」指謂九月也。觀經傳上下全無此意，其說非也。又僖二十一年「夏大旱」，范引傳例曰「得雨曰『雩』，不得雨曰『旱』」，豈是九月雩不得雨，何爲亦書「旱」也？

注「設本」至「災耳」 釋曰：何休難此傳云：「雩而得雨曰『雩』，故言。設使元本不雩，〔二三〕則何以明之也？」此傳又云「不得雨曰『旱』」，故又難云：「就如穀梁書『旱』則以不雨明之，設使或旱而不害物，則何以別之乎？」

○冬，楚人伐黃。

十有二年春，王三月庚午，〔一四〕日有食之。

○夏，楚人滅黃。貫之盟，管仲曰：「江、黃遠齊而近楚，楚爲利之國也，若伐而不能救，則無以宗諸侯矣。」「宗諸侯」謂諸侯宗之。○貫，古亂反。遠，于萬反。近，附近之近。爲，于僞反。桓公不聽，遂與之盟。管仲死，楚伐江滅黃，桓公不能救，故君子閔之也。閔其貪慕伯者以致滅。

【疏】**「貫之」至「閔之也」** 釋曰：案史記管仲之卒在桓公四十一年，計桓公四十一年當魯僖十五年，而此云「管仲死」者，蓋不取之史記之說。云「閔之也」者，閔其背楚致禍，歸齊無福之意，是不解經也。

○秋，七月。

○冬，十有二月丁丑，〔二五〕陳侯杵臼卒。○杵，昌呂反。

十有三年春，狄侵衛。

○夏，四月，葬陳宣公。

○公會齊侯、宋公、陳侯、衛侯、鄭伯、許男、曹伯于鹹。鹹，衛地。○鹹，音咸。○兵車之會也。

【疏】「兵車之會也」釋曰：何休於此有癈疾，范不具載鄭釋者，以數九會異於鄭故也。

○秋，九月，大雩。

○冬，公子友如齊。

十有四年春，諸侯城緣陵。緣陵，杞邑。

【疏】注「緣陵杞邑」 釋曰：謂之「城」者封杞也，不發非國之問者，從楚丘之例也。不言「城杞」及「遷」，亦從彼例也。公羊以爲杞國爲徐、莒脅滅，故諸侯爲之城；左氏以爲淮夷病杞，故齊桓爲之城。二傳説城之所由雖殊，皆是爲杞也，故范注亦云「緣陵，杞邑」。

其曰「諸侯」，散辭也。直曰「諸侯」，無小大之序，是各自欲城，無總一之者，非伯者所制，故曰「散辭」。聚而曰「散」何也？據言「諸侯城」則是聚。諸侯城有散辭也，桓德衰矣。言「諸侯城」，則非伯者之爲可知也，齊桓德衰，所以散也。何休曰：「案先是盟亦言諸侯，非散也，又穀梁美九年諸侯盟于葵丘，即散，何以美之邪？」鄭君釋之曰：「九年公會宰周公、齊侯、宋子、衛侯、鄭伯、許男、曹伯于葵丘。九月戊辰，盟于葵丘，時諸侯初在會，未有歸者，故可以不序。今此十三年夏公會齊侯、宋公、陳侯、衛侯、鄭伯、許男、曹伯于鹹，而冬公子友如齊，此聘也，書聘則會固前已歸矣，今云『諸侯城緣陵』而不序其人，明其散，桓德衰矣，葵丘之事安得以難此。」○難，乃旦反。

○夏，六月，季姬及繒子遇于防，〔二六〕使繒子來朝。遇例時，此非所宜遇，故謹而月之。○繒，在陵反。朝，直遥反，下文及注同。「遇」者同謀也，魯女無故遠會諸侯，遂得淫通，此亦事之不然，左傳曰「繒季姬來寧，公怒之，以繒子不朝。遇于防而使來朝」，此近合人情。○近，如字，又附近之近。

【疏】「『遇』者同謀也」 釋曰：傳例曰「『遇』者志相得也」，今云「同謀」者，以淫通與盟會異，故發傳。又云「言『使』非正」者，婦人使夫異於君使世子，故重發非正之例也。

「來朝」者來請己也。使來朝請己爲妻。朝不言「使」，言「使」非正也，以病繒子也。

○秋，八月辛卯，沙鹿崩。沙鹿，晉山。

【疏】「沙鹿崩」　釋曰：公羊以沙鹿爲河上之邑，崩者陷入地中，杜預注左氏以爲山名，此傳以鹿爲山足，是三傳説異也。

林屬於山爲鹿。鹿，山足。屬，之玉反。○沙，山名也。無崩道而崩，故志之也。其日，重其變也。劉向曰：「鹿在山下平地，臣象，陰位也。崩者散落，背叛不事上之象。」○背，音佩。

【疏】「其日重其變也」　釋曰：決梁山崩不日也，梁山崩亦壅河，不書壅河者，舉山崩爲重故也。

○狄侵鄭。

○冬，蔡侯肸卒。○肸，許乞反。諸侯時卒，惡之也。○惡，烏路反。

【疏】「時卒惡之也」　釋曰：麋信云：「蔡侯肸父哀侯爲楚所執，肸不附中國而常事父讎，故惡之而不書日也。」案蔡侯自僖以來未與中國爲會，則麋信之言是也。不書葬者，或是失德，或是魯不會也。

十有五年春，王正月，公如齊。

○楚人伐徐。

○三月，公會齊侯、宋公、陳侯、衛侯、鄭伯、〔二七〕許男、曹伯盟于牡丘。牡丘，地名。兵車之會也。遂次于匡。救徐也，時楚人伐徐。匡，衛地。遂，繼事也。次，止也，有畏也。畏楚。

【疏】「次，止也，有畏也」 釋曰：復發傳者，前次于陘，欲綏楚以德，今而畏楚，故别發之。

○公孫敖帥師及諸侯之大夫救徐。諸侯既盟次匡，皆遣大夫將兵救徐，故不復具列諸國。○復，扶又反。善救徐也。

【疏】「善救徐也」 釋曰：徐叛楚即齊，旋爲楚所敗，嫌救非善，故發明之。

○夏，五月，日有食之。夜食。〔二八〕

【疏】注「夜食」 釋曰：莊公十八年傳云「不言日不言『朔』，夜食也」，是以知之。

○秋，七月，齊師、曹師伐厲。徐邈曰：「案齊桓末年用師及會，皆危之而月也，于時覇業已衰，勤王之誠替于内，震矜之容見於外，禍釁既兆，動接危理，故春秋重而詳之，故月。衆國之君雖有失道，未足爲一世興衰，齊桓威攝羣后，政行天下，其得失皆治亂所繫，録所善而著所危云爾。」○見，賢偏反。釁，許靳反。衰，本作「喪」，〔二九〕息浪反。治，直吏反。〔三〇〕

【疏】注「徐邈」至「云爾」　釋曰：何休以爲「葵丘之會，桓公震而矜之，叛者九國」，此厲亦是叛者，故伐之；左氏以爲，厲是楚屬國，故伐厲以救徐。今范載徐言云「震矜之容見於外」，〔三一〕則與何休同也。「録所善」，九年盟于葵丘，著日以極美是也；「著所危」者，此年書月以見衰，是著所危。

○八月，螽。○螽，音終。螽，蟲災也，甚則月，不甚則時。

【疏】「甚則月」〔三二〕　釋曰：重發傳者，嫌僖公憂民之重，災不至于甚，故明之也。

○九月，公至自會。莊二十七年傳曰「桓會不致，安之也」，而此致者，齊桓德衰，故危而致之。

○季姬歸于繒。

○己卯晦，震夷伯之廟。夷，謚；伯，字。晦，冥也。震，雷也。夷伯，魯大夫也。因此以見天子至于士皆有廟。明夷伯之廟過制，故因此以言禮。○冥，亡定反。見，賢徧反。

【疏】「晦冥」至「有廟」 釋曰：公羊以爲，「晦」者爲晝日而晦冥，「震」者雷也，謂有雷擊夷伯之廟，此傳亦云「晦，冥也。震，雷也」，則不得從左氏爲月晦，與公羊同矣。公羊又以爲，夷伯者季氏之信臣，故震其廟以戒之，今此傳歷言天子以下廟數，以爲過制故震之，與公羊異。左氏以爲夷伯有隱慝，故天命霹靂之，亦與穀梁不同也。

天子七廟，祭法曰：「王立七廟，曰考廟、王考廟、皇考廟、顯考廟、祖考廟，有二祧，遠廟稱祧。」祧，它堯反。諸侯五，「曰考廟、王考廟、皇考廟、顯考廟、祖考廟」。大夫三，「曰考廟、王考廟、皇考廟」。士二。「曰考廟、王考廟」。故德厚者流光，德薄者流卑。雍曰：「德厚者位尊，道隆者爵重，故天子遠及七世，士祭祖而已。」是以貴始德之本也，始封必爲祖。若契爲殷祖，棄爲周祖。○契，息列反。

【疏】「天子」至「爲祖」 釋曰：鄭據禮記説云夏五廟則殷六廟、周七廟，故王制云「天子七廟，三昭三穆與大祖之廟而七」，鄭注云「此周制，七者，大祖廟及文、武二祧與親廟四。『大祖』謂后稷也。殷則六廟，契及湯與二昭二穆也。夏則五廟，無大祖，禹與二昭二穆而已」，是其説也。王制又云「諸侯五廟，二昭二穆與大祖而五」，鄭云「大祖，始封之君。王者之後則不爲始封之君廟也」，又云「大夫三廟，一昭一穆與大祖之廟而三」，鄭云「大祖，別子始爵封者，雖非別子，始爵者亦然」，又云「士一廟，庶人祭于寢」，鄭云「謂諸侯中士、下士，名曰『官師』者，上士則二廟。寢，適寢也」，是禮與傳文合也。惟祭法云「大夫三廟，曰考廟、曰王考廟、曰皇考廟」，與王制「一昭一穆與大祖」其意少異者，鄭答趙商「祭法大夫三廟是周之制，而王制大夫三廟言與大祖而三，或當夏、殷法，不合於周禮也」，是解二者不同之意。祭法又云「適士二廟，官師一廟」，而王制云「士一廟」者，亦謂是中士、下士者也，若是上士亦當二廟，故鄭注王制云「士一廟者，諸侯之中士、下士，名曰『官師』者也，上士則二廟」是也。中士、下士所以名爲「官師」者，師，長也，言爲一官之長也。祭法又云「庶人無廟」，〔三三〕故王制亦云「庶人祭寢」，是無廟也。「庶士」者謂府史之屬也，「庶人」者謂平民也，以其賤，故無廟也。

【疏】「德厚」至「流卑」 釋曰：光猶遠也，卑猶近也。天子德厚，故遠及七廟，士之德薄，故近及二廟，因其貴賤有倫，故制爲等級也。

「是以」至「本也」 釋曰：「始」謂受封之君，所以貴之者由是。「德之本也」言有大德故受高位，高位由之而來，故始封之君必爲祖矣，「祖」謂廟不毀也。

○冬，宋人伐曹。

○楚人敗徐于婁林。婁林，徐地。○敗，必邁反，下「相敗」同。夷狄相敗，〔三四〕志也。

【疏】「夷狄相敗，志也」 釋曰：夷狄相敗，書文不具，今起禍亂之原，謹兵車之始，故傳言此以明之。

○十有一月壬戌，〔三五〕晉侯及秦伯戰于韓，韓，晉地。獲晉侯。「獲」者不與之辭，諸侯非可相獲。

【疏】注「『獲』者不與之辭」 釋曰：傳有明例，注言之者，嫌晉侯失衆與秦得獲，故注顯之，欲明亦不與秦獲也。范別例云「凡書『獲』有七」，謂莒挐一也，晉侯二也，華元三也，蔡公子濕四也，陳夏齧五也，齊國書六也，麟七也。

於晉侯著失民之咎，於蔡公子濕彰公子之病，華元表得衆之辭，莒拏顯公子之紿。自餘雖不發，從省文可知也。

韓之戰，晉侯失民矣，以其民未敗而君獲也。

十有六年春，王正月戊申朔，隕石于宋五。劉向曰：「石，陰類也；五，陽數也。象陰而陽行，將致隊落。」○隕，云敏反。行，下孟反，下「陰行」同。隊，直類反。

【疏】注「劉向」至「隊落」 釋曰：何休云：「石者陰德之專者也，鷁者鳥中之耿介者，皆有似宋襄公之行。宋襄欲行霸事，不納公子目夷之謀，事事耿介自用，卒以五年見執，六年終敗，如五石六鷁之數，天之與人昭昭著明，甚可畏也。」賈逵云：「石，山岳之物；齊，大岳之胤。而五石隕宋，象齊桓卒而五公子作亂，宋將得諸侯而治五公子之亂。鷁退，不成之象，後六年霸業退也。鷁，水鳥，陽中之陰，象君臣之訟鬩也。」許慎異義載穀梁說云：「隕石於宋五，象宋公德劣國小，陰類也，而欲行霸道，是陰而欲陽行也，其隕，將拘執之象也，是宋公欲以諸侯行天子道也。」「六鷁退」者，鄭玄云：「六鷁俱飛，得諸侯之象也。其退，示其德行不進以致敗也。得諸侯是陽行也，被執敗是陰行也。」是二說與劉向合耳，其何休、賈逵之言並是公羊、左氏舊說，非穀梁意也。

先隕而後石何也？據莊七年「星隕如雨」，先言「星」，後言「隕」。隕而後石也。既隕後乃知是石。于宋四竟之内曰「宋」，後數，散辭也，耳治也。隕石，記聞也，聞其磌然，視之則石，察之則五。○竟，音境。治，直吏反，下「目治」同。磌，之人反，又大年反，聲響也。

【疏】「于宋」至「治也」 釋曰：「散辭也」者，對下「聚辭也」爲言。此石散在宋四竟之内，故後言其數，以散辭言之；鷁則聚在宋都之上，故先言其數，以聚辭言之。又云「耳治也」者，謂隕石先以耳聞，故先言「隕」；鷁退先以目見，故先言數，是各以聞見先後爲次。

注「聞其磌然」　釋曰：范取公羊爲説，彼傳云「隕石記聞，聞其磌然，視之則石，察之則五」是也。「磌」字説文、玉篇、字林等無其字，〔三六〕學士多讀爲砰，據公羊古本並爲「磌」字，張楫讀爲磌，是石聲之類，不知出何書也。〔三七〕

○是月，六鷁退飛過宋都。〔三八〕「是月」，隕石之月。劉向曰：「鷁，陽也；六，陰數也。象陽而陰行，必衰退。」○鷁，五歷反。「是月」者，決不日而月也。欲著石日鷁月，故言「是月」，若不言「是月」，則嫌與戊申同。

【疏】「決不日而月也」　釋曰：傳言此者，解經書「是月」之意，言鷁退不日而月，故云「是月」，明與石隕異日也。若然，案桓十二年「丙戌，公會鄭伯盟于武父。丙戌，衛侯晉卒」，若下事得蒙上日，何爲彼經重舉「丙戌」者？彼公盟必須書日，衛侯不正前見，亦當書日，經以衛侯不正而恐不得蒙上日，故書二日以明之。此石隕鷁退是記異之事，恐蒙上日，故言「是月」以別之。知下事得蒙上日者，貜且之卒得連日食之下，叔弓之卒得與祭同日，是經舉一日得苞兩日之驗也。

「六鷁退飛過宋都」，先數，聚辭也，目治也。「六鷁退飛」，記見也，視之則六，察之則鷁，徐而察之則退飛。子曰：「石無知之物，鷁微有知之物。石無知，故日之。石無知而隕，必天使之然，故詳而日之。鷁微有知之物，故月之。」鶂或時自欲退飛耳，是以略而月之。君子之於物無所苟而已，石、鶂且猶盡其辭，而況於人乎？故五石、六鶂之辭不設，則王道不亢矣。不遺微細，故王道可舉。○亢，苦浪反。民所聚曰「都」。

○三月壬申，公子季友卒。大夫日卒，正也。季友，桓公之子。稱「公弟叔仲」，賢也。大夫不言「公子」、「公孫」，疏之也。

【疏】「大夫日卒正也」 釋曰：傳發之者，益師明其有罪，此則顯其得正，故兩明之也。

【疏】「稱『公弟叔仲』，賢也」 釋曰：傳因季友之賢發起其例也。叔肸賢而稱「弟」，季友不稱「弟」稱字，賢可知也。以兄先死，故不得稱「弟」耳。「不言『公子』、『公孫』，疏之」者，謂仲遂、嬰齊之等是也。又公孫兹發日卒之傳者，以其名而不字，又非罪非賢，故重發之。仲遂非賢而稱字者，彼既不言「公子」以疏之，唯宣公嘉之而稱字，無嫌是賢故也。

○夏，四月丙申，繒季姬卒。

○秋，七月甲子，公孫兹卒。大夫日卒，正也。

○冬，十有二月，公會齊侯、宋公、陳侯、衛侯、鄭伯、許男、邢侯、曹伯于淮。兵車之會也。○淮，音懷。

十有七年春，齊人、徐人伐英氏。○英，於京反。

○夏，滅項。孰滅之？桓公也。何以不言桓公也？據莊十年「齊師滅譚」稱「齊師」。○項，户講反，國名也。齊滅之，左氏以爲魯滅。爲賢者諱也。項，國也，不可滅而滅之乎？桓公知項之可滅也，知政昏亂，易可滅。○爲，于僞反，下「爲之諱」同。而不知己之不可以滅也。霸者存恤鄰國，抑彊輔弱，義不可滅人之國。既滅人之國矣，何賢乎？君子惡惡疾其始，絶其始則得不終於惡，邵曰：「謂疾其初爲惡之事，不終身疾之。」○惡惡，並如字，又上烏路反。善善樂其終。樂賢者終其行也，邵曰：「謂始有善事，則終身善之。」○行，下孟反。

【疏】「君子」至「其終」　釋曰：言此者，解爲齊桓諱滅項之意。「惡惡疾其始」，謂君子憎惡惡人則疾其初始，何者？欲使惡人不得終於惡，故就其初始即貶疾之也。「善善樂其終」，謂君子善其善人，樂使終其行也。以樂終其行，故雖有惡亦爲諱之，或齊雖滅項亦不言齊滅也。邵解二事並與范異，「君子惡惡疾其始」者，君子憎惡人，〔三九〕有惡事唯疾其初始爲惡，不終身疾也，言有惡則疾之，無惡則止也。「善善樂其終」者，君子嘉善人，則欲終身善之，見人一度有善則終身不忘，故爲齊桓諱滅項也。

桓公嘗有存亡繼絶之功，故君子爲之諱也。邵曰：「『存亡』謂存邢、衛，『繼絶』謂立僖公，所以終其善。」

○秋，夫人姜氏會齊侯于卞。卞，魯地。○卞，皮彦反。

○九月，公至自會。桓會不致，而今致會，〔四〇〕桓公德衰，威信不著，陳列兵車，又以滅項，往會既非，踰年乃反，故往還皆月以危之。

○冬，十有二月乙亥，齊侯小白卒。此不正其日之何也？據二十四年「晉侯夷吾卒」不書日。其不正前見矣。其不正之前見何也？以不正入虚國，故稱嫌焉爾。莊九年「齊小白入于齊」貶不稱「公子」，「虚國」謂齊無君，傳例曰「以國氏者，嫌也」。○見，賢偏反，下同。

十有八年春，王正月，宋公、曹伯、衛人、邾人伐齊。非伐喪也。伐喪無道，故謹而月之。

【疏】注「故謹而月之」　釋曰：侵、伐書月惟施於內，今亦施之於外者，齊桓以安危所繫，故書月以表之，宋襄欲繼齊桓之業，故亦謹而月之。

○夏，師救齊。魯師。善救齊也。

○五月戊寅，宋師及齊師戰于甗，甗，齊地。○甗，魚輦反，又音言。齊師敗績。戰不言「伐」，客不言「及」，言「及」惡宋也。何休曰：「戰言『及』者，所以別客主直不直也，故文十二年『晉人、秦人戰于河曲』兩不直，故不云『及』。(四一)今宋言『及』，明直在宋，非所以惡宋也。即言『及』爲惡，是河曲之戰爲兩善乎？又穀梁以河曲不言『及』略之也，則自相反矣。」鄭君釋之曰：「『及』者別異客主耳，不施於直與不直也，直不直自在事而已。義兵則客直，宣十二年『夏晉荀林父帥師及楚子戰于邲，晉師敗績』是也；兵不義則主人直，莊二十八年『春衛人及齊人戰，衛人敗績』是也。今齊桓卒未葬，宋襄欲興霸事而伐喪，於禮尤反，故反其文以宋及齊，即實以宋及齊，明直在宋。邲之戰直在楚，不以楚及晉何邪？秦、晉戰于河曲不言『及』，疾其亟戰爭舉兵，故略其先後。」○惡，烏路反，下同。別，彼列反，(四二)下同。邲，蒲必反，一音弼。亟，欺冀反。(四三)

【疏】「戰不」至「宋也」　釋曰：春秋之例，戰、伐不並舉，此上有「伐」文，今又言「戰」者，是違常例也；又伐人者爲客，受伐者爲主，此言「及齊師」，是亦違常例也，故傳釋之以爲惡宋也。

注「何休」至「先後」　釋曰：何休《癈疾》云：「此言『及』爲惡宋，則文十二年河曲之戰不言『及』爲兩善也，故知言『及者分別客主直與不直也』。」鄭玄釋之曰「言『及』者別異客主耳，不施直與不直也」，(四四)故引宣十二年夏、莊二十八年春以明之，宣十二年邲之戰楚直晉曲，經云「荀林父及楚子」，莊二十八年衛直齊曲，而云「衛人及齊」，明直者在事而已，不由稱「及」也。穀梁邲戰竟不論楚直晉曲，而鄭云「直在楚」者，公羊意以爲邲戰是楚直，故據之難何休。

○狄救齊。善救齊也。

【疏】「善救齊也」 釋曰：此與上文魯師救齊並爲善者，此善狄能憂中國，上文以魯昔與齊仇讎，恐救之非善，故並發善救之例也。

○秋，八月丁亥，葬齊桓公。竪刀、易牙争權，五公子争立，故危之。○刀，音雕。

○冬，邢人、（四五）狄人伐衛。狄其稱「人」何也？善累而後進之。累，何休曰：「即伐衛、救齊當兩舉，如『伐楚，救江』矣。又傳以爲江遠楚近，故伐楚救江，今狄亦近衛而遠齊，其事一也，義異何也？」鄭君釋之曰：「文三年冬晉陽處父帥師伐楚，救江，兩舉之者，以晉未有『救江』文，故明言之。今此春『宋公、曹伯、衛人、邾人伐齊』，夏『狄救齊』，冬『邢人、狄人伐衛』，爲其救齊可知，故省文耳，事同義又何異？」○近衛，如字，又附近之近。遠齊，如字，又于萬反。爲其，于僞反。省，所景反。伐衛所以救齊也，積。功近而德遠矣。伐衛，功近耳；夷狄而憂中國，其德遠也。

校勘記

〔一〕鄭伯之罪　「罪」原作「著」，據閩本及傳注改。

〔二〕又音酌　余本、單行釋文「又」作「二」。

〔三〕未有　「未」原作「水」，據閩本改。

〔四〕于僞反　「于」原作「丁」，據余本、閩本及單行釋文改。

〔五〕在牀曰尸　「曰」原作「在」，據余本及禮記改。

〔六〕不貶者　「貶」原作「敗」，據閩本改。

〔七〕周人　「人」原作「公」，据本節注文及禮記檀弓上改。

〔八〕許嫁　「嫁」原作「女」，據余本、閩本改。

〔九〕今書之者　「今」原作「令」，據閩本改。

〔一〇〕見於此矣　「見」原作「是」，阮校：「閩本同，監、毛本『是』作『見』，是也。」據改。

〔一一〕甲子　解釋殘卷伯二五三五「子」作「戌」，與公羊傳同，趙坦異文箋、李富孫異文釋、朱駿聲異文覈皆謂前有戊辰，則月内無甲子，左、穀或訛一字，當從公羊作「戌」。今按，作「甲戌」説當是，然依解釋殘卷，穀梁原有作「戌」之本。

〔一二〕殺其君之子　段玉裁經韻樓集卷四晉里克殺其君之子奚齊：「左氏、穀梁氏皆作『殺』，惟公羊作『弑』，孰是乎？曰公羊是也。」

〔一三〕今國人　「今」原作「令」，據閩本改。

〔一四〕往衛冢乎　解釋殘卷伯二五三五無「往」字，似是。

〔一五〕而地賁　解釋殘卷伯二五三五無「而」字。按，下文「以脯與犬，犬死」，左傳亦稱「公祭之地，地墳；與犬，犬斃」，疑此處無「而」是。

〔一六〕吾不若自死　伯二五三五無「自」字。

〔一七〕大雨雪　解釋殘卷伯二五三五及公羊傳「雪」作「雹」，李富孫異文釋云：「公羊傳曰『何以書？記異也』，『雹』與『雪』以字形相似而誤，公羊言『記異』，則似當作『雹』，若冬而大雨雪，此常事，可不必書也。」今按，漢書五行志中之下明言公羊經作「大雨雹」，公羊疏云「『雹』，左氏作『雪』」，則其所見穀梁傳亦應與公羊同，解釋殘卷可證。范注本當作「雪」，僖二十九年「大雨雹」范注本有注、釋文有音注，此皆無之可證。

〔一八〕固以　楊考：「監、毛『固』作『故』。」

〔一九〕十三年　此上脱「十年」二字，按文十年稱「自正月不雨，至于秋七月」在十三年之前，則「十三年」上「十年」二字不可闕。

〔二〇〕八月雩　依經文「雩」上當有「大」字。

〔二一〕雨者雩者　殿本考證謂「雨者雩者」當作「雩而雨者」，今按，亦可作「雩得雨者」。

〔二二〕指爲八月也　正字：「『謂』誤『爲』。」按，正字蓋因下文有「指謂九月」而作此校。

〔二三〕不雩　「雩」原作「雲」，據閩本改。

〔二四〕王三月　「三」原作「正」，唐石經、余本作「三」，述聞謂作「三」是也，臧恭壽左傳古義：「漢志載劉歆以爲二日齊衛分，是漢時春秋古經作『三月』，楚元王傳注引經亦作『三月』，今穀梁經作『正月』而釋文不言與左氏異，疑今本穀梁誤。」馮澂春秋日食集證是臧説，據改。

〔二五〕丁丑　解釋殘卷伯二五三五「丑」作「未」，合集校記：「十二月丁酉朔，則丁未爲十一日。作『丁丑』誤。」

〔二六〕繒子　余本以從系之繒爲國名，左傳釋文出「鄫子」云「本或作『繒』」，是鄫、繒不關經義傳別，本書序疏、桓九年疏引皆作「鄫」，或疏所本作「鄫」也。

〔二七〕陳侯衛侯鄭伯　陸淳纂例差繆略所出經文無「衛侯」二字，謂左氏「陳侯」下有「衛侯」二字，公羊亦有而在「陳侯」之上，則其所見穀梁似無「衛侯」。

〔二八〕夜食　莊十八年傳「不言日不言朔，夜食也」，其他夜食之日食皆不再注，此注疑衍，疏既釋注，則其所本有此注也。

〔二九〕本作　正字：「脱『或』字。」按，單行釋文「本」下有「或」字。

〔三〇〕直吏反　「直」原作「自」，正字：「『直』誤『自』。」據余本、單行釋文改。

〔三一〕震矜　「震」原作「振」，據閩本及本節注文改。

〔三二〕甚則月　此節疏原隸下節，蓋經疏拚合時誤隸，今依所疏内容移置於此。

〔三三〕庶人無廟　正字：「脱『庶士』二字。」今按，禮記祭法「庶人」上有「庶士」二字，而本節疏亦釋「庶士」，可證其引文當有此二字，正字説是。

〔三四〕相敗　解釋殘卷伯二五三五上有「自」字。

〔三五〕壬戌　解釋殘卷伯二五三五無此二字，劉師培敦煌新出唐寫本提要謂無者是。

〔三六〕玉篇字林等無其字　重修玉篇有「磒」字，蓋宋時重修增入。四庫提要云：「宋時玉篇原有二本，彭年等進書表稱『肅奉詔條，俾從詳閱，訛謬者悉加刊定，敷淺者仍事討論』，其勅牒所列字數稱舊一十五萬六百四十一言，新五萬一千一百二十九言，新、舊總二十萬九千七百七十言，注四十萬七千五百有三十字，是彭年等大有增刪，已非孫强之舊，故明内府本及曹本均稱『重修』。」

〔三七〕不知　「知」原作「如」，據閩本改。

〔三八〕六鵙　左傳作「鷁」，其釋文出「六鷁」云「本或作『鵙』，音同」。穀梁十行本經、傳及注，唯此處挖改作「鷁」。説文有「鵙」無「鷁」，唐石經作「鵙」。穀梁疏作「鷁」，而余本則作「鵙」，故經注與疏文不一。

〔三九〕憎惡　「憎」原作「增」，據閩本改。

〔四〇〕致會　「會」疑「者」之訛，桓二年「公至自唐」傳「桓無會而其致何也？遠之也」，注「弑逆之罪，非可以致宗廟，而今致者，危其遠會戎狄，喜其得反」或可證。

〔四一〕故不云及　阮校：「釋文出『故去，起吕反』，在『以别』下、『于邲』上，今驗『以别』之下、『于邲』之上無『故去』之文，當是陸所據本此『故不云及』四字作『故去及』三字。」

〔四二〕彼列反　「彼」原作「後」，據余本、單行釋文改。

〔四三〕欺冀反　「冀」原作「異」，據余本、單行釋文改。

〔四四〕不施直與不直也　殿本考證：「推尋文義，『不施』下當有一『於』字。」今按，依注文所引，「施」下當有「於」字。

〔四五〕邢人　「邢」原作「郱」，據余本、閩本及本年、二十年注複引改。

春秋穀梁注疏僖公卷第九 起十九年，盡三十三年

十有九年春，王三月，宋人執滕子嬰齊。

【疏】「滕子嬰齊」 釋曰：傳法並不解稱名之意，〔一〕蓋罪賤之也。

〇夏，六月，宋公、〔二〕曹人、邾人盟于曹南。曹南，曹之南鄙。繒子會盟于邾。己酉，邾人執繒子，用之。微國之君因邾以求與之盟，與，厠豫也。〇與，音豫，注及下文同。

【疏】「會盟于邾」 釋曰：言「會盟于邾」者，繒是微國，欲因邾以求盟，故云「會盟」也。

人因己以求與之盟，己迎而執之，惡之，故謹而日之也。「用之」者，叩其鼻以衈社也。衈者釁也，取鼻血以釁祭社器。〇惡，烏路反，下「惡其長」同。叩，音口。衈，音二。

【疏】「故謹」至「社也」 釋曰：此與昭公十一年「冬十有一月丁酉，楚師滅蔡，執蔡世子友以歸，用之」皆惡其用人，故不據國之大小，同書日以見惡也。「叩其鼻」者，論語云「以杖叩其脛」，則「叩」謂擊也。

○秋，宋人圍曹。

○衛人伐邢。

○冬，會陳人、蔡人、楚人、鄭人盟于齊。會無主名，内卑者也。四國稱「人」，外卑者也。杜預曰：「地於齊，齊亦與盟。」

○梁亡。自亡也。湎於酒，淫於色，心昏耳目塞，上無正長之治，大臣背叛，民爲寇盜。梁亡，自亡也。如加力役焉，湎不足道也。如使伐之而滅亡，則淫湎不足記也，使其自亡，然後其惡明。○湎，面善反。長，丁丈反，下及注同。背，音佩。

【疏】「梁亡」釋曰：左氏以爲秦滅梁，惡其自取滅亡之故，不以秦滅爲文，公羊以爲「魚爛而亡」，謂梁君隆刑峻法，百姓逃叛，而事等魚爛，從中而去也。此傳亦云「大臣背叛，民爲寇盜」，則同公羊梁國亦自亡也。又「如加力役焉，湎不足道也」，則梁之土地必爲人所取，蓋同左氏秦得之，但據自滅爲文少異耳。

梁亡、鄭棄其師，我無加損焉，正名而已矣，梁亡，出惡正也，「正」謂政教。

【疏】「正名而已矣」釋曰：仲尼脩春秋，亦有改舊義以見褒貶者，亦有因史成文以示善惡者，其變之也，不葬有三、爲齊桓諱滅項之類，是改舊也；其梁以自滅爲文、鄭棄其師之徒，是因史之文也。故傳云「我無加損焉，正名而已矣」。

鄭棄其師，惡其長也。「長」謂高克。

二十年春，新作南門。作，爲也，有加其度也。更加使大。言「新」，有故也，非作也。責其改舊制。「南門」者法門也。「法門」謂天子、諸侯皆南面而治，法令之所出入，故謂之「法門」。

○夏，郜子來朝。〔三〕○郜，古報反。

○五月乙巳，西宮災。謂之「新宮」，則近爲禰宮；言閔公非僖公之父，故不言「新宮」也。○近，附近之近。禰，乃禮反，父廟也。以謚言之，則如疏之然，故不言「閔宮」而云「西宮」。以是爲閔宮也。

【疏】「以是爲閔宮也」 釋曰：傳知之者，以若是禰宮當言「新宮」，若是疏祖之宮又須言謚，此在親疏之間，故知是閔宮也。

○鄭人入滑。

○秋，齊人、狄人盟于邢。邢爲主焉爾。邢小，其爲主何也？其爲主乎救齊。〔四〕十八年「邢人、狄人伐衛」以救齊是也。

【疏】「邢爲」至「救齊」　釋曰：盟會地于國都者，國主雖與盟會，未知即能爲主，桓十四年「公會鄭伯于曹」，曹不爲主是也。而傳云「邢爲主焉爾」，又辨其大小者，傳以十八年邢人、狄人伐衛以救齊，今又盟于邢，故知爲主也。又云「邢小」者，以邢雖是小國，爲主能救齊，故歸功于邢，不謂盟國都者例能爲主耳。

○冬，楚人伐隨。隨，國也。

【疏】「隨，國也」　釋曰：案世本隨是國名，經又言「伐」，知非邑也。

二十有一年春，狄侵衛。

○宋人、齊人、楚人盟于鹿上。宋爲盟主，故序齊上。鹿上，宋地。

○夏，大旱。傳例曰「得雨曰『雩』，不得雨曰『旱』」。旱時，正也。

【疏】「旱時正也」 釋曰：旱必歷時，非一月之事，故書時爲正也。

○秋，宋公、楚子、陳侯、蔡侯、鄭伯、許男、曹伯會于雩，〔五〕雩，宋地。「雩」或爲「宇」。執宋公以伐宋。以，重辭也。傳例曰「『以』者不以者也」，此傳及定七年「齊人執衛行人北宮結以侵衛」傳皆曰「以，重辭也」，然則「以」有二義矣。國之所重，故曰「重辭」。

【疏】「以重辭也」 釋曰：桓十四年「宋人以齊人、蔡人云云伐鄭」，傳曰「『以』者不以者也」，〔六〕今傳云「以，重辭也」，何知非是一事而重不可以？范注云「『以』有二義」者，范以執宋公及執衛結皆是國之所重，而傳云「以，重辭也」，其微人從伐者即云「『以』者不以者也」，明二者意異，故云「『以』有二義」。

○冬，公伐邾。

○楚人使宜申來獻捷。楚稱「人」者，爲執宋公貶。○捷，在接反。爲，于僞反。

【疏】注「楚稱」至「公貶」 釋曰：知爲執宋公貶者，以稱「使」，知是楚子使之，國君而稱「人」，明爲執宋公貶也。

捷，軍得也，其不曰「宋捷」何也？據莊三十一年「齊侯來獻戎捷」。

【疏】注「據」至「戎捷」　釋曰：彼傳云〔七〕「戎，菽也」，則與此宋捷絶不相當，而范引之者，彼雖以戎爲菽，終是伐得之，故范引爲證也。

不與楚捷於宋也。不與夷狄捷中國。

○十有二月癸丑，公會諸侯盟于薄。會雩之諸侯。會者外爲主焉爾。釋宋公。外釋不志，此其志何也？以公之與之盟目之也。〔八〕不言「楚」，不與楚專釋也。何休曰：「春秋以執之爲罪，不以釋之爲罪，責楚子專釋，非其理也。公羊以爲公會諸侯釋之，故不復出楚耳。」鄭君釋之曰：「不與楚專釋者，非以責之也，傳云『外釋不志，此其志何也？以公之與之盟目之也』，言公與諸侯盟而釋宋公，公有功焉，與公羊義無違錯。」○復，扶又反。

【疏】「會者外爲主焉爾」　釋曰：重發之者，以釋者是公，嫌會非是外爲主，故發例以明之。

二十有二年春，〔九〕公伐邾，取須句。○句，其俱反。

○夏，宋公、衛侯、許男、滕子伐鄭。

○秋，八月丁未，及邾人戰于升陘。升陘，魯地。內諱敗，舉其可道者也。不言其人，以吾敗也。不言及之者，爲內諱也。○爲，于僞反。

【疏】「不言」至「諱也」 釋曰：「不言其人，以吾敗也」，謂不言邾之主名也。「不言『及』者，爲內諱也」，謂不言魯之主名也。〔一〇〕與桓十七年解異者，觀經爲說，不可執文也。

○冬，十有一月己巳朔，宋公及楚人戰于泓，○泓，烏宏反。宋師敗績。日事遇朔曰「朔」。春秋三十有四戰，未有以尊敗乎卑、以師敗乎人者也，以尊敗乎卑、以師敗乎人則驕其敵，襄公以師敗乎人而不驕其敵何也？責之也。泓之戰以爲復雩之恥也，前年宋公爲楚所執。雩之恥宋襄公有以自取之，伐齊之喪、執滕子、圍曹、爲雩之會，不顧其力之不足而致楚成王，成王怒而執之，故曰「禮人而不荅則反其敬，愛人而不親則反其仁，治人而不治則反其知，過而不改又之，又，復。○知，音智，又如字。復，扶又反。是謂之過」，襄公之謂也。古者被甲嬰冑，非以興國也，則以征無道也，豈曰以報其恥哉？宋公與楚人戰于泓水之上，司馬子反曰：〔一一〕「楚衆我少，鼓險而擊之，勝無幸焉。」若要而擊之必可破，非僥倖也。○被，皮既反。胄，直救反。〔一二〕司馬子反，左傳作「子魚」。要，於遥反。僥，古堯反。倖，音幸。

【疏】「司馬子反」 釋曰：麋信云「子反」當爲「子夷」，〔一三〕未審范意然不。○「勝無幸」，釋曰：以小敵大，恐其不若，克之不名，徼幸也。

襄公曰：「君子不推人危，不攻人厄。」須其出，須其出險。○推，如字，又它回反。既出，旌亂於上，陳亂於下，子反曰：「楚衆我少，擊之，勝無幸焉。」襄公曰：「不鼓不成列。」列，陳。○陳，直覲反。須其成列而後擊之，則衆敗而身傷焉，七月而死。何休曰：「即宋公身傷當言『公』，不當言『師』，成十六年『楚子敗績』是也，又成十六年傳曰『不言師，君重于師也』。即成十六年是，二十二年虚言也；即二十二年是，十六年非也。」鄭君釋之曰：「傳説楚子敗績曰『四體偏斷，此則目也』，此言君之目與手足有破斷者，乃爲敗矣。今宋襄公身傷耳，當持鼓，軍事無所害，而師猶敗，故不言『宋公敗績』也。傳所以言敗衆敗身傷焉者，〔一四〕疾其信而不道，以取大辱。」

【疏】「七月而死」 釋曰：此云「七月而死」，則是身傷，不云「宋公敗績」者，鄭玄云：「非四體偏斷，又非傷目，故依常例稱『師』也。」

倍則攻，敵則戰，少則守，人之所以爲人者言也，人而不能言，何以爲人？言之所以爲言者信也，〔一五〕言而不信，何以爲言？信之所以爲信者道也，信而不道，何以爲道？〔一六〕道之貴者時，其行勢也。凱曰：「道有時，事有勢。何貴於道？貴合於時。何貴於時？貴順於勢。宋公守匹夫之狷介，徒蒙恥於夷狄，焉識大通之方、至道之術哉？」○攻，〔一七〕如字，又音貢。守，如字，又手又反。狷，音絹。介，音界。焉，於虔反。

【疏】注「焉識」至「術哉」　釋曰：老子至道之人，猶曰「以政治國，以奇用兵」，今宋襄國弱於楚，而行敵戰之禮，故傳譏其師敗身傷，注謂之不識至道之術也。

二十有三年春，齊侯伐宋，圍閔。伐國不言圍邑，此其言「圍」何也？不正其以惡報惡也。前十八年宋伐齊之喪，是惡也，今齊乘勝而報，是以惡報惡也。○閔，左氏作「緡」，二十五年楚圍亦同。〔一八〕

○夏，五月庚寅，宋公茲父卒。桓公之子襄公。茲父之不葬何也？失民也。其失民何也？以其不教民戰，則是棄其師也，爲人君而棄其師，其民孰以爲君哉。何休曰：「所謂『教民戰』者習之也，春秋貴偏戰而惡詐戰，宋襄公所以敗于泓者，守禮偏戰也，非不教其民也，孔子曰：『君子去仁，惡乎成名？造次必於是，顛沛必於是。』未有守正以敗而惡之也。公羊以爲不書葬爲襄公諱背殯出會，所以美其有承齊桓、尊周室之美志。」鄭君釋之曰：「教民習戰而不用，是亦不教也。『詐戰』謂不期也，既期矣，當觀敵爲策，倍則攻，敵則戰，少則守。今宋襄公于泓之戰違之，又不用其臣之謀而敗，故徒善不用賢良，不足以興霸主之功，徒言不知權譎之謀，〔一九〕不足以交鄰國、會遠疆，故易譏鼎折足，詩刺不用良。」此說善也。○而惡，烏路反，下「而惡」同。惡乎，音烏。造，七報反。沛，音貝。爲襄，于僞反。背，音佩。譎，音決。折，之設反。刺，七賜反。

【疏】「何休」至「善也」　釋曰：何休曰「春秋貴偏戰」者，謂各守一偏而戰也。鄭玄云「易譏鼎折足，詩刺不用良」者，「鼎折足」是鼎卦九四爻辭，彼云「鼎折足，覆公餗，其形渥，凶」，王弼云：「處上體之下而又應初，既承且施，非己所堪。」若鼎足小細而任重，故折足也。鼎足既折則覆餗矣。「餗」謂鼎之實，實覆則沾渥其形，以喻不勝其任，身被戮辱，故凶也。此襄公是其事也，故曰「鼎折足」也。「初已出否，至四所盛則已絜矣，故曰『覆公餗』也。渥，沾濡之貌也。既覆公餗，體爲渥沾，智小謀大，不堪其任，受其至辱，災及其身，故曰『其形渥，凶』也」，鼎卦巽下離上䷱，馬融云：「『餗』謂糜也。」「詩刺不用良」者，謂鄭忽不能與賢人圖事，以至死亡，故詩作狡童、揚之水二篇刺之，故詩序云云「狡童，〔二〇〕刺忽也。不能與賢人圖事，權臣擅命也」，「揚之水，閔無臣也。君子閔忽之無忠臣良士，終以死亡，而作是詩也」。

○秋，楚人伐陳。

○冬，十有一月，杞子卒。莊二十七年稱「伯」，今稱「子」，蓋爲時王所黜。

二十有四年春，王正月。

○夏，狄伐鄭。

○秋，七月。

○冬，天王出居于鄭。襄王也。天子以天下爲家，故所在稱「居」。天子無出，出失天下也。王者無外，言「出」則有外之辭。江熙曰：「天子必巡守然後行，故河陽之守，全天王之行也。平王東遷，其詩不能復雅而列爲國風；襄王奔鄭，不得全天王之行，則與諸侯不異，故書『出』也。夫子祖述堯、舜，憲章文、武，斯文是作，不以道假人，傳言『失天下』，闕然如有未備。」○巡守，手又反，下同。之行，如字，或下孟反，下同。復雅，扶又反。

【疏】注「夫子」至「未備」 釋曰：舊解江熙此言明夫子之脩春秋，雖憲章前代，亦不可全與前代齊録，故云「夫子祖述堯、舜，憲章文、武」，言堯、舜有巡守之禮，文、武有省方之制，故仲尼因襄王之守，全天子之行，是亦祖述、憲章也。「斯文是作，不以道假人」者，謂若全天子之行，憲章前代，是不以道假借人也，但襄王與諸侯不異，不可復全天子之行，故書「出」以表之也。明夫子雖欲尊王者同之先代，以周德闕然未備，不可同之，故遂以此道借人也。或以爲夫子所以書「王出」者，祖述堯、舜，憲章文、武，斯文是作，不以道借人，王德既闕，不可復全其行，故書「出」以表其失天下也。

「居」者居其所也，雖失天下，莫敢有也。邵曰：「雖實出奔，而王者無外，王之所居則成王畿，鄭不敢有之以爲國。」

○晉侯夷吾卒。〔二一〕傳曰「諸侯時卒，惡之也。」〔二二〕不葬，篡文公而立，失德。」○惡，烏路反。篡，初患反。

二十有五年春，〔二三〕王正月丙午，衛侯燬滅邢。燬之名何也？據宣十二年「楚子滅蕭」不名。○燬，況委反。不正其伐本而滅同姓也。絶先祖支體尤重，故名以甚之。

【疏】「不正」至「姓也」　釋曰：衛與邢同姬姓，今衛滅邢，則是絶先祖支體，故謂之「伐本」也。

○夏，四月癸酉，衛侯燬卒。

○宋蕩伯姬來逆婦。伯姬，魯女，爲宋大夫蕩氏妻也。自爲其子來迎婦。○自爲，于僞反，〔二四〕下「爲祖」同。〔二五〕婦人既嫁不踰竟，宋蕩伯姬來逆婦，非正也。其曰「婦」何也？緣姑言之之辭也。

【疏】「不踰竟」　釋曰：復發傳者，嫌爲求婦爲禮，故發之。

○宋殺其大夫。其不稱名姓，以其在祖之位，尊之也。何休曰：「『曹殺其大夫』亦不稱名姓，豈可復以爲祖乎？」鄭君釋之曰：「宋之大夫盡同姓，〔二六〕禮，公族有罪，刑于甸師氏，不與國人慮兄弟也，所以尊異之。孔子之祖孔父累於宋殤公而死，今骨肉在其位而見殺，故尊之，隱而不忍稱名氏。若罪大者名之而已，使若異姓然，此乃祖之疏也。〔二七〕『曹殺其大夫』，自以無大夫，不稱名氏耳。春秋辭同事異者甚多，隱去即位以見讓，莊去即位爲繼弑，是復可以比例非之乎？」○復以，扶又反，下「是復」同。徧，扶徧反。累，劣僞反。〔二八〕去，起吕反，下同。以見，賢徧反。爲繼，于僞反，又如字。

【疏】注「祖之疏」釋曰：異姓稱名，疏而詳已，〔二九〕同姓不名，親而略之，若名氏具備而見其疏，則見異姓同，〔三〇〕非尊祖之事，故曰「疏之也」。古本或作「禮之疏」者，言同姓與異姓不別，則於禮法爲疏也，理亦通耳。以本不定，故兩解之。

○秋，楚人圍陳，納頓子于頓。「納」者内弗受也。圍一事也，納一事也，而遂言之，怪其異事而辭相連，有似遂事之辭。蓋納頓子者陳也。圍陳使納頓子。

【疏】「蓋納頓子者陳也」釋曰：案癈疾云：「休以爲即陳納之當舉陳，何以不言『陳』？」鄭君釋之曰：「納頓子固宜爲楚也，穀梁子見經云『楚人圍陳，納頓子于頓』，有似晉陽處父『伐楚，救江』之文，故云『蓋陳』也。」是鄭意亦同范説圍陳使納頓子也。

○葬衛文公。

○冬，十有二月癸亥，公會衛子、莒慶盟于洮。衛稱「子」，在喪。洮，魯地。莒無大夫，

其曰「莒慶」何也？以公之會目之也。小國無大夫，以公與會，故進之。時有衛子，則無敵公之嫌。○與會，如字，一音豫。〔三〕

二十有六年春，王正月己未，公會莒子、衛甯速盟于向。向，莒地。○向，舒亮反。

公不會大夫，其曰「甯速」何也？以其隨莒子，可以言會也。

○齊人侵我西鄙。公追齊師至巂，弗及。人，微者也；侵，淺事也。公之追之，非正也；至巂，急辭也。以急辭言之，明不至巂。○巂，音攜，又似兖反。

【疏】「人微」至「辭也」　釋曰：文承「追齊師」之下，即云「至巂」，是急辭也，據文與「公追戎于濟西」異也，案莊十八年「公追戎于濟西」，傳稱「不使戎邇於我也」，今舉齊侵，是以難近國，而亦云「大之也」者，彼以戎有徒衆，故大公所追，此以公之不及，故亦言「大之也」。然彼不言戎之伐我，此云「齊人侵我」者，彼是戎狄，不使之近我，似若望風退走，然此齊是中國，侵又淺事，故舉之以見公追非正也。

「弗及」者弗與也，弗與戰也。可以及而不敢及也。畏齊師。其侵也曰「人」，其追也曰「師」，以公之弗及大之也。「大之」謂變「人」言「師」。弗及，內辭也。「弗及」者，若曰我自不及耳，非齊不可及。

○夏，齊人伐我北鄙。

○衛人伐齊。

○公子遂如楚乞師。乞，重辭也。雍曰：「人道施而不有，讓而不取，故以『乞』爲重。」○施，舒豉反。

何重焉？重人之死也，非所乞也。師出不必反，戰不必勝，故重之也。

【疏】「乞重辭也」釋曰：此是乞師之始，故發傳以明之。

○秋，楚人滅夔，以夔子歸。○夔，求龜反。夔，國也，不日，微國也。〔三二〕以歸猶愈乎執也。

【疏】「夔國」至「執也」釋曰：滅國有三術，中國日，卑國月，夷狄時，此是夷狄之微國，〔三三〕故從時例，而傳言「微國也」以明之也。案「戎伐凡伯，以歸」不言「執」者，尊天子之使，不與夷狄之執，今夷狄自相執，經言「以歸」，傳云「猶愈乎執也」者，彼尊凡伯，使一人當一國，故變「執」言「以歸」，諸侯相執以歸者，例不得言「執」，故傳云「以歸猶愈乎執也」，明經止得言「以歸」。

○冬，楚人伐宋，圍閔。伐國不言圍邑，此其言「圍」何也？以吾用其師目其事也，非道用師也。楚人出師爲魯伐齊，而中道以伐宋，故「伐」、「圍」兼書，所以責楚。○爲，于僞反。中，如字，又丁仲反。

【疏】「目其」至「師也」　釋曰：傳解經并言「圍」、「伐」之意也，言楚人爲我伐齊，而中道更伐宋，故兼「圍」、「伐」目其事，所以責楚中道用師，非訓爲責也。

公以楚師伐齊，取穀。「以」者不以者也，民者君之本也，使民以其死，非其正也。雍曰：「兵不祥之器，不得已而用之，安有驅民于死地，以共假借之役乎？」○共，音恭，本又作「供」。假借，音嫁，又古雅反；下子夜反，又子亦反。

【疏】「『以』者不以者也」　釋曰：（三四）重發傳者，彼據外，此據内，故重詳之。

公至自伐齊。惡事不致，此其致之何也？危之也。以蠻夷之師，伐鄰近大國，招禍深怨，危亡之道。

【疏】「惡事」至「危之也」　釋曰：莊六年「秋，公至自伐衛」，傳曰「惡事不致，此其致何也？不致則無用見公惡事之成也」，與此文不同者，互文以起義，其實不異，彼明惡事之成，此亦明之，此云「危之也」，則彼亦危之可知也。

二十有七年春，杞子來朝。○朝，直遥反。

○夏，六月庚寅，齊侯昭卒。○昭，或作「照」，非。

○秋，八月乙未，葬齊孝公。

○乙巳，公子遂帥師入杞。

○冬，楚人、陳侯、蔡侯、鄭伯、許男圍宋。「楚人」者楚子也，其曰「人」何也？人楚子所以人諸侯也。其人諸侯何也？不正其信夷狄而伐中國也。

何休曰：「哀元年『楚子、陳侯、隨侯、許男圍蔡』不稱『人』，明不以此故也。」鄭君釋之曰：「時晉文爲賢伯，故譏諸侯不從而信夷狄也，哀元年時無賢伯，又何據而當貶之邪？」甯謂定、哀之世楚彊盛，故諸侯不得不從耳。江熙曰：「夫屈信理對，言信必有屈也，宋、楚戰于泓，宋以信義而敗，未有闕也，楚復圍之，我三人行必有我師，〔三五〕諸侯不能以義相帥，〔三六〕反信楚之曲，屈宋之直，是義所不取，信曲屈直猶不可，況乃華夷乎？楚以亡義見貶，則諸侯之不從，〔三七〕不待貶而見也，然則四國信楚而屈宋，春秋屈其信而信其屈，貶楚子于兵首，則彼碌碌者譏斯見矣，〔三八〕故曰『人楚子所以人諸侯』。」○信，音申。

【疏】注「甯謂」至「諸侯」 釋曰：鄭云「無賢伯」，范言「楚盛」者，〔三九〕二者相接也，爲當時無賢伯，楚又彊盛，故諸侯不得不從也。案泓之戰，穀梁意譏宋公，江熙云「宋以信義而敗，未有闕」者，據宋不能量敵彊弱，致師敗身傷，故譏之，其於信義實未有所闕，而楚復圍之，故貶楚子也。公羊以爲稱「公」者，「爲執宋公貶，故終僖之篇貶之」，杜預解云楚「以微者告」，並與穀梁異也。

〇十有二月甲戌，公會諸侯盟于宋。地以宋者，則宋得與盟，宋圍解可知。〇與，音豫。

【疏】注「地以」至「可知」　釋曰：左氏之意，公會諸侯盟于宋，宋不與盟，何休與范皆云「地以宋，則宋得與盟」，二傳以無晉救宋之文，故與左氏異也。

二十有八年春，晉侯侵曹，晉侯伐衛。再稱「晉侯」，忌也。鄭嗣曰：「曹、衛並有宿怨于晉，君子不念舊惡，故再稱『晉侯』以刺之。」〇刺，七賜反，下文及注同。

〇公子買戍衛，不卒戍，刺之。刺，殺也，内諱殺大夫，故謂之「刺」，蓋取周禮三刺之法。先名後刺，殺有罪也。公子啓曰：公子啓，魯大夫。「不卒戍者可以卒也。可以卒而不卒，譏在公子也，刺之可也。」

【疏】「公子啓曰」　釋曰：舊解云子啓即公子偃，〔四〇〕啓書日者，啓無罪，今買書時者，是買有罪也。今觀上下文勢，理恐不然，何者？此傳上云「先名後刺」，下文云「不卒戍者可卒也」，本非釋時日之意，何爲公子啓一句獨論日月之事？若以穀梁專釋經，不論人語之事，何爲襄二十三年傳云「蘧伯玉曰：不以道事其君者，其出乎」，豈得謂「蘧伯玉曰」又不是人言也，故知舊解非耳。

○楚人救衛。

○三月丙午，晉侯入曹，執曹伯畀宋人。「入」者内弗受也。日入，惡入者也。以晉侯而斥執曹伯，惡晉侯也。惡其忌怨深。○畀，必利反，與也，下及注同。惡，烏路反，下文及注同。

【疏】「『入』者内弗受也」釋曰：前已有傳，重發之者，以晉文初霸，嫌得入中國，故發傳以明之。

畀，與也。其曰「人」何也？不以晉侯畀宋公也。畀，上與下之辭，故不以侯畀公。哀四年「夏，晉人執戎蠻子赤，歸于楚」，使楚子治其罪，今執曹伯不言「歸于宋」而言「與宋人」者，是使宋公拘執之。

○夏，四月己巳，晉侯、齊師、〔四二〕宋師、秦師及楚人戰于城濮，楚師敗績。

○楚殺其大夫得臣。

○衛侯出奔楚。

○五月癸丑，公會晉侯、齊侯、宋公、蔡侯、鄭伯、衛子、莒子盟于踐土。（四二）衛稱「子」者，時衛侯出奔，國更立君，非王命所加未成君，故曰「子」。踐土，鄭地。諱會天王也。實會天王而文不言天王，若諸侯自共盟然，是諱之也，所謂「譎而不正」。陳侯如會。如會，外乎會也，於會受命也。外乎會，不及序也，受命于會，故書「如會」。

○公朝于王所。朝不言「所」，言「所」者非其所也。非京師朝。

【疏】「朝不言『所』」　釋曰：「公如京師」亦不言朝，直決不言「所」者，「如」即是內朝之常文，故直解不言「所」而已，「如」既是常文，此言「朝」者，以其非京師，故以違例言之。

○六月，衛侯鄭自楚復歸于衛。自楚，楚有奉焉爾。「復」者復中國也，「中國」猶國中也。

【疏】「楚有奉焉爾」　釋曰：發傳者，（四三）自楚嫌與中國異也。

「歸」者歸其所也。鄭之名，失國也。

【疏】「鄭之名失國也」　釋曰：重起失國之例者，以鄭非大罪，故出奔不名，惡其藉楚之力，故入名以表失國，嫌出、入異，故傳發之。

○衛元咺出奔晉。

○陳侯款卒。

○秋，杞伯姬來。莊公女來歸寧。

○公子遂如齊。聘也。

○冬，公會晉侯、宋公、〔四四〕蔡侯、鄭伯、陳子、莒子、邾子、秦人于温。陳稱「子」，在喪也。諱會天王也。復致天子。○復，扶又反。

○天王守于河陽。河陽，晉地。守，音狩，下同。全天王之行也。時實晉文公召王，以臣召君不可以訓，因天子有巡守之禮，故以自行爲文。○行，如字，或下孟反。爲若將守而遇諸侯之朝也，爲天王諱也。水北爲陽，山南爲陽，温，河陽也。日之所昭曰「陽」。○爲天王，于僞反。壬申，公朝於王所。朝於廟，禮也，於外，非禮也。諸侯朝王，王必於宗廟受之者，蓋欲尊祖禰，共其榮。獨公朝與？諸侯盡朝也。其日，以其再致天子，故謹而日之。主善以內，目惡以外。「主善以內」，謂公朝于王所，「目惡以外」，言再致天子。○朝與，音餘。言曰「公朝」，逆辭也，而尊天子。鄭嗣曰：「若公朝于廟，則當言『公如京師』，而今言『公朝』，是逆常之辭，雖逆常，而曰公朝王所，是尊天子。」

【疏】「而尊天子」　釋曰：公若朝於廟，當云「如」也，今逆常，故言「朝」也，「朝」雖逆常之辭，言「公朝於王所」，仍是敬王室之事，故云「而尊天子」。

會于温，言小諸侯，温，河北地，以河陽言之，大天子也。温、河陽同耳，小諸侯，故以一邑言之；尊天子，故以廣大言之。日繫於月，月繫於時，「壬申，公朝于王所」，其不月，失其所繫也，以爲晉文公之行事爲已傎矣。以臣召君，傎倒上下，日不繫于月，猶諸侯不宗于天子。○傎，都田反。倒，丁老反。

○晉人執衛侯，歸之于京師。此入而執，其不言「入」何也？不外王命於衛也。「入」者自外來。伯者以王命討衛，衛，王之土，(四五)故曰「不外王命」。歸之于京師，緩辭也，斷在京師也。辭間容之，故言「緩」。○斷，丁亂反。

【疏】「緩辭也」　釋曰：據成十五年「晉侯執曹伯，歸于京師」不言之。

○衛元咺自晉復歸于衛。自晉，晉有奉焉爾。「復」者復中國也，「歸」者歸其所也。

【疏】「晉有奉焉爾」釋曰：又發傳者，嫌霸者與凡諸侯異。

○諸侯遂圍許。會溫諸侯。許比再會不至，故共圍之。遂，繼事也。繼事，會于溫而圍許。

○曹伯襄復歸于曹。三月爲晉侯所執，今方歸。「復」者復中國也，天子免之，因與之會，其曰「復」，通王命也。免之于宋，身未反國，因會于許，即從反國之辭，通王命。遂會諸侯圍許。遂，繼事也。

二十有九年春，介葛盧來。介，國也。葛盧，微國之君未爵者也，〔四六〕其曰「來」，卑也。○介，音界，國名。

【疏】「其曰來卑也」釋曰：據莊五年「郳犂來來朝」亦未得爵命而稱「朝」，此謂卑賤之，故直言「來」矣，襄十八年「白狄來」，〔四七〕注云「不言朝者不能行朝禮」是也。

○公至自圍許。

○夏，六月，公會王人、晉人、〔四八〕宋人、齊人、陳人、蔡人、秦人盟于翟泉。翟泉，某地。

【疏】「公會」至「翟泉」　釋曰：左氏以爲「王人」者王子虎，爲下盟列國；「晉人」云云者狐偃等，爲上敵公、侯，皆貶之稱「人」。何休注公羊云晉文德衰，故微者往會。今穀梁既無傳注，或如何說，「王人」以下皆是微也。〔四九〕

○秋，大雨雹。雹者，陰脅陽、臣侵君之象，陽氣之在水，雨則温熱，陰氣薄而脅之不相入，轉而成雹。○雨，于付反。雹，蒲學反。

○冬，介葛盧來。

三十年春，王正月。

○夏，狄侵齊。

○秋，衛殺其大夫元咺。稱國以殺，罪累上也，以是爲訟君也。元咺訟君之罪于伯者，君忌之，使人殺之而後入。案宣九年「陳殺其大夫泄冶」，〔五〇〕傳曰「稱國以殺其大夫，殺無罪也」，此傳曰「稱國以殺，罪累上也」，凡稱國以殺大夫，或殺無罪，或罪累上，參互不同，略當近半。然則「稱國以殺」有二義，泄冶忠賢而君殺之，是君無道也；衛侯雖有不德，臣無訟君之道，元咺之罪亦已重矣。然君子之道譬之于射，失諸正鵠，反求諸身，衛侯不思致訟之愆，躬自厚之義，過而不改，而又怨忌，上下皆失，故曰「罪累上」。○累，劣僞反。泄，息列反。冶，音也。近半，附近之近。正，音征。鵠，古毒反。愆，起虔反。

【疏】「以是爲訟君也」　釋曰：元咺訟君則是臣之罪，復言「累上」者，以上下俱失，嫌衛殺無罪，故加「累上」之文也。衛侯得書「復歸」者，復歸非全善之辭，衛侯既委罪元咺，故得「復歸」之稱。

注「有二義」　釋曰：言「有二義」者，謂傳言「殺無罪也」，即是罪全在君，傳云「罪累上也」，即上下俱失，故云「有二義」。

衛侯在外，其以「累上」之辭言之何也？待其殺而後入也。及公子瑕。公子瑕累也，以尊及卑也。

○衛侯鄭歸于衛。徐邈曰：「凡出奔歸月，執歸不月者，齊則國更立主，〔五一〕若故君還入，必有戰争禍害，所以謹其文。執者罪名未定，其國猶追奉之，歸無犯害，故例不月。」○戰争，争鬭之争。

○晉人、秦人圍鄭。

○介人侵蕭。

○冬，天王使宰周公來聘。天子之宰通于四海。

【疏】「天子」至「四海」 釋曰：復發傳者，葵丘會也，此則聘也，嫌異，故重發之。

○公子遂如京師，遂如晉。以尊遂乎卑，此言不敢叛京師也。何休曰：「大夫無遂事，案襄十二年『季孫宿救台，遂入鄆』，惡季孫不受命而入也，如公子遂受命如晉，不當言『遂』。」鄭君釋之曰：「遂固受命如京師、如晉，不專受命如周，經近上言『天王使宰周公來聘』，故公子遂報焉，因聘于晉，尊周不敢使並命，使若公子遂自往然，即云『公子遂如京師』、『如晉』，是同周于諸侯，叛而不尊天子也。公羊傳有『美惡不嫌同辭』，何獨不廣之於此乎？」甯謂經同而傳異者甚衆，此吾徒所以不及古人也。○台，土來反，又音臺。鄆，音運。惡季孫，烏路反。美惡，烏路反，又如字。

【疏】「遂乎卑」 釋曰：傳言此者，「遂」是繼事之辭，以辭有善惡，故傳分明別之也。

三十有一年春，取濟西田。曹田。

○公子遂如晉。

○夏，四月，四卜郊，謂之「郊」者，天人相與交接之意也。不言「郊天」者，不敢斥尊也。昔武王既崩，成王幼少，周公居攝行天子事，制禮作樂，終致大平，周公薨，成王以王禮葬之，命魯使郊，以彰周公之德，祭蒼帝靈威仰，昊天上帝魯不祭。○少，詩照反。大，音泰。

【疏】注「謂之」至「不祭」 釋曰：范惟言〔五二〕「天人相與交接，故謂之『郊』」，字既從「郊」，或當亦在南郊，就陽位而祭也。「昔武王既崩」云云，尚書有其事。「制禮作樂」云云者，禮記文。「祭蒼帝靈威仰，昊天上帝魯不祭」者，是鄭玄之説。鄭以春秋説元命包云「紫微爲大帝，大微爲天庭，五帝合明」，〔五三〕又文耀鉤云「蒼帝春受制，其名靈威仰；赤帝夏受制，其名赤熛怒；黄帝受制王四季，其名含樞紐；白帝秋受制，其名白招拒；黑帝冬受制，其名汁光紀」，是紫微宫者五方帝，故鄭以周與魯夏正郊天者，祭青帝靈威仰之帝，冬至祭天於圓丘者，祭天皇大帝，魯不得祭之，故范亦同之耳。然三王之郊一用夏正，魯不然者，以天子得冬至祭天皇大帝，故郊所感之帝皆以夏正爲之，魯不得冬至祭天，故博卜三正，〔五四〕從周正月至於三月皆是郊之時也，月各一卜，故云「三卜，禮也」，四月非時，故云「四卜，非禮也」。左氏以爲禮不卜常祀，郊既魯之常祀，故一卜亦爲非禮；公羊以爲天子不卜郊，魯郊非常禮，故卜之，求吉之道不過三，故三卜禮也，四卜非禮也，是三傳各異。其用牲也，何休以爲郊天牛角繭栗，三望之牛角尺，其文出於稽命徵，其祀也郊祭則焚燎，山則升，水則沉。〔五五〕

不從，乃免牲，猶三望。鄭君曰：「『望』者祭山州之名也，謂海也，岱也，淮也，非其疆界則不祭，禹貢曰『海岱及淮惟徐州』，徐州，〔五六〕魯地。」「猶三望」，公羊以爲三望泰山、河、海，賈逵、杜預之徒注左氏者皆以爲分野星、國中山川，今范同鄭玄之説，取禹貢之文，以爲淮、海、岱也。

夏四月，不時也。郊，春事也。四卜，非禮也。郊春事，四卜則入夏。「免牲」者，爲之緇衣熏裳，〔五七〕有司玄端奉送至于南郊，免牛亦然。玄端，黑衣，接神之道。玄熏者，天地之色也。南郊天位，歸之于陽也。全曰「牲」，傷曰「牛」。牛有變而不郊，故卜免牛。〇熏，許云反。

【疏】注「全曰」至「免牛」 釋曰：哀元年傳文也。

「乃」者亡乎人之辭也。「亡乎人」若曰無賢人也，凱曰：「其猶易稱『闃其户，闃其無人』，詩云『巷無居人』，譏僖公不共致天變。」〇闃，苦鶪反。共，音恭，本亦作「恭」。「猶」者可以已之辭也。望，郊之細也，不郊無望可也。已，止也。

〇秋，七月。

〇冬，杞伯姬來求婦。婦人既嫁不踰竟，「杞伯姬來求婦」，非正也。

【疏】「求婦非正也」 釋曰：重發傳者，嫌國君之妻異，故明之。

○狄圍衛。

○十有二月，衛遷於帝丘。〔五八〕帝丘，衛地。

三十有二年春，王正月。

○夏，四月己丑，鄭伯捷卒。○捷，在接反。

○衛人侵狄。

○秋，衛人及狄盟。

○冬，十有二月己卯，晉侯重耳卒。晉自莊公已前不書于春秋，〔五九〕又不言文公之入及鄭忽之殺，何乎？徐邈通之曰：「案詩序及紀年、史記，晉昭公之後大亂五世，又鄭忽之後有子亹、子儀，且事出記傳而經所無殊多，誠當有不告故不書者。諸侯有朝聘之禮、赴告之命，所以敦其交好，通其憂虞，若鄰國相望而情志否隔，存亡禍福不以相關，則它國之史無由得書，故告命之事絶，則記注之文闕，〔六〇〕此蓋内外相與之常也。魯政雖陵遲，而典刑猶存，史策所録不失常法，其文獻之實足徵，〔六一〕故孔子因而脩之，事仍本史而辭有損益，所以成詳略之例，起褒貶之意，若夫可以寄微旨而通王道者，存乎精義窮理，不在記事少多，此蓋脩春秋之本旨，師資辯説，日用之常義，故穀梁子可不復發文，而體例自舉矣。」○重，直龍反。亹，亡匪反。朝聘，直遥反。好，呼報反。否，備矣反。注，張住反。不復，扶又反。

【疏】注「師資辯説」釋曰：師者教人以不及，故謂「師」爲師資也。「日用」者，易繫辭文也。

三十有三年春，王二月，秦人入滑。滑，國也。

○齊侯使國歸父來聘。

○夏，四月辛巳，晉人及姜戎敗秦師于殽。〔六二〕不言「戰」而言「敗」何也？狄秦也。其狄之何也？秦越千里之險入虚國，滑無備，故言「虚國」。○殽，户交反。進不能守，退敗其師，徒亂人子女之教，無男女之别，秦之爲狄自殽之戰始也。明秦本非夷狄。○别，彼列反。

【疏】「進不」至「始也」釋曰：舊解「進不能守」謂入滑而去，「退敗其師」謂敗於殽也，「亂人子女」謂入滑之時縱暴亂也。本或别「進」字者。〔六三〕

秦伯將襲鄭，百里子與蹇叔子諫曰：「千里而襲人，未有不亡者也。」秦伯曰：「子之冢木已拱矣，何知。」（子之輩皆已老死矣。拱，合抱也。言其老無知。○百里子，如字，或作「伯」，誤也。蹇，紀輦反。拱，九勇反，合手曰「拱」。）師行，百里子與蹇叔子送其子而戒之曰：「女死必於殽之巖唫之下，（其處險隘，二人可以要百人。○女，音汝，下及注同。唫，本作「崟」，音吟，一音欽。處，昌慮反。隘，於懈反。要，於遙反，下「要而擊之」同。）我將尸女於是。」（「尸女」者收女尸。）師行，百里子與蹇叔子隨其子而哭之，秦伯怒曰：「何爲哭吾師也？」二子曰：「非敢哭師也，哭吾子也，我老矣，彼不死則我死矣。」（畏秦伯怒，故云彼、我要有死者。）

晉人與姜戎要而擊之殽，匹馬倚輪無反者。〔六四〕（倚輪，一隻之輪。○倚，居宜反，或於綺反。）「晉人」者晉子也，其曰「人」何也？微之也。何爲微之？不正其釋殯而主乎戰也。

○癸巳，葬晉文公。日葬，危不得葬也。

○狄侵齊。

○公伐邾，取訾樓。○訾，子斯反。

○秋，公子遂帥師伐邾。

○晉人敗狄于箕。箕，晉地。

○冬，十月，公如齊。十有二月，公至自齊。

○乙巳，公薨于小寢。小寢，內寢。小寢，非正也。非路寢。

【疏】「小寢，非正也」釋曰：傳發此例者，以隱公不地，〔六五〕桓公非正，今僖公雖卒而没於婦人之手，故發傳以惡之也。

○隕霜不殺草。京房易傳曰：「君假與臣權，隕霜不殺草。」○隕，云敏反。未可殺而殺，舉重也；可殺而不殺，舉輕也。「重」謂菽也，「輕」謂草也，輕者不死，則重者不死可知。

○李梅實。京房易傳曰：「從叛者茲謂不明，〔六六〕厥妖木冬實。」「實」之爲言猶實也。實，子。

○晉人、陳人、鄭人伐許。

校勘記

〔一〕傳法　正字：「『注』誤『法』。」

〔二〕宋公　公羊傳「公」作「人」，陸淳纂例差繆略：「左氏、穀梁並作『宋公』，誤也。」

〔三〕郜子　陸淳纂例差繆略：「『郜』，穀梁作『郝』。」

〔四〕其爲主乎救齊　述聞謂「其」字涉上衍。

〔五〕會于雩　公羊本年疏：「左氏作『盂』，穀梁作『雩』，蓋誤，或所見異。」

〔六〕以者不以者也　上「者」原作「其」，據閩本及傳注改。

〔七〕彼傳　「彼」原作「役」，依文義據閩本改。

〔八〕目之也　「目」原作「日」，據余本及本注複引改。

〔九〕二十有二年　「有」原無，據余本補。

〔一〇〕謂不言　「謂」原作「講」，據閩本改。

〔一一〕司馬子反　「子反」，釋文云「左傳作『子魚』」，疏引麋信説雖有誤字，從左氏之意可窺。李富孫異文釋亦謂宋無子反，當從左氏。

〔一二〕直救反　「直」原作「而」，正字：「『直』誤『而』。」據余本及單行釋文改。

〔一三〕子夷　春秋無子夷，「夷」疑「魚」之訛。

〔一四〕言敗衆敗身傷焉者　依文義「衆」上之「敗」字疑爲「則」之訛。輯本起癈疾此字正作「則」，或可證。

〔一五〕爲言者　「者」原作「也」，據余本及該節傳述例改。

〔一六〕何以爲道　述聞謂「道」當作「信」。

〔一七〕攻　原作「政」，據閩本及傳文改。

〔一八〕二十五年楚圍亦同　下文「楚人伐宋，圍閔」在二十六年，非二十五年，則此處「五」乃「六」之訛。

〔一九〕徒言　册府元龜卷二五四引作「小信」，毛詩大明正義引箴膏肓「言」作「信」，作「信」是也。

〔二〇〕云云　依行文「云」字不當重。

〔二一〕晉侯夷吾卒　日知録卷四三正：「僖公二十四年『冬，晉侯夷吾卒』，杜氏注『文公定位而後告』。夫不告文公之入而告惠公之薨，以上年之事爲今年之事，新君入國之日反爲舊君即世之年，非人情也，疑此經乃錯簡，當在二十三年之冬，傳曰『九月晉惠公卒』，晉之九月，周之冬也，蓋懷公遣人來告。」

〔二二〕惡之也　「也」原作「出」，殿本考證、楊考謂「也」誤「出」，據余本改。

〔二三〕二十有五年　「有」原無，據余本補。

〔二四〕于僞反　原作「爲人」，「爲」上空闕一字，正字：「『于僞』誤『爲人』。」據余本及單行釋文改補。

〔二五〕爲祖　「祖」原作「且」，正字：「『祖』誤『且』。」據余本及單行釋文改。

〔二六〕盡同姓　「同」原作「名」，楊考謂「此余本獨是者」，據余本改。

〔二七〕祖之疏也　疏云古本「祖」或作「禮」，「理亦通耳」。

〔二八〕劣僞反　「劣」原作「方」，正字：「『劣』誤『方』。」據余本及單行釋文改。

〔二九〕疏而詳已　正字：「『已』當『之』字誤。」

〔三〇〕則見異姓同　正字：「『見』當『與』字誤。」

〔三一〕音豫　「豫」，原空闕，據余本補。閩本作「預」。

〔三二〕不日微國也　此傳凡三見，其他兩處「不」上皆有「其」字，疑此處脱。

〔三三〕夷狄之微國　「狄」原作「以」，據閩本改。

〔三四〕釋曰　「曰」原作「者」，據閩本及疏例改。

〔三五〕我三人行　正誤謂「我」誤，當作「夫」。

〔三六〕以義相帥　殿本考證、阮校據上文云「必有我師」，謂「帥」是「師」之誤。

〔三七〕則諸侯之不從　正字：「『不』疑衍字。」

〔三八〕譏斯見矣　「譏斯」原作「以期」，楊考謂當從余本，故據改。

〔三九〕楚盛　注文「楚」下有「彊」字，疏亦云「楚又彊盛」，此疑脱「彊」字。

〔四〇〕云子啓　依述例，「云」乃「公」之訛。

〔四一〕齊師　唐石經「師」作「侯」，松崎校訛：「左氏經亦作『師』，據傳是役齊率師者爲國歸父、崔夭，則石經作『侯』誤也。」

〔四二〕「公會晉侯」至「盟于踐土」　成二年傳「會與盟同月則地會不地盟，不同月則地會地盟」，疏云「『同月則地會不地盟』者，僖二十八年踐土之盟、襄十六年湨梁之盟是也」，襄十六年「三月，公會晉侯、宋公、衛侯、鄭伯、曹伯、莒子、邾子、薛伯、杞伯、小邾子于溴梁。戊寅，大夫盟」，此處會與盟同月而地盟，顯有誤。

〔四三〕發傳者 桓十七年傳云「自陳，陳有奉焉爾」，此處云「自楚，楚有奉焉爾」爲重發傳，疏云「自楚嫌與中國異也」亦可證，則此處「發」上有脱文。

〔四四〕晉侯宋公 左傳、公羊「晉侯」下有「齊侯」二字，趙坦異文箋謂無者或脱文。按，陸淳纂例差繆略僅云「左氏『晉侯』下有『齊侯』」，則其所見公羊、穀梁皆無「齊侯」。

〔四五〕王之士 「士」原作「士」，阮校：「監、毛本『士』作『士』，當不誤。」據改。

〔四六〕未爵者也 依莊五年傳例，「爵」下當有「命」字，本節疏云「亦未得爵命」，以此亦彼，可證兩處傳文無異。

〔四七〕白狄來 「狄」原作「秋」，阮校：「『秋』當作『狄』。」據閩本及襄十八年經文改。

〔四八〕公會王人晉人 左傳無「公」字，陸淳纂例差繆略僅列公羊之異，疑其所見穀梁亦無「公」字也。

〔四九〕皆是微也 疑「微」下脱「者」字。

〔五〇〕大夫泄冶 此及下文「泄冶忠賢」之「冶」原皆作「治」，余本此作「治」、下文作「冶」，據閩本及宣九年經文改。

〔五一〕齊則 楊考：「十行、閩本同誤，毛改『齊』作『奔』，是。」

〔五二〕范惟言 「惟」原作「淮」，據閩本改。

〔五三〕五帝合明 正字：「『以合時』誤『合明』二字，從周禮大宗伯疏校。」

〔五四〕博卜 正字、阮校皆謂當作「轉卜」。

〔五五〕水則沉　此下原有「猶三望公羊以爲」云云一節，乃下文傳「猶三望」之疏，殿本考證謂其「誤刊於『四卜郊』注下」，故移置於彼。

〔五六〕徐州　「州」字原無，據余本補。

〔五七〕緇衣纁裳　正誤謂作「熏」誤，成七年作「纁」，錢考：「唐石經先作『纁』，後改，成七年傳亦是『纁』字，當以『纁』爲正。」

〔五八〕遷於帝丘　錢考：「『於』當作『于』。」

〔五九〕晉自莊公已前不書于春秋　閔二年「虞師、晉師滅夏陽」，則「莊」當作「閔」，或因注本莊、閔合卷，故有此訛。

〔六〇〕文闕　「闕」原作「關」，據余本及閩本改。

〔六一〕文獻　「獻」原作「憲」，據閩本改。

〔六二〕晉人及姜戎　陸淳纂例卷五用兵例：「『及』衍文也，何以知之？据宣八年『晉師、白狄伐秦』、成九年『秦人、白狄伐晉』，如此例甚多，並不言『及』，故知此衍文耳。」

〔六三〕本或別進字者　述聞：「『本或別進字者』當作『本或別有進字者』，蓋疏所據本『不能守』上無『進』字。」

〔六四〕倚輪　唐石經初刻「倚」作「奇」，後磨改，錢考謂當以「奇」爲正。嚴可均唐石經校文謂漢五行志中之下引作「輢」，則漢世穀梁本是「輢」字，「後世省角旁直作『奇』。奇，隻也」。

〔六五〕以隱公不地　先於僖公薨之閔公亦不地，疑此不舉蓋脱也。

〔六六〕從叛者　余本及漢書五行志第七下之下、唐開元占經卷九日占五引「從」皆作「縱」，按縱、從通。

春秋穀梁注疏文公卷第十 起元年，盡八年

文公 ○襄王二十六年即位，名興。

魯世家：「文公名興，僖公之子，以襄王二十六年即位。」謚法：「慈惠愛民曰文。」

元年春，王正月，公即位。繼正即位，正也。「繼正」謂繼正卒也。隱去「即位」以見讓，桓書「即位」示安忍，莊、閔、僖不言「即位」皆繼弒。○去，起呂反。見，賢徧反。弒，申志反。

○二月癸亥，日有食之。

○天王使叔服來會葬。諸侯喪，天子使大夫會葬，禮也。傳例曰「天子大夫稱字」，蓋未受采邑，故不稱氏，字者貴稱，故可獨達也。○貴稱，尺證反。

【疏】「諸侯」至「達也」 釋曰：范云「傳例」者非正例，推以知之。定十四年傳曰「天子之大夫不名」，隱七年「凡伯來聘」傳曰「『凡伯』者何也？天子之大夫也」，又九年「南季來聘」傳曰「南，氏姓也；季，字也」，是天

子之大夫稱字據傳文可知，故亦得云「傳例」也。

葬曰「會」，言「會」，明非一人之辭。其志重天子之禮也。

【疏】「重天子之禮也」釋曰：五年「毛伯來會葬」，「會葬之禮於鄙上」，此叔服來會葬云「其志重天子之禮也」者，舊解以爲叔服在葬前至，先鄉魯國，然後赴葬所，毛伯以喪服發後始來，先之竟上，然始至魯國，〔一〕故傳釋有異辭也。或當此釋書之所由，故云「重天子之禮也」；彼解會葬之處，故云「於鄙上」，二者互言之，未必由先後至，理亦通也。

〇夏，四月丁巳，葬我君僖公。薨稱「公」，舉上也。「葬我君」，接上下也。僖公葬而後舉謚，謚所以成德也，於卒事乎加之矣。

【疏】「薨稱」至「加之矣」釋曰：重發傳者，桓不以禮終，僖則好卒，二者既異，故傳詳之。

〇天王使毛伯來錫公命。毛，采邑；伯，字也，天子上大夫也。〇錫，星歷反。采地，音菜地，本又作「邑」。禮有受命，無來錫命，錫命，非正也。

【疏】「禮有」至「正也」釋曰：重發傳者，桓則薨後見錫，此則即位見錫，嫌其得正，故傳發之。

○晉侯伐衛。

○叔孫得臣如京師。

○衛人伐晉。

○秋，公孫敖會晉侯于戚。禮，卿不得會公侯，春秋尊魯，内卿大夫可以會外諸侯。戚，衛地。○戚，倉寂反。

【疏】注「内卿」至「衛地」〔二〕 釋曰：「内卿大夫可會外諸侯」者，下二年傳文，不於此發例者，伯者至尊，大夫不可以會，但春秋内魯，故無譏文，以失禮深，傳不可云得會，至於二年垂斂之會，〔三〕則是凡常諸侯，禮雖不達，人情通許，故發内大夫可以會外諸侯之例。

○冬，十月丁未，楚世子商臣弒其君髡。鄭嗣曰：「商臣，繆王也；髡，文王之子成王也。不言其父而言『其君』者，君之於世子有父之親、有君之尊，言『世子』所以明其親也，言『其君』所以明其尊也，商臣於尊、親盡矣。」○弒其，申志反，傳同。髡，苦門反。日髡之卒，所以謹商臣之弒也。夷狄不言正不正。徐乾曰：「中國君卒，正者例日，篡立不正者不日，夷狄君卒皆略而不日，所以殊夷夏也，今書日謹識商臣之大逆爾，不以明髡正與不正。」○篡，初患反。夏，户雅反。識，如字，又申志反。

【疏】「夷狄」至「不正」　釋曰：傳言此者，以夷狄之弒有日與不日，嫌同中國，故分明别之。

○公孫敖如齊。

二年春，王二月甲子，晉侯及秦師戰于彭衙，彭衙，秦地。○衙，音牙。秦師敗績。

○丁丑，作僖公主。作，爲也，爲僖公主也。爲僖公廟作主也。主蓋神之所馮依，其狀正方，穿中央，達四方，天子長尺二寸，諸侯長一尺。○爲僖公廟，于僞反。馮，皮冰反。長尺，直亮反，又如字，下同。立主，喪主於虞，禮，平旦而葬，日中反而祭，謂之曰「虞」，其主用桑。吉主於練。期而小祥，其主用栗。作僖公主，譏其後也。僖公薨至此已十五月。作主、壞廟有時日，於練焉壞廟，壞廟之道，易檐可也，改塗可也。禮，親過高祖則毁其廟，以次而遷，將納新神，故示有所加。○壞，音怪，下同。檐，以占反。

【疏】「作爲」至「可也」　釋曰：僖二十年「新作南門」，傳曰「作，爲也，有加其度也」，彼傳意言「作」所以爲譏，則此「作」亦譏可知，故下傳云「作僖公主，譏其後也」。案莊公之喪已二十二月，仍譏其爲吉禘，今方練而作主，猶是凶服，而曰「吉主」者，三年之喪至二十五月猶未合全吉，故公子遂有納幣之譏。莊公喪制未二十五月而禘祭，故譏其爲吉。此言「吉」者，比之虞主故爲吉也。此雖爲練作之主，終入廟以辨昭穆，故傳以「吉」言之。然作主在十三月，壞廟在三年喪終，而傳連言之者，〔四〕此主終入廟，入廟即易檐，以事相繼，〔五〕故連言之，非謂作主、壞廟同時也。或以爲練而作主之時則易檐、改塗，故此傳云「於練壞廟」，〔六〕於傳文雖順，舊説不然，故不從之，直記異聞耳。麋信引衛次仲云「宗廟主皆用栗，右主八寸，左主七寸，〔七〕廣厚三寸，若祭訖則内於西壁埳中，〔八〕去地一尺六寸，右主謂父也，左主謂母也」，何休、徐邈並與范注同，云「天子尺二寸，諸侯一尺，狀正方，穿中央，達四方」，是與衛氏異也。其藏之也，白虎通亦云「藏之西壁」，則納之西壁中或如衛説，去地高下則無文以明之。何休又云「謂之『虞』者，親喪已入壙，皇皇無所見，求而虞事之，虞猶安也。虞主用桑者，桑猶喪也，取其名與其麤觕，〔九〕所以副孝子之心」。練主用栗者，謂既埋虞主於兩階之間，易用栗木爲主，取其戰栗，故用栗木爲主，又引士虞記曰「桑主不文，吉主皆刻而謚之，蓋爲禘時別昭穆也」，〔一〇〕徐邈注穀梁盡與之同，范亦當不異也。

○三月乙巳，及晉處父盟。 晉大夫陽處父。

【疏】注「晉大夫陽處父」 釋曰：經不言「陽」，注知之者，以下有「晉殺其大夫陽處父」故也。

不言「公」，處父伉也，爲公諱也。 諱公與大夫盟，去處父氏。公親如晉，使若與其君盟，〔一一〕如經言「邾儀父」矣。不書地者，公在晉也。莊二十二年「秋七月丙申，及齊高傒盟于防」不去高傒氏者，公不親如齊，不與其君盟，於恥差降。○伉，苦浪反。爲公，于僞反。去處父，起呂反，下同。傒，音兮。差，初賣反，又初佳反。

其日也。何以不言公之如晉？所恥也，出不書、反不致也。何以知其與公盟？以

【疏】「何以不」至「致也」　釋曰：傳決不言「公」者，據隱公八年「九月辛卯，公及莒人盟于包來」言「公」也，彼傳云「可言『公及人』，不可言『公及大夫』」，故此沒「公」，彼存「公」也。莊二十二年「及齊高傒盟于防」，傳曰「不言『公』，高傒伉也」，彼已有傳，此又重發者，高傒存氏，今處父去族嫌異，故重發之。傳不於高傒發日以明「公」存者，二者理同，此又須辨公不言如晉意也，故就此一發之，〔一二〕彼注云「書日則公盟也」，〔一三〕是亦意同之事也。傳又云「出不書，反不致也」者，以致者必有出，出者不必致，今出既不書，故反亦不致也。

○夏，六月，公孫敖會宋公、陳侯、鄭伯、晉士穀盟于垂斂。〔一四〕垂斂，鄭地。○穀，户木反，本又作「轂」，〔一五〕九年同。斂，如字，左氏作「垂隴」。　内大夫可以會外諸侯。〔一六〕

○自十有二月不雨，至于秋七月。建午之月猶未爲災。　歷時而言「不雨」，文不憂雨也。僖公憂民，歷一時輒書「不雨」，今文公歷四時乃書，是不勤雨也。

【疏】「歷時」至「雨也」　釋曰：傳發之者，以僖公憂民之情急，故備書之，今文公繼父之業，無志於民，故略書之，以二者既異，故傳分而別之。莊三十一年「冬不雨」不發傳者，以一時不雨輕故也，下十年、十三年意亦與此同，故省文不發之。

不憂雨者，無志乎民也。無恤民志。

○八月丁卯，大事于大廟，躋僖公。大事，祫也。時三年之喪未終，而吉祭於大廟，則其譏自明。○大廟，音泰，注及傳「大祖」同。躋，子兮反，升也。祫，户夾反，下及注皆同。

【疏】注「大事」至「自明」 釋曰：舊解范云「其譏自明」者，謂「吉禘於莊公」書「吉」，此「大事于大廟」不書「吉」者，〔一七〕以同未滿三年，前已書「吉」，則此亦同譏，故云「其譏自明」。此解取杜預之意也，然杜云「其譏已明」，故得以吉禘並之，范云「其譏自明」，焉知遠比吉禘，蓋范意以喪制未終，不待譏責，其惡足顯，故云「自明」也。禘祫之禮，俱在廟序昭穆，所以爲制異者，公羊傳稱「五年再殷祭」，何休云謂三年祫、五年禘，禘所以異於祫者，禘則功臣皆祭也，祫則合食於大祖而已，是何休意祫則三年，禘則五年也，范於閔二年注同杜預，以禘爲三年之祭，必不得與何休同也。公羊云「五年再殷祭」，禘既三年，蓋祫則五年也。若然，祫在五年而云「三年之喪未終」者，〔一八〕據時三年未終而爲祫祭，故以三年言之，不謂祫祭亦在三年也。或以爲禘、祫同三年，但禘在夏、祫在秋，直時異耳，於范注不妨，但與公羊「五年再殷祭」違也。何休又云「天子特禘特祫，諸侯禘則不礿，祫則不嘗，大夫有賜於君，然後祫其高祖」，然諸侯禘則不礿，或如何説，云大夫有祫，恐其不然。公羊亦以此「大事于大廟」爲祫祭，杜解左氏以「大事」爲禘，與穀梁異。

「大事」者何？大是事也，著祫嘗。祫，合也。嘗，秋祭。祫祭者，毁廟之主陳于大祖，未毁廟之主皆升，合祭于大祖。「祫祭」者，皆合祭諸廟已毁未毁者之主於大祖廟中，以昭繆爲次序，父爲昭，子爲繆，昭南鄉、繆北鄉，孫從王父坐也，祭畢則復還其廟。○昭繆，音韶穆，下及傳同。鄉，音向，下同。躋，升也。先親而後祖也，逆祀也。舊説僖公，閔公庶兄，故文公升僖公之主於閔公之上耳。僖公雖長，已爲臣矣，閔公雖小，已爲君矣，臣不可以先君，猶子不可以先父，故以昭穆父祖爲喻。甯曰：即之於傳，則無以知其然，若引左氏以釋此傳，則義雖有似，而於文不辨。高宗，殷之賢主，猶祭豐于禰以致雉雊之變，然後率脩常禮。文公傎倒祖考，固不足多怪矣。「親」謂僖，「祖」謂莊。○長，丁丈反。先，悉薦反，下同。禰，乃禮反。雊，古豆反，雉鳴也。傎倒，丁田反，下丁老反。**逆祀則是無昭穆也，無昭穆則是無祖也，無祖則無天也，故曰文無天。無天者，是無天而行也。**祖，人之始也，人之所仰天也。**君子不以親親害尊尊，此春秋之義也。**尊卑有序，不可亂也。

【疏】「大事」至「義也」　釋曰：「大是事也」者，祫是祭之大者，故云「大是事也」。「著祫嘗」者，謂以大事言之，著明是祫嘗之祭也。嘗連言者，祫必在秋，故連嘗言之。然周之八月，夏之六月，而云「著祫嘗」者，蓋月却節前已得立秋之節故也。「先親而後祖」，「親」謂僖公，「祖」謂閔公也，僖繼閔而立，猶子之繼父，故傳以昭穆祖父爲喻。此於傳文不失，而范氏謂莊公爲祖，其理非也。何者？若范云「文公傎倒祖考」，則是僖在於莊上，謂之夷狄猶自不然，況乎有道之邦，豈其若是？明范說非也。「則無天也」謂天道先尊而後親，今亂其上下，不仰法天也。「此春秋之義也」者，以嫌疑之間，須取聖證故也。

○冬，晉人、宋人、陳人、鄭人伐秦。

○公子遂如齊納幣。喪制未畢而納幣，書非禮。

三年春，王正月，叔孫得臣會晉人、宋人、陳人、衛人、鄭人伐沈，沈潰。沈，國也。「潰」之爲言上下不相得。○沈，音審。潰，户内反。

○夏，五月，王子虎卒。叔服也，此不卒者也，外大夫不書卒。何以卒之？以其來會葬我，卒之也。會葬在元年。

【疏】「何以卒之」釋曰：重發之者，尹氏則以爲魯主，此爲會葬事異，故重發之。

或曰以其嘗執重以守也。僖二十四年「天王出居于鄭」，叔服執重任以守國。○守，手又反。

○秦人伐晉。

○秋，楚人圍江。

○雨螽于宋。外災不志，(一九)此何以志也？曰災甚也。其「甚」

奈何？茅茨盡矣。茅茨猶盡，則嘉穀可知。茨，蒺藜。○雨螽，于付反，下同，下音終。茨，在思反，茅草也。

【疏】「外災不志」〔二〇〕 釋曰：「外災不志」重發之者，志災或爲王者之後，或爲甚而録之，故不得一例危之。〔二一〕注「茨蒺藜」 釋曰：徐邈云「禾稼既盡，又食屋之茅茨」，今范云「茨，蒺藜」，則與徐異也。公羊與考異郵皆云「螽死而墜於地」，故何休云「螽猶衆也，死而墜者，象宋羣臣相殘害也云云上下，異之云爾」，今穀梁直云「茅茨盡矣。著於上，見於下謂之『雨』」，與讖違，是爲短，鄭玄云穀梁意亦以宋德薄，〔二二〕後將有禍，故螽飛在上，墜地而死。言「茅茨盡」者，著甚之驗，於讖何錯之有乎？是鄭意以「雨螽于宋」亦爲將禍之應也。

著於上，見於下謂之「雨」。○見，賢徧反。

○冬，公如晉。

○十有二月己巳，公及晉侯盟。

○晉陽處父帥師伐楚，救江。此伐楚，其言「救江」何也？江遠楚近，伐楚所以救江也。時楚人圍江，晉師伐楚，楚國有難則江圍自解。○難，乃旦反。解，音蟹，又古買反。

四年春，公至自晉。

○夏，逆婦姜于齊。其曰「婦姜」，爲其禮成乎齊也。婦禮成于齊，故在齊便稱「婦」。○爲，于僞反。其逆者誰也？親逆而稱「婦」，或者公與，何其速婦之也？鄭嗣曰：「皆問者之辭。問者以使大夫逆例稱女，而今稱『婦』，爲是公親逆與，怪稱婦速，故反覆推之。」○公與，音餘，注同。反覆，芳服反。曰公也。其不言「公」何也？據莊二十四年「公如齊逆女」言「公」。非成禮於齊也。非，責。曰「婦」，有姑之辭也，其不言氏何也？貶之也。何爲貶之也？夫人與有貶也。邵曰：「夫人能以禮自防，則夫婦之禮不成於齊，故譏公而夫人與焉。」○與，音豫，注同。貶，彼檢反。

【疏】「其曰婦」至「貶也」 釋曰：宣元年已有傳，今故深發之者，〔二三〕彼書「夫人」，此直云「婦姜」，嫌文異也，故彼此明之。以彼稱〔二四〕「夫人」又書「至」，此不然者，公羊傳曰「其謂之『逆婦姜于齊』何？娶於大夫者略之也」，〔二五〕徐邈亦以爲不書「至」、不稱「夫人」，下娶賤，略之。若以諸侯下娶大夫便爲略賤，則大夫亦不得上娶諸侯，且天子得下婚諸侯，何爲諸侯不得下娶大夫？是公羊之言不可以解此也。蓋不稱「夫人」、不言「至」者，以其婦禮成於齊，故異於餘稱，傳云「夫人與有貶也」者，解不稱氏之意，非釋不稱夫人也。

○狄侵齊。

○秋，楚人滅江。

○晉侯伐秦。

○衛侯使甯俞來聘。○俞，羊朱反。

○冬，十有一月壬寅，夫人風氏薨。僖公母，風姓。

五年春，王正月，王使榮叔歸含且賵。含，口實也，禮記曰「飯用米、貝，弗忍虚也」，諸侯含用玉。榮叔，天子之上大夫也。榮，采地；叔，字。○含，户暗反，釋舊作「唅」。賵，芳鳳反。飯，扶晚反。

【疏】注「含口」至「叔字」　釋曰：「飯用米、貝，不忍虚也」，〔二六〕禮記檀弓文。「諸侯含用玉」，禮緯文也。

含一事也，賵一事也，兼歸之，非正也。禮，含、賵、襚各異人。○襚，音遂。

【疏】注「禮含」至「異人」　釋曰：知各異人者，雜記稱諸侯之喪有賵者、有含者、有襚者，又此傳云「兼歸之，非正也」，明天子於諸侯含、襚當各異使也。〔二七〕

其曰「且」，志兼也。其不言「來」，不周事之用也。何休曰：「四年『夫人風氏薨』，九年『秦人來歸僖公成風之禭』最晚矣，何以言『來』？」鄭君釋之曰：「秦自敗于殽之後，與晉爲仇，兵無休時，乃加免繆公之喪而來，君子原情不責晚。」「用」或作「辭」。○殽，户交反。賵以早，乘馬曰「賵」。乘馬所以助葬，成風未葬，故書「早」。○乘，繩證反，下同。而含以晚。〔二八〕已殯故言「晚」。國有遠近，皆令及事，理不通也。禮雜記曰「含者執璧將命曰：『寡君使某含。』相者入告，出曰：『孤某須矣。』含者入，升堂致命，子拜稽顙。含者坐委於殯東南，有葦席。既葬，蒲席，降出反位」，明君之於臣有含、賵之義，所以助喪盡恩。含不必用，示有其禮。○令，力呈反。相，息亮反。稽顙，音啓，下息黨反。葦，于鬼反。

【疏】注「已殯」至「其禮」　釋曰：舊解以爲傳與雜記違者，傳言含、賵上關天子之於諸侯及夫人耳，雜記所云唯論諸侯自相於，不是天子施於諸侯之事，故彼既殯猶致含，此則責其晚也。何者？諸侯及夫人於天子生有朝覲之好，有疾則當告於天子，天子遣使問之，有喪則致含，無則止矣，故未殯以來，足以及事，今天子歸賵大早、歸含大晚，故譏之，其諸侯相於，有疾未必相告，比殯以來，道遠者容其不至，故示其禮而已，不責其晚也。以事既有殊，譏亦有異。今恐不然，何者？范云「國有遠近，皆令及事，理不通也」，則是傳之不通，故引記文爲證，何得云天子與諸侯禮異？是舊説妄耳。又云「明君之於臣」云云者，證君之於臣有賵、〔二九〕含之義，不必皆用也，案鄭釋廢疾云：「天子於二王後之喪，含爲先，禭次之，賵次之，餘諸侯含之、賵之，小君亦如之，於諸侯之臣禭之、賵之。其諸侯相於如天子於二王之後，於卿大夫如天子於諸侯，於士如天子於諸侯之臣。京師去魯千里，王室無事，三月乃含，故不言『來』以譏之。」是鄭意亦以譏王含晚也。范前注引鄭釋似將傳爲是，後注取彼記文則以傳爲非者，〔三〇〕范以何休取「秦人來歸僖公成風之禭」爲難非類，故上注取鄭釋以排之，下注既以傳爲非，故引雜記之文爲證，二注並不取鄭君非王含晚之説，益明范以傳爲非也。〔三一〕

○三月辛亥，葬我小君成風。王使毛伯來會葬。〔三二〕會葬之禮於鄗上。從竟至墓，主爲送葬來。○竟，音境。爲，于僞反。

【疏】「毛伯來會葬」　釋曰：左氏、公羊及徐邈本並云「召伯」，此本作「毛伯」，疑誤也。

○夏，公孫敖如晉。

○秦人入鄀。○鄀，音若。

○秋，楚人滅六。

○冬，十月甲申，許男業卒。

六年春，葬許僖公。

○夏，季孫行父如陳。行父，季友孫。

【疏】注「行父季友孫」　釋曰：世本「季友生仲無佚，佚生行父」是也。

○秋，季孫行父如晉。

○八月乙亥，晉侯驩卒。○驩，好官反。

○冬，十月，公子遂如晉。

○葬晉襄公。

○晉殺其大夫陽處父。稱國以殺，罪累上也。襄公已葬，其以「累上」之辭言之何也？君漏言也。上泄則下闇，下闇則上聾，且闇且聾，無以相通。臣闇不言，君無所聞，上下否塞。○累，劣僞反，下同，或如字。泄，息列反，又以制反。聾，魯公反。

【疏】「襄公已葬」　釋曰：徐邈解「襄公已葬」謂「春秋之例，君殺無罪之大夫則是失德，不合書葬，今襄公書葬，則是無罪，而以『累上』之辭言之者，以襄公漏泄陽處父之言故也」，舊解亦云襄公罪輕，故不追去葬文。今以爲傳云「襄公已葬」者，謂卒哭日久，葬在前，殺在後，是罪累不合及君，故起「累上」之問，非是釋合書葬以否。

夜姑殺者也。殺處父。○左氏作「射姑」。夜姑之殺奈何？曰晉將與狄戰，使狐夜姑爲將軍，趙盾佐之，陽處父曰：「不可，古者君之使臣也，使仁者佐賢者，不使賢者佐仁者。今趙盾賢，夜姑仁，其不可乎？」邵曰：「賢者多才也，戰主于攻伐；仁者有惻隱之恩，不如多才者有權略。」○盾，徒本反。攻，如字，又音貢。惻，初力反。襄公曰：「諾。」謂夜姑曰：「吾始使盾佐女，今女佐盾矣。」稱處父語以語之，故傳曰「漏言」也。○女，音汝。語，魚慮反。夜姑曰：「敬諾。」襄公死，處父主竟上之事，〔三三〕待諸侯會葬，在鄙上。○竟，音境。夜姑使人殺之，君漏言也。親殺者夜姑，而歸罪於君，明由君言而殺之，罪在君也，故稱君以殺。

【疏】注「親殺」至「以殺」　釋曰：兩下相殺不志乎春秋，今雖是射姑之殺，〔三四〕罪君漏言，故稱國以殺。

故士造辟而言，〔三五〕詭辭而出，辟，君也。詭辭而出，不以實告人。○造，七報反。辟，必亦反，君也，注同。詭，九委反。曰：「用我則可，不用我則無亂其德。」此士對君言之辭。

○晉狐夜姑出奔狄。

○閏月，不告月，猶朝于廟。禮，天子以十二月朔政班告于諸侯，諸侯受於禰廟，孝子尊事先君，不敢自專也。言「朝」者，緣生以事死，親存朝朝莫夕，不敢泄鬼神，故事畢，〔三六〕感月始而朝之。○猶朝，直遥反，注及下同。朝朝，上如字，下直遥反。莫，音慕。泄，息列反。

【疏】注「禮天子」至「朝之」 釋曰：周禮大史「班告朔于邦國」，鄭玄云「天子班朔於諸侯，諸侯藏之祖廟，至朔日朝於廟，告而受行之」。論語云「子貢欲去告朔之餼羊」，是告朔用特羊。言「廟」，〔三七〕鄭云「祖廟」，范言「禰廟」者，以無正文，各以意説，或祖或禰通言之耳。何休亦云「藏於祖廟，使大夫南面奉天子命，君北面而受之」，是亦受政之事也。凡告朔之禮，因聽視此月之政，故謂之『視朔』，謂之『聽朔』也。其朝廟之禮，孝子緣生以事死，因告朔在廟，故感月始而亦享祭宗廟，故亦謂之『朝享』，其歲首謂之『朝正』也。據玉藻及祭法之文，則天子聽朔於明堂，朝享自祖考以下五廟；諸侯則聽朔於大廟，朝享自皇考以下三廟也。公羊傳稱「閏月曷爲不告朔？天無是月也。閏月矣，何以謂之『天無是月』？非常月也」，〔三八〕此傳云「閏月者，附月之餘日也。天子不以告朔，而喪事不數」，公羊、穀梁皆以爲閏月不合告朔，左氏傳云「不告閏朔，棄時政也，何以爲民主」，則閏月當告朔，與二傳異也。案哀五年「閏月，葬齊景公」，公羊傳意以爲「并閏」，〔三九〕此傳云「喪事不數也」者，閏月不告朔，二傳雖同，其於喪事數與不數，其意又異也。范氏别例云「書不告朔有三，皆所以示譏耳」，則此文一也，「公四不視朔」二也，〔四〇〕襄二十九年「公在楚」三也，公既在楚，則是不告朔，故亦以爲一。注又云「不敢泄鬼神」，解生則朝朝暮夕、死則每月始朝之意也。

「不告月」者何也？不告朔也。不告朔則何爲不言「朔」也？閏月者，附月之餘日也，積分而成於月者也，一歲三百六十日，餘六日，又有小月六，積五歲得六十日而再閏，積衆月之餘分以成此月。

【疏】注「一歲」至「此月」　釋曰：古今爲歷者皆云周天有三百六十五度四分度之一，日之行天，一日一夜行一度，故謂一度爲一日，一歲十二月，唯有三百六十日，是餘五日四分日之一也，又月一大一小，則一年之間又有六日，并言之則一歲有十二日，故積五歲得六十日。此皆大率而言，其實一年不得有十二日，范不如歷法細計之，故云「五歲得六十日」也。

天子不以告朔，而喪事不數也。閏是叢殘之數，非月之正，故吉凶大事皆不用也。○不數，所古反。〔四一〕叢，徂供反。〔四二〕「猶」之爲言可以已也。郊然後三望，告朔然後朝廟，俱言「猶」，義相類也。既廢其大而行其細，故譏之。

【疏】「猶之」至「已也」　釋曰：重發傳者，前爲三望發，此是朝廟嫌異，故重明之。范例「猶」有五等，發傳者三：僖三十一年「猶三望」獨發傳者，據始也。宣三年不發傳者，從例也。成七年亦不發傳者，亦爲從例可知也。此年發傳者，朝與三望異也。〔四三〕宣八年發傳者，嫌仲遂有罪得不廢禮，又繹祭與朝廟禮異故也。

七年春，公伐邾。三月甲戌，取須句。取邑不日，此其日何也？據僖二十六年公「伐齊，取穀」不日。○句，其俱反。不正其再取，故謹而日之也。僖二十二年公已「伐邾，取須句」，過而不改，於此爲甚，故録日以志之。

【疏】「不正」至「日之也」　釋曰：哀元年「冬，仲孫何忌帥師伐邾」，二年「王二月，〔四四〕季孫斯云云帥師伐邾，取漷東田，及沂西田」，彼比年伐邾而取兩邑，經不書日，今僖之與文父子異人，特言「謹而日之」者，以文公是不肖之君，緩主逆祀，取邑致討，不得序列於諸侯，譏其過而不改，故録日以見惡，僖雖伐邾，纔始一度，又是作頌賢君，故與文異也。

遂城部。遂，繼事也。因伐邾之師。○部，音吾。

○夏，四月，宋公壬臣卒。○壬，本或作「王臣」。〔四五〕

○宋人殺其大夫。稱「人」以殺，誅有罪也。

【疏】「宋人殺其大夫」 釋曰：公羊以爲三世内娶，使若無大夫，故不書名，左氏以爲無罪，故不書名，今此傳直云「稱『人』以殺，誅有罪也」，則謂此被殺者爲有罪，故稱「人」以殺，仍未解不稱名所由。案僖二十五年「宋殺其大夫」，傳曰「其不稱名姓，以其在祖之位，尊之也」，此傳云「誅有罪也」，又經稱「宋人」，則與彼異。蓋成公壬臣新卒，昭公杵臼未即位，國内無君，故不稱名氏，從未命大夫例，故八年鄭釋癈疾亦以此爲無君。若然，兩下相殺春秋不書，又不得言，其此書殺大夫而云「無君」者，以受命於嗣天子，是以言其孤未畢喪，故無名氏，八年書「司馬，官也」者，彼雖實有君而不重爪牙，無君人之度，故經書「司馬」，傳以「無君」釋之，〔四六〕鄭玄云「亦爲上下俱失，罪臣以權寵逼君，故稱『人』以殺，君以非理殺臣，故著言『司馬』，不稱名者，以其世在祖之位，尊亦與僖二十五年『宋殺其大夫』同」，是其説也。

○戊子，晉人及秦人戰于令狐。令狐，秦地。○令，力丁反。○晉先蔑奔秦。不言

「出」，在外也。輟戰而奔秦，以是爲逃軍也。輟，止也。爲將而獨奔，故曰「逃軍」。○輟，丁劣反。將，子匠反。

○狄侵我西鄙。

○秋，八月，公會諸侯、晉大夫盟于扈。扈，鄭地。○扈，音户。其曰「諸侯」，略之也。晉侯新立，公始往會，晉侯不盟，大夫受盟，既以喪娶，又取二邑，爲諸侯所賤，不得序于會，諱使若扈之盟都不可知，故略之。○喪取，七住反，本亦作「娶」。

【疏】注「諱使」至「略之」　釋曰：舊説「使若扈之盟都不可知」者，謂後十五年亦不序諸侯，探解下文，故云「都」也。今以爲范解諸侯不序之意，魯諱其不與，故總言「諸侯」，似若扈之盟諸侯都不可知，〔四七〕非是探解下文始稱「都」也。

○冬，徐伐莒。

○公孫敖如莒莅盟。莅，位也，其曰位何也？前定也。其不日，前定之盟不日也。

【疏】「莅位也」 釋曰：重發傳者，以徐伐莒而往莅盟，嫌非兩國交盟之例，故明之。

八年春，王正月。

○夏，四月。

○秋，八月戊申，天王崩。襄王。

○冬，十月壬午，公子遂會晉趙盾盟于衡雍。〔四八〕衡雍，鄭地。○雍，於用反。

○乙酉，公子遂會雒戎盟于暴。鄭地。〔四九〕○雒戎，音洛，本或作「伊雒之戎」，誤。

【疏】「公子遂」 釋曰：再稱「公子」者，若下文直言「遂」，恐爲繼事之辭，兩名不辨，故重言「公子」以詳之。

○公孫敖如京師，弔周喪。不至而復。〔五〇〕丙戌，奔莒。不言所至，未如也。若其已行，當如公子遂「至黄乃復」，今不言所至而直言「復」，知其實未如也。未如則未復也，未如而曰「如」，不廢君命也；雍曰：「受命而出，義無私留，書『如京師』以顯命行于下，不書所至以表不去之罪。」未復而曰「復」，不專君命也。「復」者事畢之辭，未如故知其未復，加畢事之文者，言君命無輒專之道。其如非如也，其復非復也，唯奔莒之爲信，故謹而日之也。

【疏】「謹而日之也」　釋曰：襄二十三年「冬十月乙亥，臧孫紇出奔邾」，傳曰「其日，正臧孫紇之出也」，范云「正其有罪」。彼云「正其有罪」，則此亦正其有罪，兩處發傳者，此其如非如，其復非復，臧孫則實奔，嫌其意異，故舉二者以包其餘。成十六年「冬十月乙亥，叔孫僑如出奔齊」亦同此例，故不復發之。若然，僑如亦是有罪，書日亦以包之，於彼注引徐邈云「禮，大夫去，〔五一〕君埽其宗廟，不絶其祀，身雖出奔，而君遇之不失正，故詳而日之，明有恩義也」，與此異者，書日之義有二種之意也，〔五二〕一爲正罪，一爲兼君恩，〔五三〕知者，以閔二年「公子慶父出奔莒」文承九月之下而不書日，傳稱「慶父不復見矣」，明罪重合誅，故去日以見恩絶，則書日者有恩可知。以此推之，歸父、公子慭不書日之從例可知也，然歸父有罪，非成公逐之者，〔五四〕歸父殺嫡立庶，宜世不長，魯人逐之，實得其罪，但惡成公逐父之使耳，不言歸父無罪也。

○螽。

○宋人殺其大夫司馬。司馬，官也，其以官稱，無君之辭也。何休曰：「近上七年『宋公壬臣卒，宋人殺其大夫』不言官，今此在三年中言官，義相違。」鄭君釋之曰：「七年殺其大夫，此實無君也，今殺其司馬，無人君之德耳。司馬、司城，君之爪牙，守國之臣，乃殺其司馬、奔其司城，無道之甚，故稱官以見輕慢也。傳例『稱人以殺，殺有罪也』，此上下俱失之。」○見，賢徧反。

○宋司城來奔。司城，官也，其以官稱，無君之辭也。來奔者不言「出」，舉其接我也。

【疏】「來奔」至「接我也」　釋曰：重發傳者，嫌奔、殺異也。來奔不言「出」發傳于此者，以是來奔之始，故發之。子哀不發者，從此例可知。

校勘記

〔一〕然始至魯國　依文義「始」字有誤，殿本考證謂此字當作「後」。

〔二〕衛地　單疏本作「諸侯」，是。

〔三〕二年　「年」上一字原泐，單疏本作「二」，阮校：「何校本『三』作『二』，是也。」按作「二」與經文合，故據補。

〔四〕連言之者　單疏本無「者」字，文獻通考卷一二三引有，疑單疏本脱也。

〔五〕以事相繼　文獻通考卷一二三引同，單疏本「以」作「其」，劉校謂作「其」不誤。

〔六〕於練壞廟　單疏本此處殘闕，文獻通考卷一二三引「練」下有「焉」字，與傳文合。

〔七〕左主七寸　「七」原作「八」，單疏本作「七」，毛奇齡辨定祭禮通俗譜卷三謂「唐儒楊氏載糜信引衛次仲言則云『右位八寸、左位八寸』」，注「『一作『左位七寸』，誤」，正字：「『七』誤『八』。」陳跋：「作『七寸』與儀禮經傳通解合。」劉校謂單疏本不誤，孫校謂昭十八年左傳正義引衛次仲説亦作「七」，故據單疏本改。

〔八〕西壁埳中　「中」上二字原泐，單疏本作「埳」，閩本作「陷」，正字：「儀禮經傳通解作『埳』。」按，陳祥道禮書卷七〇、文獻通考卷一二三引疏作「埳」，後漢書光武帝紀上注引衛宏漢舊儀稱「藏廟太室中西壁坎中」，坎、埳通，皆與單疏合，故據補。

〔九〕麤㸘　「麤」原作「㸘」，殿本考證、正字、阮校皆謂「麤」誤「㸘」，據單疏本及公羊文二年注改。

〔一〇〕禘時　公羊文二年注「禘」下有「祫」字，正字：「脱『祫』字。」今按，單疏本「祫」字旁添，阮校謂「何校本依元文『禘』下增『祫』字」。「元文」者公羊注文也。

〔一一〕與其君盟　「其」原作「甚」，阮校：「作『其』是也。」據余本、閩本改。

〔一二〕一發之　單疏本「一」作「亦」，阮校謂作「一」誤。按，莊二十三年「七月丙申，及齊高傒盟于防」傳僅稱「不言『公』，高傒伉也」，此處疏云「傳不於高傒發日以明『公』存者，二者理同，此又須辨公不言如晉意也，故就此一發之」者，謂於此一併發之，單疏本之「亦」乃誤字，阮説不恰。

〔一三〕彼注　「彼」原作「後」，阮校謂作「後」誤，據單疏本改。

〔一四〕晉士縠　釋文出「士縠」云「本又作『穀』，九年同」，按下九年作「士縠」，該年唐石經同，陸淳纂例差繆略不列穀梁此異，則此處亦當作「穀」。

〔一五〕本又作穀　「穀」原作「縠」，據余本及單行釋文改。

〔一六〕外諸侯　阮校：「石經無『外』字。」今按，無者是也，莊九年注「春秋之義，内大夫可以會諸侯」可證。

〔一七〕不書吉者　單疏本無「者」字，吉、者形近相接，疑單疏本脱。

〔一八〕未終者　「終」原作「締」，單疏本作「終」，正字、阮校皆謂作「終」是，據改。

〔一九〕外災不志　類聚卷一〇〇引「志」作「書」。

〔二〇〕不志　「志」原作「至」，據單疏本、閩本改。

〔二一〕一例危之　閩本「危」作「施」，按「危」或「同」之訛。

〔二二〕宋德薄　單疏本「德薄」作「薄德」。

〔二三〕今故深發之者　阮校：「閩、監、毛本『故深』作『復特』，何校本無此二字。」單疏本旁添「復」字。今按，「故深」顯誤，「復特」無例，作「復」近是。

〔二四〕以彼稱　單疏本「以」作「然」。

〔二五〕娶於大夫者　單疏本「於」改作「乎」，陳跋、阮校皆謂作「乎」，與公羊傳合。

〔二六〕不忍虛也　注文「不」作「弗」，與禮記合。

〔二七〕當各異使也　「當」原作「常」，據單疏本改。

〔二八〕含以晚　「以」原作「已」，正字：「『以』字誤『已』，從石經校。」阮校略同，且謂「儀禮經傳通解引作『以』」，故據余本及唐石經改。

〔二九〕君之於臣　單疏本「於」作「與」。

〔三〇〕則以傳非者　正字：「『傳』下當脱『爲』字。」

〔三一〕范以傳爲非也　「以」原作「云」，單疏本作「以」，正字：「『云』當『以』字誤。」故據改。

〔三二〕毛伯　疏疑「召伯」之誤，陸淳纂例差繆略不列穀梁經文有異，則其所見穀梁亦作「召伯」也。

〔三三〕竟上之事　「之」字原無，楊校：「注疏本脱『之』字。」據余本、唐石經補。

〔三四〕射姑之殺　閩本「射」作「夜」，按閩本未必是，蓋疏所本或作「射」。

〔三五〕造辟而言　述聞謂「辟」當作「膝」。按注云「辟，君也」，則范所本作「辟」。

〔三六〕故事畢　范注此處襲公羊注，彼作「故事必于朔者」，疑此有脱訛。

〔三七〕言廟　單疏本、儀禮經傳通解續引「言」作「告」，正字：「『告』誤『言』。」今按，言、告形近，傳僅云「廟」，「言廟」亦通。

〔三八〕非常月也　單疏本上有「是月」二字，與唐石經合。

〔三九〕并閏　公羊注「閏」下有「數」字，正字：「脱『數』字。」

〔四〇〕公四不視朔　依述例上當有「文十六年」四字。

〔四一〕所古反　「古反」原作「右也」，殿本考證依釋文訂正，故據余本及單行釋文改。

〔四二〕徂供反　「徂供」原作「俎洪」，余本作「徂洪」，正字：「『徂供』誤『俎洪』。」據單行釋文改。

〔四三〕朝與三望異也　「朝」下疑脱「廟」字，此疏上文云「此是朝廟嫌異」，下文云「與朝廟禮異故也」，且朝、廟形近故也。

〔四四〕王二月　殿本考證謂「王」上脱「春」字，阮校略同。

〔四五〕壬本或作王臣　余本同，閩本「本」作「臣」，單行釋文出「壬臣」，云「本或作『王臣』」。按，此處「本」字可能爲「臣」之訛，亦可能與注疏拚合時節略，僅取有異之字，則句末之「臣」字不當有。

〔四六〕無君　「君」原作「居」，據單疏本改。

〔四七〕扈之盟諸侯　單疏本「盟」下有「之」字。

〔四八〕公子遂會晉趙盾盟于衡雍　此下原有「公子遂」云云一節，疏云「再稱『公子』者」，乃下文「公子遂會雒戎盟于暴」之疏，蓋經疏拚合時誤隸，故移置於彼。

〔四九〕鄭地　楊校：「毛本『鄭』上有『暴』字，據全書例，有者是。」

〔五〇〕不至而復　阮校：「石經無『而』字。」黄侃手批：「『而』衍，公羊宣八年疏有明文。」松崎校訛亦謂以唐石經見長。按，此處左氏有「而」，公羊無，穀梁多同公羊，然范注云「今不言所至而直言『復』」，似范所本有「而」字，或傳鈔者據注而增經文，皆有可能，故存異。

〔五一〕大夫去　「去」原作「云」，阮校：「作『去』與成十六年注合。」據單疏本、成十六年注文及儀禮喪服齊衰三月章改。

〔五二〕書日之義　「義」疑「文」之訛。

〔五三〕一爲兼君恩　單疏本「一」作「二」。

〔五四〕成公逐之　「逐」原作「遂」，據單疏本、閩本改。

春秋穀梁注疏文公卷第十一 起九年，盡十八年

九年春，毛伯來求金。求車猶可，求金甚矣。凱曰：「求俱不可，在喪尤甚。不稱『使』者，天子當喪未君也。」

【疏】注「在喪尤甚」 釋曰：求賻亦在喪，不言「尤甚」者，在喪有賻無金，故求賻比求金爲輕，求車不在喪，又可於求賻，〔一〕故傳云「求車猶可」，凱云「在喪求金尤甚」。

○夫人姜氏如齊。歸寧。

○二月，叔孫得臣如京師。京，大也；師，衆也。言周必以衆與大言之也。〔二〕

【疏】「京大」至「言之也」 釋曰：不發於桓九年者，内之如京師始於此，故發之。季姜非魯女，故彼處不發，雖略不發，傳亦同此可知也。

○辛丑，葬襄王。天子志崩不志葬，舉天下而葬一人，其道不疑

也。志葬，危不得葬也。不得備禮葬。

【疏】「天子」至「葬也」 釋曰：重發傳者，桓王七年始葬，襄王則七月而葬嫌異，〔三〕故重發之也。

日之甚矣，其不葬之辭也。王室微弱，諸侯無復往會葬。○復，扶又反。

【疏】「王室」至「會葬」 釋曰：魯不會葬，則無由得書，而云「王室微弱，諸侯無復往會葬」者，天子志崩不志葬，而又書日，是不葬之辭，故知諸侯無復往會葬也。〔四〕其實魯卿往會始書，若不會則不當書也。故春秋之世有十二王，志崩者有九，書葬者唯五耳，良由王室不赴，諸侯不會故也。志崩有九者，平王、桓王、惠王、襄王、匡王、定王、簡王、靈王、景王是也。書葬有五者，桓王、襄王、匡王、簡王、景王是也。其莊王、僖王、頃王三者不志崩，〔五〕爲不赴故也。然則天子不合書葬，魯史書之者，欲見周室之衰，不得備禮而葬，因遣使往會則録之，若不遣使則葬不明，故不録也。傳稱「不志葬」者，據治平之日正法言之也。

○晉人殺其大夫先都。

○三月，夫人姜氏至自齊。卑以尊致，病文公也。夫人行例不致，乃以君禮致，刺公寵之過。○刺，七賜反。

【疏】注「夫人」至「之過」 釋曰：范氏例云「夫人行有十二，例時」，此致而書月者，蓋以非禮而致，故書月以刺之，餘不書月者，當條皆有義耳。夫人行十二者，文姜七如齊、再如莒是九也，「夫人姜氏會齊侯于陽穀」十也，〔六〕「夫人姜氏會齊侯于卞」十一也，并數此夫人姜氏是十二也。徐邈云「卑以尊致者，〔七〕文公娶齊大夫女爲妻，故初逆姜氏不稱『夫人』，今致以夫人，禮與逆自違，故疾公也」。范云「夫人行例不致，乃以君禮致，刺公寵之過」，則與徐異也。

○晉人殺其大夫士穀及箕鄭父。〔八〕稱「人」以殺，誅有罪也，鄭父累也。○箕，居其反。

○楚人伐鄭。

○公子遂會晉人、宋人、衛人、許人救鄭。

○夏，狄侵齊。

○秋，八月，曹伯襄卒。

○九月癸酉，地震。震，動也。地不震者也，震故謹而日之也。

穀梁說曰：「大臣盛，將動有所變。」

【疏】「癸酉地震」　釋曰：范例云「『地震』五，例日」，故此亦日也，何休、徐邈並云由公子遂陰爲陽行，專政之所致，今范引穀梁說曰「大臣盛，將動有所變」，則與二說同，理亦無妨。

○冬，楚子使萩來聘。楚無大夫，無命卿。○萩，子遥反，又子小反，或作「菽」，左氏作「椒」。其曰「萩」何也？以其來我，褒之也。

【疏】「楚無」至「之也」　釋曰：既褒之而書名，所以不稱氏者，公羊傳云「許夷狄者不一而足」，理或然也。〔九〕

○秦人來歸僖公成風之襚。秦人弗夫人也，〔一〇〕言秦人弗以成風爲夫人，故不言「夫人」。即外之弗夫人而見正焉。見不以妾爲妻之正。○見，賢遍反。

○葬曹共公。○共，音恭。

十年春，王三月辛卯，臧孫辰卒。

○夏，秦伐晉。

○楚殺其大夫宜申。僖四年傳曰「楚無大夫」，而今云「殺其大夫」者，楚本祝融之後，季連之胄也，而國近南蠻，遂漸其俗，故棄而夷之，今知內附中國，亦轉強大，故進之。○胄，直又反。國近，附近之近。

【疏】注「楚本」至「進之」 釋曰：國語與楚世家文也。

○自正月不雨，至于秋七月。歷時而言「不雨」，文不閔雨也。不閔雨者，無志乎民也。〔一一〕

○及蘇子盟于女栗。〔一二〕女栗，某地。蘇子，周卿士。○女，音汝。

○冬，狄侵宋。

○楚子、蔡侯次于厥貉。厥貉，某地也。○貉，亡白反。

十有一年春，楚子伐麇。〇麇，九倫反。

〇夏，叔彭生會晉郤缺于承匡。承匡，宋地。〇缺，苦悦反。

〇秋，曹伯來朝。〇朝，直遥反。

〇公子遂如宋。

〇狄侵齊。

〇冬，十月甲午，叔孫得臣敗狄于鹹。不言「帥師」而言「敗」何也？據僖元年「公子友帥師敗莒師于麗，獲莒挐」稱「帥師」。〇敗，必邁反。鹹，音咸。麗，力知反。挐，女居反。直敗一人之辭也，一人而曰「敗」何也？以衆焉言之也。言其力足以敵衆。

【疏】「直敗」至「言之也」釋曰：公子友與莒挐戰，唯二人相敵，亦是直敗一人，彼言「帥師」，此不言者，季子與莒挐並將軍衆而行之，雖決勝負，以其俱有徒衆，故經書「帥師」，今叔孫與魯之衆止敵一人，故但言「敗」，不言「帥師」也。

傳曰：長狄也。弟兄三人佚宕中國，〔一三〕佚猶更也。〇佚宕，大結反，更也。「害」本又作「宕」。更，音庚。**瓦石不能害。**肌膚堅强，瓦石打擿不能虧損。〇强，其丈反。擿，直隻反。**叔孫得臣最善射者也，射其目，身橫九畝，**廣一步、長百步爲一畝，九畝，五丈四尺。〇射其，食亦反，下注同。廣，古曠反。長，〔一四〕直亮反。

【疏】注「五丈四尺」 釋曰：春秋考異郵云「兄弟三人各長百尺，〔一五〕別之國欲爲君」，何休亦云「長百尺」，〔一六〕范云「五丈四尺」者，讖緯之書不可悉信，以此傳云「身橫九畝」，故知是五丈四尺也。杜預注左氏云「三丈」，准約國語仲尼稱「僬僥長三尺，大者不過數之十」，非經正文，故范所不信。注「高三尺三寸」，〔一七〕知者，考工記云兵車之廣六尺有六寸，又以其廣之半爲之軾崇，〔一八〕是軾高從上而下去車版三尺三寸，橫施一木，名之曰「軾」也。

斷其首而載之，眉見於軾。兵車之軾高三尺三寸。〔一九〕〇斷，丁管反。見，賢偏反。軾，音式。**然則何爲不言「獲」也？**〔二〇〕據莒挐言「獲」。**曰古者不重創，不禽二毛，故不言「獲」，爲内諱也。**不重創，恤病也；不禽二毛，敬老也。仁者造次必於是，顛沛必於是，故爲内諱也。既射其目，又斷其首，爲重創。鬢髮白爲二毛。〇重，直用反，注同。創，初羊反。爲内，于僞反。造，七報反。沛，音貝。

【疏】「曰古」至「諱也」 釋曰：或以春秋本自不應書，經何諱之有？穀梁以不重創爲諱，其理非也。今知不然者，以長狄兄弟更害中國，禍害爲深，得臣能立功於一時，而標名於萬代，其庸大矣，若其不諱，何以不書？且晉獲潞子尚書於經，魯獲長狄棄而不録，詳内略外之義豈其然哉？知内諱之言爲得其實也。

其之齊者，王子成父殺之，則未知其之晉者也。

【疏】「其之」至「者也」　釋曰：公羊傳云「兄弟三人，一者之齊、一者之魯、一者之晉」，何休云：「三國各欲爲君，〔二一〕象周衰，禮義廢，魯成就周道之國，齊、晉霸者之後，此三國爲後，〔二二〕欲見中國皆爲夷狄之行。」范雖不從何説，理亦無妨。

「未知其之晉者也」　釋曰：之魯者叔孫得臣殺之，之齊者王子成父殺之，謂其之晉者史傳不記，未知殺者姓名是誰也。

十有二年春，王正月，郕伯來奔。○郕，音成。

○杞伯來朝。僖二十七年稱「子」，今稱「伯」，蓋時王所進。○朝，直遥反。

○二月庚子，子叔姬卒。其曰「子叔姬」，貴也，〔二三〕公之母姊妹也。同母姊妹。

【疏】「公之母姊妹也」 釋曰：傳稱「其曰子叔姬，貴之也，公之母姊妹也」，則似稱「子」以明貴，是以録其卒，〔二四〕未必由公之母姊妹，上下意乖者，上傳云「公之母姊妹」，解其稱「子」所由，明貴則書卒，賤乃不録也，下傳云「許嫁以卒之也」，欲見其雖貴，非許嫁不書，上下二傳足成，非乖也。「許嫁乃書卒」者，以其即貴之漸故也，徐邈云「上傳云『子叔姬』者，杞夫人見出，故不言『杞』。下傳云『許嫁』者，言是別女，非杞叔姬也」，理亦足通，未知范意然否。

其一傳曰：許嫁以卒之也。男子二十而冠，冠而列丈夫，三十而娶；女子十五而許嫁，二十而嫁。禮，二十而冠，冠而在丈夫之列，譙周曰：「國不可久無儲貳，故天子、諸侯十五而冠，十五而娶。娶必先冠，以夫婦之道，王教之本，不可以童子之道治之。禮，十五爲成童，以次成人，欲人君之早有繼體，故因以爲節。書稱成王十五而冠，著在金縢，周禮媒氏曰『令男三十而娶，女二十而嫁』，内則云女子『十五而笄』，説曰許嫁也，是故男自二十以及三十，女自十五以及二十，皆得以嫁娶，先是則速，後是則晚。凡人嫁娶，或以賢淑，或以方類，豈但年數而已，禮何爲然哉？則三十而娶、二十而嫁，説嫁娶之限，蓋不得復過此爾。故舜年三十無室，書稱曰『鰥』。周禮云女子年二十未有嫁者，仲春之月『奔者不禁』，奔者不待禮聘，因媒請嫁而已矣。」甯謂禮爲夫之姊妹服長殤，年十九至十六。如此，男不必三十而娶，女不必二十而嫁明矣，此又士大夫之禮。○冠，江喚反。娶，七住反。譙，在遥反。笄，古兮反。先，蘇偏反。後是，户豆反。比，毗至反，或如字。得復，扶又反。鰥，古頑反。禮爲，于僞反。長，丁丈反。

【疏】注「禮二」至「之禮」 釋曰：先儒多以周禮媒氏三十之男、二十之女限以年數，故范引譙周以爲證，下取禮文，以爲早嫁之驗。「或以賢淑」者，若文王之娶大姒是也。「或以方類」者，左傳稱鄭世子忽云「齊大非吾偶」是也。「此又士大夫之禮」者，謂喪服所言，〔二五〕多陳士大夫之禮，猶不待二十，明諸侯以上早娶，理在不疑也。案尚書金縢無成王十五而冠，故彼鄭注云「天子、諸侯十二而冠，成王此年十五，於禮已冠而爵弁者，承天變，故降服也」。今譙周云「成王十五而冠，著在金縢」者，先儒鄭玄之徒約大戴禮，以爲文王崩之明年成王始生，文王年十五生武王，文王九十七而終，則終時武王年八十三矣，崩之明年武王年八十四也，〔二六〕武王九十三而終，則武王崩時成王年十歲可知耳，周公攝政必在除喪之後，是周公初攝政之時成王年十二，金縢稱始欲攝政即羣叔流言，「周公居東二年，罪人斯得」，乘前之年，是成王年十四，秋始感大風之變，「王與大夫盡弁，以啓金縢之書」，是啓金縢時成王年十五。又書傳云「四年建侯衛」，則周公復居攝四年作康誥也。又書傳云「天子年十八稱『孟侯』」，作康誥之時成王稱「孟侯」，則成王年十八矣。周公居攝四年成王十八年，〔二七〕自然啓金縢迎周公之時成王十五，〔二八〕故譙周亦以啓金縢時爲成王年十五。尚書特云「王與大夫盡弁」，明則始冠之年，〔二九〕故云「十五而冠，著在金縢」也。〔三〇〕鄭云「天子、諸侯十二而冠」者，約左傳魯襄公之年耳，更無正文可據，故范亦不從。

○夏，楚人圍巢。

○秋，滕子來朝。

○秦伯使術來聘。術，秦大夫。○術，音述。

○冬，十有二月戊午，晉人、秦人戰于河曲。河曲，晉地。不言「及」，秦、晉之戰已亟，故略之也。亟，數也。夫戰必有曲直，以一人主之，二國戰鬬數，曲直不可得詳，故略之，不言晉人及秦人戰。○亟，去冀反，數也，注同。

【疏】「不言」至「略之也」　釋曰：七年「戰于令狐」，十年「秦伐晉」，此年又戰河曲，是數也。

○季孫行父帥師城諸及鄆。稱「帥師」，言有難也。○難，乃旦反。

【疏】「言有難也」　釋曰：凡城之志皆譏，今傳云「有難」，則似無譏者。傳本有難，不是解譏與不譏，直釋其「帥師」之意耳，但此城得時，又畏莒争鄆，書雖是譏，情義通許，故傳以「有難」釋之，不言譏之意也。

十有三年春，王正月。

○夏，五月壬午，陳侯朔卒。

【疏】「陳侯朔卒」　釋曰：世本是陳共公也。

○邾子蘧篨卒。○蘧，其居反。篨，直居反。

【疏】「邾子蘧篨卒」　釋曰：左傳是文公也。〔三一〕

○自正月不雨，至于秋七月。

○大室屋壞。屋者主於覆蓋，明廟不都壞。○大，音泰，傳皆同。「大室屋壞」者，有壞道也，譏不脩也。大室猶世室也，世世有是室，故言「世室」。

【疏】「有壞道也」 釋曰：高者有崩道，下者有壞道，既言「有壞道」而書之者，譏不脩也，〔三二〕言魯若繕脩之，豈有敗壞之理？故書以譏不敬也。〔三三〕成五年「梁山崩」，傳云「高者有崩道」，山有崩道，又不可繕脩之物，而亦書之者，刺人君無德而致天災，令山崩河壅，怪異之大，故亦書之。然山高稱「崩」，屋下言「壞」，而序稱「禮壞樂崩」，釋云「通言之」者，以禮樂無高下之殊，故知通言之。

周公曰「大廟」，爾雅曰「室有東西廂曰『廟』」。伯禽曰「大室」，羣公曰「宮」。爾雅曰「宮謂之『室』，室謂之『宮』」，然則其實一也，蓋尊伯禽而異其名。

【疏】注「爾雅」至「其名」〔三四〕 釋曰：此下注所引並爾雅釋宮之言，〔三五〕「有東西廂」者，謂有夾室也。傳知「周公曰『大廟』，伯禽曰『大室』，羣公曰『宮』」者，禮記明堂位云「季夏六月，以禘禮祀周公于大廟」，哀三年「桓宮、僖宮災」，是周公稱「大廟」、羣公稱「宮」，此經別言「大室」，明是伯禽廟。公羊傳爲「世室」，言世世不毀，世與大意亦同耳。

禮，宗廟之事，君親割、割牲。〔三六〕

【疏】「君親割」　釋曰：徐邈云「禮記曰『君執鸞刀而封牲』是也」，然彼據初殺牲之時，非是割牲之事，徐言非也。

夫人親舂，舂粢盛。敬之至也。爲社稷之主而先君之廟壞，極稱之，志不敬也。「極稱」言屋壞，不復依違其文。○復，扶又反。

○冬，公如晉。

○衛侯會公于沓。沓，地也。○沓，徒答反。

○狄侵衛。

○十有二月己丑，公及晉侯盟。還自晉。「還」者事未畢也，自晉事畢也。

【疏】「『還』者」至「畢也」　釋曰：知「自晉」是事畢者，以其與致文同，故知是事畢。傳知「還」是事未畢者，以未至國都而「鄭伯會公于棐」，故知是未畢。春秋上下書「還」者有四，莊八年「秋師還」，傳曰「還也」，今「自晉」爲事未畢而言，嫌不得如彼例，故復發傳。宣十八年「歸父還自晉」，嫌君臣異，故復發「事未畢」之文。襄十九年「晉士匄帥師侵齊，聞齊侯卒，乃還」，嫌外内異，故亦復發傳云「事未畢」也。「還」例有四，范别例云「三」者，蓋直據内爲三，不數外臣故也。

○鄭伯會公于棐。棐，鄭地。○棐，芳匪反。

十有四年春，王正月，公至自晉。

○邾人伐我南鄙。

○叔彭生帥師伐邾。

○夏，五月乙亥，齊侯潘卒。○潘，浦干反。

【疏】「齊侯潘卒」釋曰：世家及世本是齊昭公也。〔三七〕

○六月，公會宋公、陳侯、衛侯、鄭伯、許男、〔三八〕曹伯、晉趙盾。癸酉，同盟于新城。新城，宋地。「同」者有同也，同外楚也。

【疏】「同外楚也」釋曰：春秋書同盟非一，傳或有釋，亦有不釋，就不釋之内辭又不同，〔三九〕所以然者，莊公之世二幽之盟，于時楚國未强，齊桓初霸，直取同尊周室而已，故傳云「同尊周也」。及召陵、〔四〇〕首止之後，〔四一〕楚不敢與争，褒大齊桓，故不復言「同」。當文公時，楚人强盛而中國畏之，命同盟詳心外楚，〔四二〕不復直能尊周室而已，故傳釋之云「同外楚也」。斷道書「同」傳云「外楚也」，〔四三〕則清丘亦是外楚，故傳省文也，舉斷道以包上下，則蟲牢、馬陵、蒲之與戚、柯陵、虚朾之類亦是省文可知。同盟雞澤復發傳者，楚人轉盛，中國外之彌甚，故更發之，則戲盟及京城、重丘之等亦其義也。平丘又重發「外楚」之文者，平丘以下中國微弱，外楚之事盡於平丘，從此以後不復能外，故發傳以終之也。

○秋，七月，有星孛入于北斗。「孛」之爲言猶茀也，其曰「入北斗」，斗有環域也。據孛于大辰及東方皆不言「入」，此言「入」者，明斗有規郭，入其魁中也。劉向曰：「北斗，貴星，人君之象也。茀星，亂臣之類。言邪亂之臣將並弒其君。」○孛，步内反。茀，李軌扶憒反，〔四四〕徐邈扶勿反，一音步勿反，又音弗。邪，俄嗟反。弒，音試。

○公至自會。

○晉人納捷菑于邾，弗克納。是郤克也，其曰「人」何也？微之也。何爲微之也？長轂五百乘，緜地千里，長轂，兵車。四馬曰「乘」，一乘甲士三人、步卒七十二人，五百乘合三萬七千五百人。緜猶彌漫。○捷菑，〔四五〕在接反，下側其反。轂，古木反。乘，繩證反。卒，子忽反。

【疏】「微之也」 釋曰：不言貶之者，以非專惡之也，〔四六〕故傳言「微之」而已。

過宋、鄭、滕、薛，夐入千乘之國，欲變人之主，夐猶遠也。「變人之主」，謂時邾已立貜且。邾小國而言「千乘」者，大郤克之事。○夐，況盛反。至城下然後知，何知之晚也？征不廟筭，正其得失，勞師遠涉，乃至城下，邾以義拒，然後方悟，貶之曰「人」，不亦宜乎？○悟，五故反。「弗克納」，未伐而曰「弗克」何也？弗克其義也。非力不足，義不可勝。捷菑，晉出也；貜且，齊出也。姊妹之子曰「出」。貜且正也，捷菑不正也。正，適。○適，丁歷反。

○九月甲申，公孫敖卒于齊。奔大夫不言「卒」，而言「卒」何也？據閔二年「公子慶父出奔莒」後不言「卒」。爲受其喪，不可不卒也。其地，於外也。成十七年「公孫嬰齊卒于貍蜃」，傳曰「其地，未踰竟」；宣八年「仲遂卒于垂」，垂，齊地。然則地或踰竟，或未踰竟，凡大夫卒在常所則不地，地者皆非其常所，隨其所在而書其地耳，不係於踰竟與不踰竟。〔四七〕○爲，于僞反。貍，力之反。蜃，市軫反。竟，音境，並同。〔四八〕

【疏】「其地於外也」　釋曰：此與「公孫嬰齊卒于貍蜃」傳皆釋之，宣八年〔四九〕「仲遂卒于垂」而傳不釋者，此公孫敖卒于齊之國內，故傳釋之曰「其地，於外也」，明在他國而卒，公孫嬰齊卒在魯竟內，故傳釋之曰「其地，未踰竟」，明非他國也。二者既已發傳，垂是齊地，非是他國都，又非魯竟內，在兩端之間，故不復釋之。

○齊公子商人弒其君舍。舍未踰年，其曰「君」何也？成舍之爲君，所以重商人之弒也。舍不成君，則殺者非弒也。殺其，音試，本又作「弒」。○商人其不以國氏何也？據隱四年「衛祝吁弒其君完」〔五〇〕不言「公子」。不以嫌代嫌也。春秋以正治不正，不以亂平亂，舍不宜立，有不正之嫌，商人專權，有當國之嫌，故不書國氏，明不以嫌相代。

【疏】「不以嫌代嫌也」　釋曰：左氏以舍是昭公之子，夫人叔姬所生，而范云「舍不宜立，有不正之嫌」，以傳云「不以嫌代嫌」，明知舍不正，又舍卒不日，亦是非正之驗。

舍之不日何也？未成爲君也。

【疏】「舍之」至「君也」　釋曰：傳例凡弒君書日以明正，不繫於成君，若舍是庶，成君亦不合書日，而云「未成君」者，春秋不正見者，雖庶亦得書日，即齊侯小白、鄭伯突是也，今商人爲不欲以嫌代嫌，故不去公子，則舍不正之嫌前已著見，不正已見，例當書日，爲未成君，故不日耳。

○宋子哀來奔。其曰「子哀」，失之也。言失其氏族，不知何人。

【疏】「失之也」　釋曰：經言「宋子哀」，傳云「失之也」者，舊解「失之」者謂其未達稱「子」之意，案范注云「言失其氏族，〔五一〕不知何人」，則不得云失其稱「子」之意，蓋「失之」者謂雖知子哀是宋之大夫，但不知是何族姓也。

○冬，單伯如齊。單伯，魯大夫。○單，音善。齊人執單伯。私罪也，單伯淫于齊，齊人執之。齊人執子叔姬。叔姬同罪也。

【疏】「叔姬同罪也」　釋曰：叔姬既與單伯同罪而經文異執者，單伯是天子命大夫，魯人遣送叔姬未至而與之淫，王則闇於取人之術，魯則失於遣使之宜，故經不書「叔姬歸于齊」，再舉齊執之文者，使若異罪然，所以爲諱也。明年書「單伯至自齊」，亦是諱之之事耳，公羊亦以爲不言「齊人執單伯及子叔姬」者，「内辭也，使若異罪然」。左氏則云「單伯，天子大夫，爲魯請叔姬」，非穀梁意也。

十有五年春，季孫行父如晉。

○三月，宋司馬華孫來盟。泰曰：「擅權專國，不君其君，緣其不臣，因曰無君。上司馬、司城皆不名，而此獨名者，以華孫奉使出盟，爲好於我，故書官以見專，録名以存善。」○華，户化反。使，所吏反。好，呼報反。以見，賢偏反。

【疏】「泰曰」至「存善」 釋曰：外大夫來盟書名則是常事，而云「録名以存善」者，華孫擅權專國，理合變文，今得録名，即是同於常使，失常爲惡，則得常是善，猶左氏稱公子翬如齊逆女「脩先君之好，故曰『公子』」，亦其類也。華孫奉使不稱「使」者，以其專，故經書官以表之，傳云「無君之辭也」，既無君無臣，故不得使也。〔五二〕

司馬，官也，其以官稱，無君之辭也。「來盟」者何？前定也。不言「及」者以國與之也。○稱，尺證反，年末注同。

【疏】「前定也」 釋曰：重發傳者，不稱「使」嫌異常故也。〔五三〕

○夏，曹伯來朝。○朝，直遥反。

○齊人歸公孫敖之喪。

○六月辛丑朔，日有食之，鼓、用牲于社。

【疏】「鼓用牲于社」，莊二十五年傳稱「鼓，禮也」，鼓既是禮，所以書之者，鼓當於朝，今用之於社，鼓雖得禮，用之失處，故書也。若然，後亦鼓之於社而云「禮」者，〔五四〕彼對用牲爲非禮，故云「鼓，禮也」，其實用鼓亦非其處，若得其處，經不當書耳。

○單伯至自齊。大夫執則致，致則名，此其不名何也？據昭十四年「意如至自晉」稱名。天子之命大夫也。

○晉郤缺帥師伐蔡。戊申，入蔡。

【疏】「晉郤」至「入蔡」　釋曰：「伐」、「入」兩舉者，伐而不即入，故兩舉之也。莊二十八年「伐」、「戰」兩舉者，初伐其竟内，戰在國都，故亦兩舉之也。

○秋，齊人侵我西鄙。其曰「鄙」，遠之也。其遠之何也？不以難介我國也。〔五五〕介猶近也。○難，乃旦反。介，音界，注同。

【疏】「其曰『鄙』遠之也」　釋曰：重發傳者，以莊十九年三國伐我，今齊人獨來嫌異，故重明之。

○季孫行父如晉。

○冬，十有一月，諸侯盟于扈。諸侯皆會而公獨不與，故恥而略之。

【疏】注「諸侯」至「略之」　釋曰：舊解「公獨不與」者，謂七年扈之盟公不得與，故略言「諸侯」，此與十七年公雖與會，諱前不與，故亦略之，其意解「公獨不與」謂七年時也。今以爲「公獨不與」正謂此年公在不與，故言「公會諸侯」，今此會盟公全不往，故直言「諸侯盟于扈」而已，皆所以爲諱也。

○十有二月，齊人來歸子叔姬。其曰「子叔姬」，貴之也。其言「來歸」何也？父母之於子，雖有罪猶欲其免也。凱曰：「書『來歸』是見出之辭，有罪之人猶與貴稱，書之曰『子』者，蓋父母之恩，欲免罪也。」

【疏】「其曰」至「免也」　釋曰：「來歸」者是彰罪之稱，而云「父母之於子欲其免也」者，稱「子」是尊貴之辭，雖云「來歸」，以貴辭言之，非是有罪之稱，故云「欲其免也」。

○齊侯侵我西鄙，遂伐曹，入其郛。郛，郭。○郛，芳浮反。

【疏】「入其郛」　釋曰：公羊傳云「『郛』者何？郭也」，〔五六〕此不發傳者，春秋唯有此事而已，非例所及，故略之也。

十有六年春，季孫行父會齊侯于陽穀，齊侯弗及盟。「弗及」者內辭也，行父失命矣，齊得內辭也。行父出會失辭，〔五七〕義無可納，故齊侯以正道拒而弗受，不盟由齊，故得內辭。

【疏】注「行父」至「内辭」　釋曰：以行父失辭之故，爲齊侯所非，外得其所拒，内失其志，春秋惡行父之失命，故得内辭也。

○夏，五月，公四不視朔。天子告朔于諸侯，諸侯受乎禰廟，禮也。每月天子以朔政班于諸侯，諸侯受而納之禰廟，告廟以羊。今公自二月不視朔至于五月，是後視朔之禮遂廢，故子貢欲去其羊。○去，起吕反。

【疏】注「每月」至「其羊」　釋曰：三朝記云「周衰，天子不班朔于天下」，此云「班朔」者，彼據周末全不能班之，此時尚或班或不班，故下傳云「以公爲厭政以甚矣」，范云「天子班朔而公不視」是也。知是「二月不視朔至五月」者，以經書「五月，公四不視朔」，若從五月以後數之，則公或視或不視，何得預言「四不視朔」？知從二月至五月爲四也。又云「是後視朔之禮遂廢」，而經直云「公四不視朔」者，左氏以爲此獨書「公四不視朔」者，以表公實有疾，非詐齊也；公羊爲此〔五八〕「公有疾猶可言，無疾則不可言」。穀梁文雖不明，蓋從此一譏之惡足見，〔五九〕其餘不復譏也。

公四不視朔，公不臣也，以公爲厭政以甚矣。天子班朔而公不視，是不臣。○厭，於豔反。

○六月戊辰，公子遂及齊侯盟于師丘。師丘，齊地。○師丘，左氏作郪丘，公羊作犀丘。復行父之盟也。春齊侯不與行父盟，故復使遂脩之。○復行，扶又反，又音服，注「復使」及下注「而復」皆同。

○秋，八月辛未，夫人姜氏薨。（僖公夫人。）

○毀泉臺。喪不貳事，貳事緩喪也。（喪事主哀，而復毀泉臺，是以喪爲緩。）以文爲多失道矣。（緩作主、躋僖公、四不視朔、毀泉臺之類。）

【疏】「以文」至「道矣」 釋曰：春秋爲尊親者諱，而舉其「多失道」者，仲尼之脩春秋所以示法，有罪皆諱，何以見其褒貶？故桓公弑逆之主，〔六〇〕罪無遺漏，亦其比也。至於書經文不委曲則亦是諱，何者？文實逆祀，而云「躋僖」；文從後多不視朔，直言「四不視朔」而已；文稱「毀泉臺」，則似嫌其奢泰，是亦臣子爲尊親諱之義也。然取二邑、大室屋壞、不與扈盟亦是失道，注不言之者，云云之類足以包之也。公羊以爲「泉臺」者是莊公所築郎臺也，左氏與此傳並不顯言，或如公羊之說也。

自古爲之，今毀之，不如勿處而已矣。（若以夫人居之而薨者，但當莫處。）

○楚人、秦人、巴人滅庸。

○冬，十有一月，宋人弑其君杵臼。（泰曰：「傳『稱人者衆辭』，衆之所同，則君過可知，又曰『稱國以弑其君，君惡甚矣』，然則舉國重於書人也。」○杵，昌呂反。臼，其九反。

【疏】注「泰曰」至「人也」　釋曰：「稱『人』，衆辭」，莊十七年傳文。「稱國以弒其君，君惡甚矣」，成十八年傳文。

十有七年春，晉人、衛人、陳人、鄭人伐宋。衛序陳上，蓋主會者降之。

○夏，四月癸亥，葬我小君聲姜。

○齊侯伐我西鄙。〔六一〕

○六月癸未，公及齊侯盟于穀。

○諸侯會于扈。言「諸侯」者，義與上十五年同。○諸侯會于扈，〔六二〕范云「言『諸侯』者，義與上十五年同」，亦諸侯皆會，公獨不與，恥而略之。

【疏】注「言諸」至「年同」　釋曰：彼爲公不會，略言「諸侯」，則此亦然也。

○秋，公至自穀。

○冬，公子遂如齊。

十有八年春，王二月丁丑，公薨于臺下。臺下，非正也。

【疏】「臺下，非正也」 釋曰：非正與僖同，重發之者，僖是小寢，此則臺下嫌異，故發之。

○秦伯罃卒。○罃，乙耕反。

○夏，五月戊戌，齊人弒其君商人。

○六月癸酉，葬我君文公。

○秋，公子遂、叔孫得臣如齊。使舉上客而不稱介，不正其同倫而相介，〔六三〕故列而數之也。上客，聘主也。〔六四〕禮，大夫爲卿介，遂與得臣俱爲卿，是以同倫爲副使，故兩言之，明無差降。○使舉，所吏反，注同。介，音界，下同，副使也。數，所主反。

【疏】注「禮，大夫爲卿介」　釋曰：聘禮「卿出，以大夫爲上介、士爲末介」是也。

○冬，十月，子卒。子赤也，諸侯在喪既葬之稱。

【疏】注「子赤」至「之稱」　釋曰：公羊傳稱「君薨稱『子某』，既葬稱『子』，踰年稱君」，〔六五〕今子赤，文公既葬而云「子卒」，是既葬之稱也。

子卒不日，故也。故，殺也，不稱殺，諱也。

○夫人姜氏歸于齊。惡宣公也。姜氏，子赤之母，其子被殺，故大歸也。宣公亦文公之子，其母敬嬴，惡不奉姜氏。○惡，烏路反，注同。嬴，音盈，依左傳應作「頃熊」。〔六六〕

【疏】「惡宣公也」　釋曰：注并言敬嬴者，注意欲明宣公是敬嬴所生，是非惡敬嬴也。舊解宣公不使其母奉養姜氏，故言之，理亦通也。

有不待貶絶而罪惡見者，泰曰：「直書姜氏之歸，則宣公罪惡不貶而自見。」有待貶絶而惡從之者。齊小白以國氏之類是也。

姪娣者，不孤子之意也，言其一人有子則共養。○姪，大結反。娣，音弟。共養，並如字，一讀上九用反，下餘亮反。一人有子，三人緩帶。

共望其祿。〔六七〕

【疏】「姪娣」至「緩帶」　釋曰：上文直云「姪娣」者，所以分别尊卑，明夫人須媵妾之意；下文總言「緩帶」者，欲見有子則喜樂之情均、貴賤之意等。今宣公爲人君，不尊養姜氏，非緩帶之謂也。「緩帶」者，優游之稱也。

一曰就賢也。若並有子則就其賢，謂年同也，宣公不奉哀姜，非此之謂，故惡之。

【疏】注「若並」至「惡之」　釋曰：宣以庶子簒立，非關就賢，范云宣不能奉養哀姜，則是非賢之事，故云「非此之謂」也。

○季孫行父如齊。

○莒弑其君庶其。傳例曰：「稱國以弑其君，君惡甚矣。」

【疏】注「傳例」至「甚矣」　釋曰：注引傳例者，嫌小國無大夫，例不稱臣名，〔六八〕明弑逆事重，不從凡常大夫之例也。舊解稱國者，謂惡於國人并虐及卿大夫；稱「人」者，謂失心於民庶也。此乃涉於賈逵之説，據十六年范注則似不然。

校勘記

〔一〕可於　單疏本「於」作「以」。

〔二〕「京大也」至「言之也」　疏云「不發於桓九年者，内之如京師始於此，故發之」，按「叔孫得臣如京師」亦見於文元年，則此傳與疏皆當在彼，蓋傳既誤隸，疏亦隨之。

〔三〕七月　「七」原作「士」，據單疏本、閩本改。

〔四〕往會葬也　「葬」原作「者」，阮校：「何校本『者』作『葬』，是也。」據單疏本改。

〔五〕頃王　「頃」原作「傾」，據閩本及左傳文十四年、史記周本紀改。

〔六〕陽穀　「穀」原作「轂」，據單疏本、閩本及僖十一年經文改。

〔七〕卑以尊致者　「者」原作「有」，正字：「『有』當『者』字誤。」據單疏本改。

〔八〕士縠　文二年經文作「士穀」，彼釋文謂「本又作『縠』」，九年同，黄侃手批據改作「縠」。

〔九〕理或然也　隱二年、昭元年疏皆作「理或然焉」。

〔一〇〕弗夫人也　「夫人」原作「失之」，與注不合，據余本、閩本改。

〔一一〕「歷時而言」至「無志乎民也」　文二年「自十有二月不雨，至于秋七月」，傳「歷時而言不雨，文不憂雨也。不憂雨者，無志乎民也」，其疏云「下十年、十三年意亦與此同，故省文不發之」，則疏所本者此處無傳。

〔一二〕女栗　「栗」原作「粟」，注同，單行釋文出「女栗」注音，阮校：「當作『栗』。」據余本改。

〔一三〕佚宕中國　唐石經及初學記卷一九引「宕」作「害」，釋文出「佚害」云「本又作『宕』」，俞樾平議謂字當作「宕」。

〔一四〕長　此字原無，據余本及單行釋文補。

〔一五〕三人　「三」原作「二」，據單疏本改。

〔一六〕何休亦云　「亦」字原無，據單疏本補。

〔一七〕注高三尺三寸　此至節末似下文「眉見於軾」注文之疏，然單疏本不分，故仍其舊。

〔一八〕又以其　單疏本無「其」字。

〔一九〕三寸　「三」原作「二」，阮校：「監、毛本『二』作『三』，案『三』是。」按作「三」與疏上文複引及考工記所述合，故據改。

〔二〇〕不言獲也　宋白文本「言」下有「其」字。

〔二一〕三國　殿本考證謂「何休云」以下數句「文義全不可通，今檢公羊注原文補正」，阮校：「何校本『三』上有『之』字，案有者是。」公羊何注稱「長狄之三國皆欲爲君」，阮説是，單疏無者，蓋因云、之形近而脱。

〔二二〕此三國爲後　公羊何注作「别之三國，皆欲爲君」，則此句當作「之三國爲君」，蓋之、此形近，「君」訛「后」，又轉作「後」，遂成今貌。

〔二三〕貴也　疏複引「貴」下有「之」字，是疏所本有「之」字。今按，有「之」字是也，文十五年「十有二月，齊人來歸子叔姬」傳「其曰子叔姬，貴之也」可證。

〔二四〕是以録其卒　阮校：「何校本『以』作『其』。」

〔二五〕謂喪服所言　「謂」原作「著」，據單疏本改。

〔二六〕年八十四也　單疏本「也」作「矣」。

〔二七〕成王十八年　「十八年」乃「年十八」之訛。

〔二八〕成王十五　「王」下疑脱「年」字。

〔二九〕明則始冠之年　正字：「『則』疑『即』字誤。」

〔三〇〕著在金縢　「著」原作「謂」，據單疏本改。

〔三一〕是文公也　依述例，「文」上當有「邾」字。

〔三二〕譏不脩也　單疏本無「譏」字。

〔三三〕譏不敬　單疏本「敬」字校改作「脩」，按作「脩」與傳合。

〔三四〕注爾雅至其名　本節疏「謂有夾室也」以上二十二字可疑，蓋全疏未有注先於傳疏釋之例，標起迄「『爾雅』至『其名』」亦不合例，本節兩注皆以「爾雅曰」起，「其名」是下注末句，若以下注起，疏不當釋上注，若以上注「爾雅曰」起，迄下注末句，則全疏未有此例。查公羊宣十六年傳「『宣謝』者何？宣宫之謝也」，注「室有東西廂曰『廟』，無東西廂有室曰『寢』，無室曰『謝』」，彼疏云「皆釋宫文，李氏曰『室有東西廂，謂宗廟殿有東西小堂也』，孫氏云夾室前堂」云云，意者本節疏釋傳「周公曰『大室』，羣公曰『宫』」，蓋傳鈔者約録公羊疏於旁備參考，因而溷入疏文，宋初校刊不察，增擬起迄，遂成今貌。

〔三五〕下注　儀禮經傳通解續引「下」作「兩」，正字：「『兩』誤『下』。」

〔三六〕割牲　疏謂徐邈引禮記「君執鸞刀而割牲」釋君親割牲爲非，注亦云「割牲」而疏不非之者，疏所本或無此注也。亦或標起迄原作「傳『君親割』注『割牲』」，傳鈔中被删略後半耳。

〔三七〕世家　單疏本此上有「齊侯潘有二」五字，陳跋録之，劉校謂此五字爲脱文。今按史記齊太公世家，名潘者唯齊昭公，單疏本此節疏無起迄，疑此五字乃起迄「齊侯潘卒」之訛也。

〔三八〕許男　「男」原作「伯」，殿本考證謂作「許伯」誤，據唐石經及黄侃手批改。按春秋上下皆稱「許男」，此處未有進之之説，則不當有異也。

〔三九〕不釋之内辭　正字：「『不釋』疑『所釋』誤。」

〔四〇〕召陵　「召」原作「邵」，據閩本及僖四年經文改。

〔四一〕首止之後　「後」原作「徒」，阮校：「作『後』是也。」據閩本改。又，僖五年「諸侯盟于首戴」，釋文出「首戴」，云「左傳作『首止』」，則此作「首止」者誤也。

〔四二〕命同盟詳心外楚　阮校：「監、毛本『命』作『今』，是也。」正字：「『詳』疑『羣』字誤。」

〔四三〕斷道書同傳云外楚也　此句疑有錯訛，或作「斷道書傳云同外楚也」，或作「斷道傳書云同外楚也」，或衍「書」作「斷道傳云同外楚也」，或衍「傳」作「斷道書同云外楚也」。類似錯訛傳鈔常見。

〔四四〕扶憒反　「憒」原作「憤」，正字：「『憒』誤『憤』。」據余本及單行釋文改。

〔四五〕○　此分隔號原在「彌漫」之間，阮校：「『○』當在『漫』下，所以別音義，此誤倒。」據余本、閩本乙。

〔四六〕以非專惡之也　單疏本「也」作「稱」。

〔四七〕不係於　「係」原作「孫」，據余本、閩本改。

〔四八〕並同　單行釋文「並」作「下」。

〔四九〕宣八年　「八」原作「十」，據單疏本、閩本改。

〔五〇〕祝吁　「祝」原作「州」，余本作「祝」，阮校：「作『祝』是也。」按隱四年釋文出「祝吁」，云「左氏、公羊及詩作『州吁』」，故據改。

〔五一〕言失其氏族　「氏族」二字原無，正字：「脱『氏族』二字。」據本節注文補。

〔五二〕故不得使也　「得」疑「稱」之訛。

〔五三〕異常故也　此下原有「鼓用牲于社」云云一節，乃下文「鼓用牲于社」之疏，故移置於彼。單疏本下文亦與本節連文而無「釋曰」，與注疏本不異。蓋誤連來自宋前傳鈔，宋初刊正時未予糾正。

〔五四〕後亦鼓之於社而云禮者　莊二十五年後再無「鼓用牲於社」而云「禮」之文，則「後」當爲「彼」之訛。

〔五五〕介我國也　述聞謂「介」當「尒」之訛。

〔五六〕郭也　「郭」原作「郛」，據單疏本及公羊文十五年傳文改。

〔五七〕失辭　「失」原作「夫」，據余本、閩本改。

〔五八〕公羊爲此　阮校：「監、毛本『爲』作『謂』。」

〔五九〕之惡　「之」疑「亓」之訛。

〔六〇〕弑逆　「弑」原作「殺」，據單疏本、閩本改。

〔六一〕西鄙　左氏本年杜注謂「『西』當爲『北』，經誤」，杜説是也。

〔六二〕諸侯會于扈　五字原無，據單行釋文補。

〔六三〕相介　公羊文十八年疏引「相」下有「爲」字。

〔六四〕聘主也　「聘」原作「耳」，據余本改。

〔六五〕稱君　公羊莊三十二年、文九年傳及前莊三十二年疏引公羊傳皆作「稱公」，「君」字疑誤。

〔六六〕依左傳　黄校：「盧本『左傳』二字作『公羊』，是也。」柳興恩大義述「『左傳』當作『下傳』」，孫校引柳説後云：「『下傳』者，宣八年『葬我小君頃熊』是也，不知何時誤作『左傳』，盧本改作『公羊』，皆非也，夫穀梁之本經、本傳即作『頃熊』，何用遠取公羊以證范注乎？」

〔六七〕共望其禄　公羊莊十九年疏引「共」上有「欲」字。

〔六八〕不稱　「不」原作「小」，據單疏本、閩本改。